王东京经济学讲义

写给
领导干部
与
企业管理者的
经济学

王东京 著

中信出版集团 | 北京

图书在版编目（CIP）数据

王东京经济学讲义 / 王东京著 . -- 北京 : 中信出版社 , 2021.1
ISBN 978-7-5217-2499-8

Ⅰ . ①王… Ⅱ . ①王… Ⅲ . ①经济学 Ⅳ . ① F0

中国版本图书馆 CIP 数据核字（2020）第 235413 号

王东京经济学讲义

著　　者：王东京
出版发行：中信出版集团股份有限公司
　　　　（北京市朝阳区惠新东街甲 4 号富盛大厦 2 座　邮编　100029）
承 印 者：北京盛通印刷股份有限公司

开　　本：880mm×1230mm　1/32　　印　张：15.5　　字　数：380 千字
版　　次：2021 年 1 月第 1 版　　　　印　次：2021 年 1 月第 1 次印刷
书　　号：ISBN 978-7-5217-2499-8
定　　价：78.00 元

版权所有·侵权必究
如有印刷、装订问题，本公司负责调换。
服务热线：400-600-8099
投稿邮箱：author@citicpub.com

前　言

我一直想写一本供领导干部和企业管理者阅读的经济学讲义，于今回忆，萌生此念头是在 25 年前。当时我在中央党校主讲西方经济学，有一次下课后学员告诉我，他们读过不少经济学教材，可由于原来是学理工，隔行如隔山，经济学书籍不容易看得懂；还说听我一堂课，胜读十年书。这后一句无疑是恭维话，当不得真。不过这也点醒我，应该写一本让非专业读者能够读懂的教科书。

领导干部是一个特殊群体，或者参与经济决策，或者主理一方经济。这些年我行南走北到各地调研，时常听到人们议论：某领导懂经济，某领导不懂经济。怎样才算懂经济呢？老百姓看的当然是实惠。如果我们的领导同志为官一任不能造福一方，大家肯定认为你不懂经济。而若让我说，懂不懂经济要看你是否掌握了基本经济理论，能否按经济规律办事。

1997 年，我投石问路，尝试写了一本《与官员谈西方经济学》，出版后大受读者欢迎，一个月销售了 10 万册。后来又写了《与官员谈经济学名著》，也是一印再印。"与官员谈"系列一共写了 8 本，前后用了差不多 10 年时间。所幸的是，这 8 本书写下来，不仅让我了解了领导干部的阅读需求,也让我找到了与他们讨论经济问题的交流方式,形成了自己的讲课风格。

经济学是经世致用之学。写完"与官员谈"系列后我意识到,领导干部和企业管理者不仅需要懂得理论原理,更重要的是要学会怎样运用经济学理论解决中国的现实问题。从2005年至2010年,我又用了5年时间写《中国的难题》《中国的选择》《中国的前景》。至此万事俱备,正要开工动笔撰写本书,校委却安排我到教务部工作,后来岗位又几经变动,忙忙碌碌,写作计划搁置了10年。

不过这10年我并未停止做研究,2015年我再次对西方经济学的疑点逐一甄别补正,次年出版了《经济学反思》,2018年又出版了《经济学分析》,其实这两本书也都是为写本书所做的准备。2020年3月,我卸任中央党校副校长,终于有时间可以完成这个酝酿已久的写作计划。年初以来,我闭门谢客,足不出户,从早到晚地写,国庆节前总算写完了最后一章。

下面再简单说说我这本书。首先,本书的结构体系肯定与现有教科书不同。我按照"三个假设、三个原理、三个方法"的框架,构造了一个新的结构体系。全书共20章,前10章主要讲微观经济学原理,中间6章则是用微观经济学原理分析宏观经济问题,后4章主要介绍开放经济理论。从微观推导宏观,目的是让宏观分析具有坚实的微观基础,避免宏观与微观脱节,成为"两张皮"。

在讲解方式上,本书也不同于现有的教材。我在前面说过,本书是供领导干部和企业管理者阅读的。根据这一定位,我尽量不用或少用数学,而是直面领导干部的困惑,结合案例用经济学原理作破案式分析。之所以选择这种方式,就是想向读者示范如何用经济学解决实际问题。我在中央党校任教近30年,与学员朝夕相处,知道他们的困惑所在，这是我写这本书得天独厚的优势。

许多读者反映经济学教材不好懂，我想对此做一点解释。国外经济学教材是一种"集大成"的写法，将亚当·斯密以来的各种理论汇集在一起，不仅内容庞杂，而且相互打架的地方也多。如萨伊定律说供给可以创造需求，而凯恩斯说供给不能创造需求；维克塞尔说利率是政策工具，而费雪说利率不是工具；马歇尔说需求定律是基本规律，可同时又说存在例外；如此等等。非专业读者当然会觉得不可思议、一头雾水。

我在写这本书时，一方面力求对经济学原理做准确讲解，另一方面重点指明每一理论原理成立的约束条件与适用范围。在我看来，经济学的许多理论貌似对立，而且有些观点也的确是错的；可大多数理论观点不同，是由于它们各自的约束条件与适用范围不同。要是明白了这一点，理解经济学也许就不那么难了。读者可试着读一下我这本书，看看能否帮上你。

最后我想说的是：本书是为领导干部和企业管理者写的，同时也适合从事经济工作的朋友阅读。我不保证高等院校经济学专业学生读这本书后考试能得高分，但本书一定有助于你对经济理论与经济现象的理解。我自己是过来人，当年我求学时遇到的困惑，恐怕也是你今天的困惑。能为年轻学子释疑解惑，于我是一件非常快乐的事情。

王东京

2020 年 12 月 10 日于北京大有庄

目 录

第一章 三大假设 经济学为何需要假设

第 1 节 斯密的人性假设 / 004
国内学者的质疑 / 004
基因自私与理性自私 / 005
三个和尚没水吃 / 007
假定"自私"是为了抑制自私 / 008

第 2 节 资源稀缺假设 / 010
"悲观"的科学 / 010
不能忽视技术进步 / 011
只研究稀缺资源配置 / 012
应从需求角度看 / 013
三点说明 / 014

第 3 节 产权保护假设 / 015
武断的假设 / 016
产权不同于所有权 / 017
交换的前提 / 018
公有制可以产生交换 / 019

第二章　需求原理　经济学第一原理

第 1 节　需求定律 / 023

广义需求定律 / 024

需求定律有例外吗 / 025

弗里德曼的高见 / 026

对"吉芬物品"的解释 / 028

第 2 节　行为选择的一般规则 / 029

约束行为的产权 / 029

产权结构 / 030

四点推论 / 031

第 3 节　公共选择行为 / 032

地方越穷，想当官的人越多 / 032

实权越大，升官越难 / 034

好人未必就是好官 / 035

第 4 节　追求最大化示例 / 037

产学研脱节 / 037

金融"脱实向虚" / 039

高校为何评博导 / 041

第三章　成本　天下没有免费午餐

第 1 节　成本是选择的代价 / 045

机会成本源自斯密 / 046

"破窗理论"一叶障目 / 046

财务成本也是机会成本 / 047

两大趋势 / 048

第 2 节　沉没成本不是成本 / 049

难以撤回的投资 / 049

沉没成本从利润中回收 / 050

利润不是成本 / 052

第 3 节　成本递增规律 / 053

总成本＝固定成本＋变动成本 / 053

平均成本与边际成本 / 054

成本曲线一律上升 / 056

第 4 节　成本约束选择 / 057

私人成本与社会成本 / 057

两种内化方案 / 058

绝对成本与比较成本 / 059

没有绝对成本优势也可分工 / 060

交易成本 / 061

民间"赶礼"历久不衰 / 062

第四章　成本收益分析　如何权衡利弊得失

第 1 节　收益是投资的报酬 / 067

总收入、平均收入、边际收入 / 068

边际收益递减规律 / 069

私人收益与社会收益 / 070

社会收益内化 / 071

第 2 节　量本利分析 / 072

限制性假定 / 073

盈亏平衡点 / 073

可能的误导 / 074

第 3 节　边际分析 / 076

推断行为要从边际上分析 / 076

边际收益等于边际成本 / 077

产业融合现象 / 079

从三个角度看 / 080

第 4 节　从个体推导总体 / 081

总体效用度量困难 / 082

大样本数据容易失真 / 082

基数效用与序数效用 / 083

委托品与委托量 / 084

第五章　供求原理　商品是天生平等派

第 1 节　供给自动创造需求 / 089

从萨伊定律说起 / 090

凯恩斯否定萨伊定律 / 090

结构失衡导致总量失衡 / 092

第 2 节　价格决定机理 / 093

供求决定价格 / 093

成本不能决定价格 / 095

买方定价也是供求定价 / 096

第 3 节　受价行为与觅价行为 / 097

受价者与觅价者 / 097

觅价权存在竞争 / 099

案例讨论 / 100

第 4 节　价格管制徒劳无益 / 101

"暴利"无从界定 / 102

别错怪了中间商 / 102

菜农也是受益者 / 103

第 5 节　价格折扣并非让利 / 104

打折是障眼法 / 104

赠送礼品也不是让利 / 106

三点结论 / 107

第六章　资源争用　最好让价格做主

第 1 节　产权制度与竞争规则 / 111

规则决定胜负 / 112

产权决定规则 / 113

交易费用决定产权安排 / 114

第 2 节　价格调节供求 / 115

合成谬误并非错误 / 115

政府调节也存在合成谬误 / 116

让价格起决定作用 / 117

第 3 节　价格歧视的意图 / 118

望文生义惹来麻烦 / 119

价格歧视的例子 / 119

价格歧视何以存在 / 120

不能反对价格歧视 / 121

第 4 节　市场逆选择 / 122

劣币驱逐良币 / 122

价格锁定的结果 / 124

解锁价格的三个重点 / 125

第 5 节　消费者剩余 / 126

消费者剩余来自分工 / 126

意愿价格的决定 / 127

政府不能提供消费者剩余 / 128

第七章　市场均衡分析　守住四大原则

第 1 节　市场均衡与非市场均衡 / 133

自然平衡与非自然平衡 / 134

价格如水 / 135

"均衡分析"确立的第一原则 / 135

第 2 节　局部均衡与一般均衡 / 137

瓦尔拉斯与马歇尔相互印证 / 137

局部均衡何以实现 / 138

"均衡分析"确立的第二原则 / 139

第 3 节　卖方市场均衡 / 140

等量资本得到等量利润 / 141

经典作家的看法 / 141

利润平均化的前提 / 142

"均衡分析"确立的第三原则 / 143

第 4 节　买方市场均衡 / 144

价格约束成本 / 144

房价与地价：鸡与蛋的故事 / 145

"均衡分析"确立的第四原则 / 146

第 5 节　垄断与竞争均衡 / 148

规模不是越大越好 / 148

从"觅价"角度看垄断 / 149

垄断并不排斥竞争 / 150

第八章　分配原理　初次分配论功行赏

第 1 节　从交换角度看分配 / 155

萨伊的"三位一体公式"/ 156

分配也是交换 / 156

初次分配是为要素定价 / 158

第 2 节　收入差距的度量 / 159

洛伦兹曲线与基尼系数 / 159

消费享受才是收入 / 160

收入差距应从消费角度看 / 161

收入差距与财产差距 / 162

第 3 节　幸福感与收入 / 163

幸福来自比较 / 163

塞勒教授的实验 / 164

重点是照顾穷人 / 165

第 4 节　按分享比例分配 / 166

威茨曼的发现 / 167

分享制的优点 / 168

分享制叫好不叫座 / 168

第 5 节　兼顾效率与公平 / 170

定义公平的困难 / 170

公道自在人心 / 171

初次分配体现效率 / 172

再分配促进公平 / 173

第九章　要素商品价格　谁也不能占便宜

第 1 节　土地使用权价格 / 177

绝对地租与级差地租 / 178

土地价格 / 178

地租的决定 / 179

第 2 节　资本使用权价格 / 181

三位大师的观点 / 181

马克思的分析 / 182

负利率现象 / 183

负利率时代不会到来 / 185

第 3 节 劳动力价格 / 186

工资是劳动力的价格 / 186

计件工资是转化形式 / 187

三点推论 / 188

第 4 节 企业家才能的价格 / 189

利润为何物 / 189

企业家才能的"租" / 190

企业剩余的决定 / 191

第 5 节 剩余索取权 / 192

技术雇佣资本假说 / 193

可供观察的指标 / 194

对"假说"的验证 / 195

第十章 福利最大化 在公平中注入效率

第 1 节 庇古提出三个标准 / 199

国民福利等于国民收入 / 200

收入均等化定理 / 200

转移收入的措施 / 201

第 2 节 帕累托最优状态 / 202

最优状态的含义 / 203

最优状态的条件 / 204

"帕累托最优"是分析方法 / 205

第 3 节　奥肯的漏桶原理 / 206

税收的双重影响 / 206

学界各执一词 / 207

奥肯的折中方案 / 208

第 4 节　卡尔多 – 希克斯效率 / 209

假想的补偿原则 / 209

希克斯补偿 / 210

第 5 节　负所得税方案 / 211

差额补贴成事不足 / 211

照顾穷人应兼顾效率 / 212

举例说明 / 213

好事多磨 / 213

第 6 节　中国的扶贫实践 / 214

扶贫从供给侧发力 / 215

"三变"改革的启示 / 216

提高资产性收入 / 217

兼顾需求侧扶贫 / 218

第十一章　政府与市场　有效市场与有为政府

第 1 节　配置资源有两只手 / 221

争论由来已久 / 222

公共品由政府提供 / 223

由市场配置非公共品 / 223

第 2 节　市场何以失灵 / 225

流行的解释 / 225

公共品导致市场失灵 / 226

贫富差距过大是市场失灵 / 227

第 3 节　政府职能定位 / 228

从"守夜人"到"保姆" / 229

布坎南的告诫 / 229

四项职能 / 230

宏观管理目标 / 231

第 4 节　政府的社会责任 / 232

政府无须事必躬亲 / 233

两个案例的启示 / 234

不可加重企业负担 / 235

第 5 节　中国政府职能转变 / 235

行政审批作祟 / 236

"撤庙赶和尚" / 237

改革釜底抽薪 / 238

第十二章　就业优先　稳定经济基本盘

第 1 节　凯恩斯药方 / 243

经济萧条的产儿 / 244

《通论》风光不再 / 244

不能全盘否定凯恩斯 / 246

第 2 节 充分就业的代价 / 247
菲利普斯曲线不足为信 / 247
萨缪尔森的疑点 / 248
混淆了微观与宏观 / 249

第 3 节 奥肯定律 / 250
就业与经济增长 / 251
经济下行并非失业所致 / 251
奥肯定律不可照搬 / 253

第 4 节 供给学派革命 / 254
拉弗曲线 / 254
最佳税率难以确定 / 255
拉弗只说对了一半 / 256

第 5 节 供给侧结构性改革 / 258
三个关键词 / 258
结构性矛盾凸显 / 259
供给侧改革也是扩内需 / 259
改革要着眼长远 / 260

第十三章 控制通胀 如何守住货币闸门

第 1 节 通货膨胀的成因 / 265
成本不能推动通胀 / 266
结构型通胀似是而非 / 267

输入型通胀不能一概而论 / 268

第 2 节　通胀是货币现象 / 269

货币流通公式 / 269

简化的理论模型 / 270

农产品不能涨价是偏见 / 271

第 3 节　货币中性与非中性 / 272

货币非中性 / 273

实际利率与自然利率 / 274

利率与价格总水平 / 275

第 4 节　加息不能抑制通胀 / 276

加息与货币供应 / 277

"不耐"程度决定利率 / 278

三点启示 / 278

第 5 节　守住货币供应闸门 / 279

"规则"与"权变"之争 / 280

"简单规则"的货币政策 / 280

货币政策转向 / 282

第十四章　国际收支　项目平衡与综合平衡

第 1 节　国际收支表 / 287

国家的账单 / 288

收支表的结构 / 289

编制原则 / 290

第 2 节　国际收支平衡 / 291

国际收支平衡并不要求贸易平衡 / 291

双顺差或双逆差 / 292

贸易平衡并不要求双边贸易平衡 / 293

第 3 节　关税与国际收支 / 295

高关税发端于重商主义 / 295

关税越高代价越大 / 296

出口是为了进口 / 297

第 4 节　汇率与国际收支 / 298

人民币汇率成为焦点 / 298

对话夏尊恩 / 299

稳定汇率是大局 / 301

附　录　香港金融保卫战 / 302

国际游资暗流涌动 / 302

联系汇率制是一道防线 / 303

索罗斯投石问路 / 304

香港绝地反击 / 305

第十五章　经济增长　动力转换的秘密

第 1 节　经济增长的均衡条件 / 309

两部门国民收入决定模型 / 310

储蓄也是投资 / 311

储蓄可转化为消费 / 311

第 2 节 有保证的增长率 / 313

哈罗德-多马模型 / 313

三种"增长率" / 314

刀刃上的增长 / 315

第 3 节 经济增长的三驾马车 / 316

消费是马，投资是车 / 317

投资乘数与加速原理 / 318

扩大消费的机理 / 319

第 4 节 创新驱动经济增长 / 320

丹尼森的发现 / 320

对残差的解释 / 321

舒尔茨高度评价 / 323

第 5 节 经济发展阶段 / 324

布登勃洛克式动力 / 324

主导部门更替 / 325

追求生活质量 / 326

第十六章 宏观政策 政府调控对症下药

第 1 节 财政政策流变 / 331

健全财政原则 / 332

扩张性财政政策 / 332

补偿性财政政策 / 333

财政政策瑕瑜互见 / 333

第 2 节　积极财政政策 / 334

着力点在供给侧 / 334

主要手段是减税 / 335

重点是结构性减税 / 337

第 3 节　货币政策 / 338

货币流动性的差异 / 338

货币政策工具箱 / 339

选择性工具和补充性工具 / 340

第 4 节　收入政策 / 341

尼克松政府试验 / 342

收入指数化方案 / 343

两种不同评价 / 344

第 5 节　财政政策与货币政策组合 / 345

财政政策拳法 / 345

货币政策拳法 / 346

四种组合 / 347

第十七章　国际经济循环　全球化新趋势

第 1 节　国际循环的理论逻辑 / 351

起因是生产过剩 / 352

国际合作可以共赢 / 353

欠发达国家应参与国际分工 / 354

第 2 节　贸易自由化探索 / 356

关税同盟内外有别 / 356

贸易创造 / 357

贸易转移 / 358

第 3 节　世界经济变局 / 359

战后欧洲、日本崛起 / 359

美国策略转变 / 360

畅通国内循环 / 361

第 4 节　中国的选择 / 363

顺势而为 / 363

推动关键核心技术攻关 / 364

坚定扩大开放 / 364

附　录　对中美贸易摩擦的冷思考 / 365

第十八章　国际贸易理论　经济学家众说纷纭

第 1 节　相互需求原理 / 371

取决于贸易条件 / 372

贸易条件的决定 / 373

穆勒也有局限性 / 374

第 2 节　幼稚工业保护论 / 375

矛头直指亚当·斯密 / 375

生产力比财富重要 / 376

力主保护幼稚产业 / 377

第 3 节　要素禀赋说 / 379

出口品与进口品 / 379

要素价格均等化 / 380

赫克歇尔 - 俄林定理 / 381

第 4 节　列昂惕夫之谜 / 382

意外的发现 / 382

破解"列昂惕夫之谜" / 383

技术进展理论 / 384

第 5 节　中心—外围论 / 385

进口替代战略 / 386

逻辑难以自洽 / 387

应从"商品稀缺度"看 / 388

第十九章　国际货币体系　风水轮流转

第 1 节　货币体系因时而变 / 393

凯恩斯与怀特之争 / 394

美元成为国际货币 / 395

牙买加体系应运而生 / 396

第 2 节　特里芬难题 / 398

两难困境 / 398

从"美元荒"到"美元灾" / 399

"越战"火上浇油 / 400

第 3 节　美元化是双刃剑 / 401

美国一本万利 / 402

美元化的冲击 / 403

第 4 节　人民币国际化 / 404

走向"三元制衡"格局 / 404

国际化进程 / 405

国家控制力 / 406

第 5 节　汇率决定基础 / 407

卡塞尔的"一价定律" / 407

相对购买力平价 / 409

两处硬伤 / 410

第二十章　国际金融制度　有规矩才成方圆

第 1 节　国际金融机构 / 415

国际金融机构何以存在 / 416

全球性机构 / 417

区域性机构 / 418

第 2 节　巴塞尔协议 / 419

逼出来的协议 / 419

核心内容 / 420

新协议三大创新 / 421

第 3 节　国际储备制度 / 422

国际储备资产 / 423

适度规模 / 424

机会成本分析 / 425

第 4 节　汇率制度 / 426

浮动汇率制 / 426

固定汇率制 / 427

有管理的浮动汇率制 / 428

第 5 节　外汇市场避险工具 / 430

有形市场与无形市场 / 430

避险衍生工具 / 431

汇市"零和游戏" / 432

附　录　课外研讨　改革正在过大关

第 1 节　中国改革历程 / 437

农村改革拉开帷幕 / 438

城市改革的神来之笔 / 438

要素市场逐步开放 / 440

改革全面提速 / 440

第 2 节　制度成本与改革成本 / 441

削减制度性成本 / 441

改革的三大特征 / 442

如何分摊改革成本 / 443

第 3 节　顶层设计与地方试验 / 444

突破在地方，规范在中央 / 445

顶层设计与地方试验可并行不悖 / 446

从外部性角度权衡 / 446

第 4 节 结构调整与产业政策 / 448

产业政策并非万能 / 448

产业政策失灵的原因 / 450

第 5 节 税负转嫁与结构性减税 / 451

减税的两种选择 / 452

需求弹性与税负转嫁 / 453

结构性减税的重点 / 453

后　记　提高驾驭市场经济的能力 / 457

致　谢 / 463

关于作者 / 465

经济学理论体系是建立在"三大假设"基础上的。然而有学者认为,这三个假设皆是武断的约定,经济学并不能给出证明。其实,经济学能否证明这三个假设并不重要,重要的是要弄清楚研究经济问题为何需要从这三个假设出发。

第一章
三大假设
经济学为何需要假设

经济学被称为社会科学皇冠上的明珠，并不是说经济学有多么高贵，而是社会科学中只有经济学的研究范式与自然科学有更多的相似之处。比如数学需要借助某些假设进行推理运算，经济学分析也是如此，也需要确定一些假设。等我们系统学过经济学之后会发现，经济学的整个理论体系是建立在"三大假设"基础上的。

需要特别说明的是，本章所要介绍的经济学假设，皆属于公理性假设。

何为公理性假设？简单地讲：第一，"假设"是基于经验事实的提炼，可以不证自明；第二，"假设"虽然可不证自明，但本学科却无法证明。比如数学作为一门高深的学问，其公理性假设是"1+1=2"。若没有此假设，就不能推出"乘法口诀表"；没有"乘法口诀表"，也就无法进行复杂的运算。可数学本身却不能证明为何"1+1=2"，故只好作为公理性假设，不容置疑。

同理，经济学是研究人类行为规律的科学，而要研究人类行为规律，也需要借助于某些公理性假设。迄今为止，在经济学里这样的假设主要有三个："经济人假设""资源稀缺假设""产权保护假设"。大家要知道，这三大假设都是武断的约定，经济学对此并未给出证明。不过，此三大假设作为研究经济学问题的前提，要求经济学者必须接受，不然缺少其中任何一个假设，经济学理论大厦都会坍塌。

第 1 节 | 斯密的人性假设

经济学的第一假设，是"经济人假设"。"经济人"概念首次出现于马歇尔 1890 年出版的《经济学原理》一书中，不过早在 1776 年，亚当·斯密就对"经济人"的含义做过阐释。他在《国富论》中说："我们每天所需的食料与饮料，不是出自屠户、酿酒家或烙面师的恩惠，而是出于他们自利的打算。"马歇尔之后，经济学者将亚当·斯密的这一思想称为"经济人假设"。其含义有二：人是自私的，同时也是理性的。

国内学者的质疑

自 1776 年《国富论》面世，"经济人假设"作为支撑经济学大厦的基石，200 多年来一直无人可以撼动。可不承想，近年来我们国内有学者却对此多有非议。概括起来，反对的意见主要有三个：第一，经济学并不能证明人为何自私；第二，现实生活里仅少数人自私，多数人并不自私；第三，经济学假定人自私，实质是默认并且倡导人们自私，是宣扬腐朽的人生观。

学术可以争鸣，但学术争鸣应恪守学术规则。事实上，"经济人"

只是个假设，与倡导什么样的人生观扯不上关系。恰恰相反，此假设是为了研究如何避免发生损人利己的行为。也有学者说，"经济人假设"是西方经济学的逻辑起点，中国经济学者研究人们的行为选择规律不应从这个假设出发。看来，我这里有必要对"经济人假设"做进一步的解释。

质疑者说，经济学并不能证明人为何自私。经济学发展数百年，迄今确实还没有经济学家对"人为何自私"给出证明。之所以如此，并不是经济学家不想证明，而是经济学家对此无能为力。严格地讲，人为何自私是心理学或生物学领域的课题，应该由心理学家或者生物学家去证明。不过即便如此，仍不妨碍经济学假定"人是自私的"。前面讲过，数学家并未证明为何"1+1=2"，可数学运算却一律要遵从这个假设。

因此，经济学虽不能证明人为何自私，也无论现实生活中某个人或某群人是否自私，但要研究人类经济行为，就需要将人假设为"经济人"。学习经济学的读者一定要清楚，"经济人假设"是推断人类行为规律的逻辑起点，若不从这个起点出发，经济学分析将无所适从，更不可能推导出人的行为规律。

基因自私与理性自私

1976年，英国著名生物学家道金斯出版了《自私的基因》，他研究发现，生物自私是源于基因自私。道金斯做过大量的观察与验证，用基因自私解释生物自私应该不会错。然而人却不同于其他生物，人有思想和情感，不能简单地用"基因自私"解释人为何自私。换句话说，人有"自私"和"理性"双重属性。自私是其自然属性，理性是其社会属性。人与生物"自私"的区别在于，人是"理性自私"。

人是否具有理性呢？若仅从自然属性来看，人无疑缺乏理性。但从人的社会属性来看，人则具有理性。弗洛伊德曾对此做过分析。他把人性分为本我、自我和超我。所谓"本我"，是指人的自然属性，即以追求自身快乐为唯一原则，毫不自律（理性）；"自我"，是指在追求自己快乐的同时能够自律，即自私和理性并存，也是多数人遵循的原则；"超我"，则是以追求社会道德为首要原则，能够高度自律，是人类理性和情感进化的结果。

回头再说亚当·斯密。今天我们很多人知道斯密是著名的经济学家，却不知道他也是著名的伦理学家。早在《国富论》出版之前，斯密于1759年就出版了《道德情操论》。该书从"同情心"这一人类与生俱来的情感特质出发，提出人类应该"克己"（自律）。美国经济学家弗里德曼曾经感慨地说，"不读《国富论》，我们不知道何为'利己'；而读了《道德情操论》，才知道'利他'方能问心无愧"。

对人类为何要克己，亚当·斯密的论证是：因为人存在自私心，所以需要克己。不然任由自己的私欲膨胀，长此以往必会触犯众怒，令自己陷入孤家寡人的境地。斯密还分析指出：人处在一定的社会环境里，谁也离不开他人的支持，若失去了他人的支持，便无法生存。于是他得出的结论是：一个人为了获得他人支持，必须自律，要使利己心下降到他人能够接受的程度。

读者可以想一想"公地悲剧"。有一个公共草场，附近牧民为了多赚钱，都不加节制地多养羊，久而久之造成草场沙化，最后谁也无法养羊。为防止发生此类"悲剧"，经济学家提出的解决办法是界定草场产权，然后通过产权所有者向牧民收费的办法来控制放羊数量。此办法虽然在一定程度上管用，但有一个难题，那就是产权界定可能会引发牧民之间的冲突,比如产权界定给张三,若李四、王五、赵六等都反对该怎么办?

因此,斯密强调人类需要克己。仍以"公地悲剧"为例,假若牧民能自己主动控制放羊数量,大家都能自律,就可避免灾难性后果的发生。问题是怎样才能让人们"自律"呢?斯密说,道德教化是一方面,同时也需要有"他律"。没有他律,不会有多数人自律;而没有自律,他律的代价会非常高。

另外,学界有一种流行的看法,认为斯密在《道德情操论》与《国富论》中对人的假设自相矛盾。此看法其实是一种误解。《道德情操论》将人假定为"社会人",因为人们既有同情心,也有私心,唯有"克己"才能利己而不损人。《国富论》指出,由于人们追求私利,所以需要保持理性,应通过"利他"达到"利己"的目的。可见,斯密的"社会人"与"经济人"假设殊途同归,讲的是同一个意思。

三个和尚没水吃

有质疑者说,在现实生活中,自私的人只是少数,而不是多数。那么接下来我们要讨论的是:人类是否具有自私的属性呢?或者说在芸芸众生之中,自私的人到底是少数还是多数?如果自私的人只是少数,那么"经济人假设"就没有现实基础,而由此推导的"规律"当然不会具有普遍性。如此,经济学的解释力会大大减弱,而这一假设也就没有多大的现实价值。

我们不必怀疑,一个社会中肯定有无私的人,但无私的人总是少数,不会是多数。读者不妨扪心自问:你希望增加工资吗?你希望住大房子吗?你希望受到良好的教育吗?你不必回答,因为世上没人喜欢穷困潦倒，没人愿意一辈子身居陋室，也没人愿意目不识丁。请读者再想想：政府为何要号召人们向道德模范学习？说到底，是因为无私的人是少数，而多数人都有私心。

不要说我们这些凡夫俗子，就连出了家的和尚也难免会有私心。自古道：一个和尚挑水吃，两个和尚抬水吃，三个和尚没水吃。为何三个和尚没水吃？因为和尚也想坐享其成。经济学的任务，就是要通过某种制度安排（比如规定轮流挑水），保证三个和尚有水吃。而这个制度设计，必须有一个前提，即假定"和尚是自私的"，否则就不存在设计这种制度的理由。

马克思早就说过，"人奋斗所争取的一切，都同他们的利益有关"。古今中外，概莫能外。20世纪末，政府高层曾为银行储蓄过多而颇感头痛。当时居民储蓄近10万亿元，可是银行惜贷，不敢把钱放出去，结果银行收少支多，每天干赔利息。为了逼出存款，政府在提高国债利率的同时，连续调低了银行存款利率。政策出台后，果然不出政府所料，不少储户把存款提出来去买国债。为什么政府的调控政策会有效？答案是多数储户追求私利。若储户都大公无私，国债利率再高人们都不稀罕，银行利率再低也不怕吃亏，那银行存款怎么可能逼得出来呢？

假定"自私"是为了抑制自私

前面讲过，要保证三个和尚有水吃，就要有相应的制度安排，问题是制度设计应从何处着手？历史经验说：若从好人（无私）假定出发，会设计出坏制度；从坏人（自私）假定出发，会设计出好制度。计划经济时期我们实行"大锅饭"分配制度，就是因为我们假定人都能无私奉献，不计较个人得失。可结果呢？由于干多干少一个样，大家都不肯多干。而农村联产承包责任制能够大获成功，原因是默认了农民的个人利益，破除了"大锅饭"：缴足国家的，留足集体的，剩下的就是农民自己的。

监督机制设计是另一方面的例子。无须讳言，在过去较长一个时期里，我们假定官员都是好人，所以监督是自上而下的：由上级监督下级，正职监督副职，干部监督群众。其实群众无职无权，是不可能腐败的。相反，那些握有公权力的官员，官位越高，监督却越少。近年来，中央坚持"老虎""苍蝇"一起打，查处了不少腐败高官。多年前中央出台《中国共产党党内监督条例》，指明要监督高官，说明高官中也有人为了私利而贪赃枉法。

由此可见，经济学假定人自私，绝非倡导人们自私；恰恰相反，它是提醒人们：若要惩恶扬善，制度设计必须注意人性自私。民间有句俗语：先小人，后君子。意思是说为了事后不伤和气，事前不妨把人从坏处看。比如朋友间合作做买卖，明知彼此都是君子，可签合同时还得把违约责任写清楚。"经济人假设"也是如此。对事不对人，不管张三、李四是否自私，要做经济分析，就得先假定"人是自私的"。

这里再说一遍，经济学假定人"理性自私"，是为了研究人的行为规律，并据此设计出相应的政策和制度，防止或抑制损人利己的行为。"经济人假设"无半点贬义，我们切不可误读，更不可将学术问题政治化、上纲上线，给"经济人假设"贴上"宣扬腐朽人生观"的标签。

思考题

为何说人是自私的而同时又是理性的？你认为亚当·斯密在《道德情操论》与《国富论》中对人性的假设是自相矛盾的吗？经济

学推断人的行为为何要从"经济人假设"出发？

第 2 节 | 资源稀缺假设

经济学将"资源稀缺假设"作为第二大假设，主要是基于两方面原因：一是经济学要研究资源配置，若资源不稀缺，就无须研究资源的优化配置，如此一来经济学就没有了用武之地；二是经济学家自己说不清楚资源到底是否稀缺，更没有办法证明这一点。实属无奈，所以经济学才武断地做此假设。

"悲观"的科学

亚当·斯密在1776年出版的《国富论》中写道："经济增长不会无限制地进行下去，最后，会由于自然资源的匮乏而告终。因为，一个国家一旦将它的土壤、天时和地理位置的潜力充分发挥之后，就无法再前进了，但也不会后退，不过这时的工资和利润都可能非常低。"这段话，是经济学家关于"资源稀缺"较早的论述。后来，马尔萨斯把斯密的这一论述发挥到了极致。

1798年，马尔萨斯出版了《人口论》一书。他分析说，土地资源有限，土地给日益增长的人口提供粮食将越来越困难，而且会使粮食产量的增长速度赶不上人口的增长速度（前者为算术级数增长，后者为几何级数增长），人类注定要过着朝不保夕的生活，不要奢望有什么改善。马尔萨斯为人类描绘的这一图景，令人毛骨悚然，以至于英国著名的历史学家卡莱尔评论说：经济学是一门"悲观"的科学。

20世纪后期，罗马俱乐部推出的"世界末日"模型，比马尔萨斯更加悲观。1972年，美国经济学家梅多斯等人合作出版了《增长的极限》，他们断言，由于地球资源有限，"只要人口增长和经济增长的正反馈回路继续产生更多的人和更高的人均资源需求，这个系统就会被推向它的极限——耗尽地球上所有不可再生的资源"，并且发出警告：随着资源耗竭，粮食短缺，环境污染，人类社会将发生难以避免的"崩溃"。

不能忽视技术进步

可以看出，从斯密到马尔萨斯再到梅多斯，他们对经济增长的悲观看法，皆基于资源稀缺。然而也有经济学家的看法相反，对经济增长持乐观态度。美国经济学家佩吉指出，若不考虑技术进步，人类已知的资源存量确实是稀缺的；但从技术进步的角度来看，资源并不稀缺。他解释说，地壳厚度从25英里到40英里（约40千米到65千米）不等，现在油井钻孔最深也不到10英里（约16千米）。若钻得越深，储量越多，能获得的石油也就越多。

同时还有学者分析说，随着技术不断进步，未来可利用的资源会越来越多，如太阳能、风能等，这些资源都是无限的，永远不会稀缺。而且当技术发展到一定的水平时，人类甚至可以开发利用宇宙资源，因此，未来的资源会更加丰富。再则，市场价格的调节作用会促使人们节约使用资源。由此来看，"资源稀缺说"并不成立，而由"资源稀缺"推出的"增长极限论"也站不住脚。

回过头看，马尔萨斯的预言的确是错的。当年马尔萨斯站在一个即将开始的新时代门槛上，竟未意识到工业革命正在向他走来。然而在他之后的一个多世纪里，全球粮食产量增长速度远远超过了人口增长速度，利润并未降低，工资也大幅度提高了。梅多斯的预判其实也不准确。他说人类要避免灭顶之灾，从 1990 年起必须停止工业投资增长。迄今 40 年过去了，工业投资仍在增长，可人类并未出现他所说的那种灾难。

只研究稀缺资源配置

学界对增长是否存在极限的争论，分歧最终在于资源是否稀缺。困难就在这里，一方面，人们看到有些资源确实是稀缺的，如煤炭、石油等储量正在一天天减少，它们总有一天会枯竭；另一方面，有些资源却并不稀缺，如江上清风、山间明月，人们可以享之不尽、用之不竭。需要追问的是，既然两种情况都存在，那么经济学何以假设"资源稀缺"呢？

实不相瞒，这个问题已经困扰了我很多年，后来给学员授课，想绕也绕不开。我曾提出一种解释，有两个要点。第一，经济学所说的资源，是指有效用的物品；而稀缺则是指物品有价格。物以稀为贵。价格越高，资源就越稀缺。第二，经济学假设资源稀缺，是为了界定经济学的研究范围，意思是经济学只研究稀缺资源的配置，而不研究无限供给的资源。

对"资源稀缺假设"做这样的解释，可避开资源是否稀缺的争论，似乎也能自圆其说。可 10 年前我动笔写《经济学反思》时，发现此解释是循环论证。比如我说经济学只研究稀缺资源的配置，而稀缺资源是指有价格的物品。读者看出其中的破绽了吗？事实上，价格本来是需要经济学研究的课题，如果说有价格的资源经济学才去研究，这难道不是循环论证吗？

应从需求角度看

老路走不通，就得另辟蹊径。功夫不负有心人，近10年来我反复思考，现在终于有了新的解释：原来，"资源稀缺"不应从供给角度看，而应从需求角度看。从供给角度看，对资源是否稀缺永远都会有争论；但从需求角度看，人们却不容易反对。因为从需求角度看，"资源稀缺"是指人的生命有限。

人的生命有限与资源稀缺有何关系？下面我分四个层次来分析。

第一层：人的欲望无限。说人的欲望无限不会错，欲望乃人类天性，而且人的欲望大小与其身份地位无关，与钱多钱少也无关。说我自己吧。明知自己买不起直升机，可每次遇到交通堵塞时就异想天开，希望自己有直升机。相信别人也会有类似的想法，你去问一个乞丐，假如有一套免费的别墅和茅草屋供他选择，他会怎么选？他会选别墅，对不对？

第二层：人的需求有限。要注意，经济学所说的需求是指有效需求，而不是指欲望。何为有效需求？通俗的解释，是有支付能力的需求。比如我希望拥有直升机却无钱购买，那么我的希望就是欲望，而不是需求。这方面的例子很多，也不难理解。但读者要明白，经济学但凡讲需求，不论前面是否带"有效"二字，皆是指有支付能力。欲望与需求是两回事，不可混为一谈。

第三层：需求有限源于生产有限。萨伊定律说：供给能自动创造需求。人们卖出自己的商品，是为了购买别人的商品，既然大家都是为买而卖，因此有供给当然就有需求。再往深处想，萨伊定律还有一层含义，即需求要受商品生产能力的约束。举个例子，假如你只能生产1万元的商品,将商品卖出后你得到1万元货币,而1万元货币也只能购买别人1万元的商品。由此可见,一个人的需求有限,归根结底是他自己的生产有限。

第四层:生产有限是由于人的生命有限。人生七十古来稀,说的是人的生命有限。今天科技进步、医疗发达,长命百岁者并不罕见,可即便能活到一百岁,人的生命也仍然是有限的。前面说,一个人的欲望得不到满足,是因为他没有足够的商品去交换别人的商品。之所以如此,是因为他的生命有限。假若生命无限,可长生不老,他就能生产出无限多的商品。

综合起来的结论是:"资源稀缺假设"的依据是人的生命有限。一方面,人的欲望无限;另一方面,人有生之年的劳动时间有限,导致生产用于交换的商品有限,于是需求(货币支付能力)有限,因此人的欲望与需求之间出现了缺口。

三点说明

为便于读者理解,我在这里再做三点说明。

其一,众所周知,西方经济学今天只研究效用价格,不再讨论商品价值,但不讨论不等于不存在。马克思说,商品有使用价值与价值;劳动有具体劳动与抽象劳动。具体劳动创造使用价值,抽象劳动创造价值,商品的价值量是由生产这种商品的社会必要劳动时间决定的。可见,在马克思看来,劳动的时间是最重要的资源,资源稀缺即为时间稀缺。

其二,经济学研究资源配置,另一个原因是人们在做选择时存在机会成本。机会成本我会在第三章讲,这里简单说,机会成本是指做一种选择而放弃其他选择的最高代价。问题是人们在做一种选择时为何要放弃其他选择？原因是人的生命有限（时间稀缺）。若生命（时间）无限，则不会有机会成本；而不存在机会成本，也就无须研究资源优化配置。

其三，有一种观点认为，人类选择存在机会成本，不仅因为劳动时间稀缺，也可能是资本稀缺，比如同一笔资金，投向甲项目就不能投向乙项目。我对此的解释是，资本稀缺其实也就是时间稀缺。理由是：资本是由利润转化而来的，而利润是由劳动（时间）创造的，从这个角度看，资本可以还原为劳动时间。

思考题

在现实生活中我们看见有些资源是稀缺的，如石油、煤炭；而有些资源是不稀缺的，如江上清风、山间明月等。那么怎样理解资源稀缺？为何从需求角度看资源稀缺是指人的生命有限？

第 3 节 | 产权保护假设

经济学不仅要研究人的行为规律，而且要研究市场配置资源的规律。市场经济是交换经济，而商品交换的前提之一，是保护商品生产者的个人产权。若不保护产权，就意味着偷盗、抢劫等侵犯个人产权的行为不会受到法律惩处。一个社会若默认弱肉强食或不劳而获，当然不会产生商品交换。因此，发展商品生产和商品交换必须保护产权。

武断的假设

发展商品交换需保护个人产权，逻辑上应当无懈可击。可经济学为何要将"产权保护"作为假设呢？这是因为经济学遇到了一个世纪性的难题。20世纪初以来，人类出现了计划经济与市场经济两种配置资源的方式，这两种配置方式到底孰优孰劣？经济学家至今仍争论不休。

当年苏联建成第一个计划经济体后，许多学者为"计划经济"大唱赞歌，而也有学者不以为然。奥地利经济学家米塞斯在1920年发表的《社会主义国家的经济计算》一文中断言，资源不可能通过政府的"经济计算"实行优化配置。此观点遭到了兰格等经济学家的批评，而米塞斯的学生哈耶克却坚定地站在老师一边，并直言不讳地宣称计划经济是"通向奴役之路"。

1937年，美国经济学家科斯发表了著名的《企业的性质》一文，科斯分析说：资源配置在企业内部是计划，在企业外部是市场。于是他问：如果计划一定比市场有效率，企业就应该无限制地扩张，可地球上为何没有哪家企业扩张成一个国家呢？相反，若市场一定比计划有效率，企业就不应该存在，可人类社会为何会有大量的企业出现？由此，科斯得出结论：计划与市场各有所长，不能相互取代。

按照科斯的观点，计划与市场都是资源配置的手段，而且经济学并不能证明市场一定比计划更有效率，所以问题就来了：当时传统观点认为，计划经济需在公有制的基础上运行，生产资料一旦公有，就无须保护个人产权。但如果不保护个人产权，又不能形成商品交换，则无法通过市场优化资源配置。所以，经济学只好将"保护产权"也作为假设予以确定。

产权不同于所有权

往后倒推 20 年,"产权改革"在国内是一个非常敏感的话题。当年为避免争论,1992 年邓小平在南方谈话中指出,不要问姓"资"姓"社"。老人家一言九鼎,为后来的改革赢得了时间。令人遗憾的是,时至今日仍有人将产权等同于所有权。甚至说国企产权归国家,明晰产权就是搞私有化。这种批评显然是望文生义,完全不清楚所有权与产权的区别。

在现代经济学里,产权与所有权是两个不同的概念。所有权是指财产的法定归属权;而产权则是指除了归属权之外的其他三项权利,即使用权、收益分享权与转让权。今天人们将所有权与产权混为一谈,说起来其实也是事出有因。在人类社会早期,所有权与产权是一体的,两者并没有分离。那时若某人对某财产拥有所有权,他同时也就拥有产权。

不过这是早期的情形。当借贷资本与现代公司制度产生后,所有权与产权就分离了。这方面典型的例子是银行。大家都知道,银行的信贷资金主要来自储户存款,资金所有权是储户的,既然资金所有权属于储户,那么银行发放贷款为何可以不征得储户同意呢?原因是银行通过支付利息从储户那里购买到了资金的产权。在这里,资金的所有权与产权已经分离。

可见,产权源于所有权,但也可独立于所有权。两者分离后,明晰产权并不需要改变财产所有权;而且即便所有权清晰,也并不等于产权清晰,仍需要明晰产权。下面再举个例子。

张三与李四相邻而居,北边的院子是张三的私产,南边的院子是李四的私产。有一天，张三在自家院子里焚烧垃圾，北风将烟尘刮进李四的院子，起初李四好言劝阻，可张三置若罔闻，结果两人大打出手。何以如此？原因是产权不清晰。当初张三建房时，法律并未规定在院子里不能烧垃圾；而李四建房时，法律也未明确他有不受污染的权利。可见，南北两个院子虽然分别属于张三和李四的私产，所有权清晰，而产权却并不清晰。

交换的前提

在所有权与产权分离之前，商品交换的前提是保护所有权；但当两者一旦分离，商品交换的前提则转换为保护产权。因为所有权与产权分离之后，商品交换便与所有权脱钩，而只与产权发生关系。准确地说，在现代市场经济条件下，保护产权才是产生交换关系的前提。

邓小平在南方谈话中指出："市场经济不等于资本主义，社会主义也有市场。"当时国内学界就有人质疑，说马克思明确讲"私有权是流通的前提"，中国以公有制为主体，怎能产生市场交换呢？时至今日，有些西方国家仍不承认中国的市场经济地位，据说理由也是中国以生产资料公有制为主体。难道公有制与市场经济真的水火不容？答案是否定的。

马克思确实在《政治经济学批判（1857—1858年手稿）》中讲过"私有权是流通的前提"。并且在《资本论》第一卷中，马克思还说，交换双方"必须彼此承认对方是私有者"。有学者推定马克思认为交换的前提是私有制，大概就是根据以上论述。其实，做这样的推定是对马克思的误读，并不符合马克思的原意。

首先，马克思从未说过交换产生于私有制；相反，他认为交换产生于公有制。马克思在《政治经济学批判》第一分册中写道:"商品交换过程最初不是在原始公社内部出现的,而是在它的尽头,在它的边界上,在它和其他公社接触的少数地点出现的。"在《资本论》中他也表述过相同的观点。原始社会是公有制,这一点马克思怎么会不清楚呢?

其次,马克思讲,作为流通前提的"私有权"也不是指生产资料的私有权。比如他在《资本论》第一卷中说:"商品不能自己到市场去,不能自己去交换。因此,我们必须找寻它的监护人,商品所有者。"他还说:"商品是物,为了使这些物作为商品发生关系,必须彼此承认对方是私有者。"显然,马克思这里讲的"私有"并非生产资料私有,而是产品私有。

从现实观察,生产资料所有权与产品所有权的确不是一回事。以英国的土地为例。土地作为重要的生产资料,英国法律规定土地归皇家所有,但土地上的房屋(产品)却可以归居民所有。正因如此,房屋才可作为商品用于交换。也就是说,产品能否交换与生产资料所有权无关,关键在于产品是否私有。只要产品私有,生产资料所有权无论归谁,产品皆可交换。

公有制可以产生交换

读者若同意以上分析,我们便可讨论在公有制基础上何以产生商品交换。上面说过,商品交换的前提是产品私有。照此推理,公有制基础上的商品交换也同样要求产品私有。也就是说,只要产品私有,就可以产生商品交换。那么生产资料公有,产品怎样才能私有呢?办法当然是实行生产资料所有权与产权分离。

以中国农村改革为例,农村土地归集体所有,而家庭联产承包制改革将集体土地的产权界定给了农户后，将土地种植的粮食缴足国家的，留足集体的，剩下的就是农民个人的。因为赋予了农户产品的所有权，所以农民可以用自己的产品参与市场交换。国有企业改革也是如此。国企的厂房、机器设备等生产资料归国家所有，而企业之所以能将产品用于交换，也是因为国家将生产资料的产权委托给了企业，从而让企业拥有了产权。

读者也许会问，农村土地承包后，产品可以说归农民私有，可国有企业产品归全体职工所有怎能说是私有呢？事实上，当年马克思讲"产品私有"并非指某人独自占有，而是说产品要有不同占有主体。占有主体可以是一个人，也可以是一群人。比如原始社会部落间的交换，占有主体就不是部落首领，而是部落的全体成员；合伙制企业的产品私有，并非某人单独所有，而是合伙人共同所有。

思考题

为何说马克思讲的作为流通前提的"私有权"不是指生产资料私有权，而是指产品所有权？生产资料私有权与产品所有权分离的原因是什么？在公有制基础上为何可以发展市场经济？

需求定律是描述价格与需求变化的规律，其中价格是约束行为的条件，而需求变化是价格约束下行为选择的结果。有经济学者指出，真实世界存在着大量的"吉芬物品"，当价格上升时，需求会不降反增，这种现象是否是需求定律的例外？若需求定律有例外，怎能用它来推断人的行为选择呢？

第二章
需求原理
经济学第一原理

若从威廉·配第1672年出版《政治算术》算起,经济学发展已有300多年的历史,到今天经济学已经建立起由一系列理论和原理构成的逻辑体系。其中,需求原理是经济学的第一原理或最基本的原理。可以说,如果我们掌握了需求原理,也就具备了推理人类行为选择规律的本领。

第 1 节 | 需求定律

需求原理也称需求定律。需求定律可从狭义与广义两个角度定义。狭义需求定律,讲的是价格与需求的变化规律:价格上升,需求下降;价格下降,需求上升。比如市场上的苹果价格:若3元/斤,则你会买10斤;若5元/斤,则你会买6斤;若10元/斤,则你可能只买1斤。价格与需求的这种反向变化关系,在平面坐标图上，若用纵轴表示价格，横轴表示需求量，便可画出一条自左上方向右下方倾斜的曲线，此曲线为"需求曲线"，也是需求定律的直观表达。

广义需求定律

顾名思义，广义需求定律揭示的是人类行为选择的一般规律。现实生活中，人们不仅在购买商品时要做出选择，从事其他活动也面临选择。一个大学生毕业后是继续深造还是去工作挣钱？一个家庭是买房住还是租房住？一个企业是将更多资金用于扩大生产还是用于搞技术研发？这些都需要做出选择。而广义需求定律是说，人类行为选择的一般规律，是在特定约束条件下追求收益最大化。若将"约束条件"看作"成本"，那么需求定律也可定义为"以最小的成本争取最大的收益"。

显然，需求定律是由经济学第一假设——"经济人假设"延展而来的。根据"经济人假设"，人是理性自私的，所以人们在做出选择时既要追求收益最大化，又要顾及自己所面临的约束条件。比如一个家庭的全体成员都认为买房住比租房住更合算，但他们家买房的钱不够，而借钱的利息又太高，面临缺钱和利息高的约束条件，他们最后只能放弃买房而选择租房。

进一步来说，除了"经济人假设"，还有一个"公理"可以支持需求定律，即"边际效用递减规律"。经济学家通常用买面包来解释边际效用递减规律：你买一个面包吃不饱，买两个面包基本吃饱，买第三个面包会吃得有点撑，买第四个面包就会吃出病来。可见，随着购买面包的数量增加，对你来说边际效用是递减的。当你吃完第二个面包后，若面包价格上涨，你就不会再买面包了，对不对？

这也从另一角度佐证了需求定律。

不过需要说明的是，尽管需求定律是由"经济人假设"导出，而且可用边际效用递减规律佐证，但需求定律仍然是对经验规律的描述，如同"经济人假设"一样，也具有公理性质。经济学者可以用需求定律分析人的行为，但不能给出理论证明。

需求定律有例外吗

需求定律具有公理性质，照理，经济学者不应该怀疑，可自从马歇尔在《经济学原理》中提出"吉芬悖论"后，便引发了学界旷日持久的争论。而争论的焦点，是需求定律是否有例外。

我先分析一种现象。现实生活中，有些商品的需求量对价格变化敏感（如服装），而有些商品的需求量对价格变化不太敏感（如食盐），经济学认为此现象是由于"需求的价格弹性"不同。所谓"需求的价格弹性"，是指需求量变动的百分比与价格变动的百分比的比值。用公式表示：需求的价格弹性＝需求量变化的百分比／价格变化的百分比。比值大于1，则弹性高；比值小于1，则弹性小。弹性小于1的商品是否是需求定律的例外呢？当然不是。弹性小于1仅表明需求对价格变化敏感度低，而不会改变两者呈反向变化的关系。

我们再来看"吉芬悖论"是怎么回事。英国经济学家吉芬发现，1845年爱尔兰发生大饥荒后，马铃薯价格大涨，由于普通家庭买不起肉类食品，只能转向消费马铃薯这类低档品，结果马铃薯涨价后消费不仅没减少，反而增加了。马歇尔称此现象为"吉芬悖论"，而吉芬物品（低档品）也就成了需求定律的例外。

无独有偶，20世纪70年代又有学者称奢侈品也有例外。并以钻石为例，说钻石价格越高，购买者越多，价格低廉的钻石却少有人问津。而随着争论的持续，到今天学界提出的例外品越来越多，比如有学者说：下雨天雨伞越涨价购买者越多，股票越上涨追涨者越多。他们认为雨伞与股票等也都是需求定律的例外。

当然，坚持需求定律没有例外的学者也很多。美国经济学家斯蒂格勒 1947 年发表文章指出，在马歇尔时代，英国并无支持吉芬现象的证据。他还说：如果"吉芬悖论"是事实，则反过来无疑是说马铃薯价格越低，马铃薯的需求会越少，这种现象在真实市场怎么可能出现呢？所以他断定"吉芬悖论"只是一个假想而非事实。

我找不到英国 19 世纪末的相关资料，吉芬现象是否真的存在无从考证。不过换个角度想，吉芬所说的现象是否属实其实并不重要，重要的是吉芬现象的存在能否推翻需求定律。从科学角度来讲，定律是不允许有例外的，假若有例外，哪怕只有一个例外就不能称其为定律。问题是面对学界列举的上述种种现象，怎么能证明它们不是需求定律的例外呢？

弗里德曼的高见

1949 年，弗里德曼发表了《马歇尔的需求曲线》一文，论证了需求定律没有例外。此文有三个要点：第一，需求定律描述的是供给一定时价格与需求的关系，若假定供给不变，则收入也不会变；第二，研究价格对需求的影响，即使收入改变，也不应纳入需求定律考虑；第三，收入改变后产品需求有可能变，但此时应该画另一条需求曲线，而不应看作需求定律的例外。

以上三个要点环环相扣，其中心意思是：影响需求变化的因素并不只是价格，其他因素变化也会引起需求变化，因此要研究价格变动与需求变动的关系，必须明确哪些因素可以变，哪些因素不能变。弗里德曼认为，影响价格变动的因素皆可变，而可能导致需求变动的非价格因素都不能变。

影响需求的非价格因素主要有以下三种。

一是产品。产品价格不变，但如果产品有变化，那么需求也会变。现实中不乏这样的例子，比如苹果手机，现在已升级到iPhone12。过去每升级一次价格就上涨一次，而且需求也跟着增加。需求增加并不是由价格带动的，虽然iPhone5与iPhone12是同一个品牌，但两者却不是同一个产品。

二是偏好。产品价格不变，若人们偏好改变，那么也会影响需求。以普洱茶为例，过去人们对普洱茶不了解，市场需求也不大。15年前马帮进京，宣称此茶可以降"三高"，结果一饼茶竟拍出了160万元的天价。普洱茶从此声名远播，需求大增。这是因为宣传推介改变了人们的饮茶偏好。

三是收入。"恩格尔系数"说：穷人收入中用于低档品（如粮食等必需品）消费的占比相对高，富人收入中用于高档品消费的占比相对高。可以推出的含义是：若人们收入水平提高，则对高档品的需求会增加；若人们收入水平下降，则对低档品的需求会增加。由此可见，高档品与低档品的需求不仅受价格影响，同时也取决于收入。

研究价格变化对需求的影响，必须设定上述因素不变。否则，如果这些因素同时变化，我们就无法确定需求变化到底是由何种因素引起的。换句话说，只要设定产品、偏好、收入等不变，价格变动与需求变动的关系就可用需求定律来表达，而且需求定律也不可能有例外。

对"吉芬物品"的解释

下面再说"吉芬物品"。马歇尔认为"吉芬物品"是个短期的例外,我并不认同这种说法。当时爱尔兰发生大饥荒后,马铃薯价格上涨,穷人对马铃薯的需求增加,并不是需求定律失灵,而是人们的收入下降所致。正如弗里德曼所说的,验证需求定律要假定收入不变,如果收入变了就应"画另一条需求曲线"。

再看奢侈品。以钻石为例,昂贵的钻石的购买者多,廉价的钻石的购买者少,这种现象其实推翻不了需求定律。需求定律要求产品不变,而这里对比的却是两种品质不同的产品。如果我们问:同一品质的钻石价格越高你会买得越多吗?若不会,那么钻石就不是需求定律的例外。

再看雨伞与股票。事实上,下雨天雨伞越涨价购买者越多,原因并非雨伞涨价,而是下雨改变了人们对雨伞的偏好,要是不下雨,雨伞的需求就不会增加。股票呢?股票上涨之所以追涨者多,是为了投资套利,此时炒股者是投资者而非消费者,而解释投资行为,要用供给曲线而不能用需求定律。

学界列举的所谓"例外品"还有一些,这里不再一一澄清。但请读者记住:只要坚守"产品不变、偏好不变、收入不变",需求定律绝没有例外。

思考题

为何说"吉芬物品"不是需求定律的例外?你对"吉芬物品"现象怎么理解?影响需求的非价格因素有哪些?

第 2 节 | 行为选择的一般规则

上一节说过，需求定律（狭义）描述的是价格与需求的反向变化关系，其中价格是约束行为的条件，需求变化是价格约束下行为选择的结果。前文还说过，广义需求定律是指人类行为选择要以最小的成本争取最大收益。当收益一定时，成本越低越好；当成本一定时，收益越高越好。

约束行为的产权

人的行为选择，都是在一定的产权（结构）安排下做出的。若将产权安排作为约束行为的条件，那么在不同的产权安排下，人们追求利益最大化的选择会不同。比如哈丁提出的"公地悲剧"，因为牧场没有产权界定，所以牧民才会毫无节制地养羊，假若将牧场产权界定给私人后，在牧场放养就需要交费，此时牧民就会计算得失，放养行为也会因此受到约束。

匈牙利经济学家科尔内在1980年出版的《短缺经济学》一书中，对国有企业的投资冲动行为做过分析。他指出，约束企业投资行为的条件有三个：第一，在传统计划经济体制下，国有企业资产归国家所有，政府与企业是父子关系；第二，政府存在父爱主义，企业无须自负盈亏，而且缺钱可以随时向政府伸手，导致企业预算软约束；第三，企业投资规模越大，行政级别就越高，管理者的待遇（收益）也越高。科尔内说，在以上条件约束下，管理者追求收益最大化必然会选择投资扩张。

再举个例子：返券销售。大约20年前，商场为了扩大销售，为消费者提供了两种优惠方式：一是商品价格直接打折；二是商品价格不打折，但返给消费者等额的购物券。照常理，消费者不会选择返券，可商场为何要多此一举呢？起初我也不明白，后来一位经营商场的朋友告诉我，返券针对的是"团购"。原来，有人接受返券并不是为自己购买商品，而是为"公家"采购，发票按原价开，返券可以归自己。

产权结构

按照第一章对产权的定义，产权是指财产的使用权、收益分享权与转让权。若把"转让"也看作一种使用方式，则产权可以整合为"使用权"与"收益分享权"。因此，产权结构有四种组合。

组合一：有使用权，也有收益分享权。以中国农村的耕地为例。《宪法》规定，农村土地归集体所有，而20世纪80年代末的农村改革将耕地产权承包给了农民，而且规定30年不变。这就意味着30年内农民不仅拥有土地使用权，同时也拥有收益分享权。

组合二：有使用权，无收益分享权。这方面的典型例子是改革前的国有企业。国有的生产资料企业可以使用，但利润却要全额上缴。当年国企改革之所以从利改税起步（改上缴利润为上缴税收），目的是让企业缴税之后可以留存利润，实质是给企业界定收益分享权。

组合三：无使用权，但有收益分享权。比如20世纪90年代国内出现了一个非常特殊的利益群体，老百姓称之为"官倒"。他们倒卖土地、钢材以及各种紧俏物资的批文。其实，他们并不具有这些物资的使用权，也无须使用这些物资，而是凭借特殊身份（权力）通过倒卖批文从中渔利。

组合四：无使用权，也无收益分享权。其代表性的例子是社会福利或公益机构，这些机构可接受社会捐赠，但捐赠品只能用于那些需要救助的人，机构工作人员既不能使用捐赠品，也不能利用捐赠品去谋取个人收益。

以上是产权结构的四种安排。从约束行为角度来看，若说某人（或机构）对资产有使用权，表明他使用该资产是花费自己的成本；若说某人拥有收益分享权，表明他是在为自己办事。因此，根据以上四种组合，可进一步导出"花钱"与"办事"的四种类型：花自己的钱，办自己的事；花自己的钱，办别人的事；花别人的钱，办自己的事；花别人的钱，办别人的事。

四点推论

上面的转换十分重要。有了此转换，我们就可以用需求定律来推断人类的行为选择规律。

推论一：花自己的钱，办自己的事，既讲节约又讲效果。这些年我常听说有人装修机关办公楼吃回扣，结果被人举报受到纪律处分甚至判刑。但我从未听说有人因为自己家里装修吃回扣而被纪检部门处分，何故？自己家里装修是花自己的钱，办自己的事，不能自己吃自己的回扣。

推论二：花自己的钱，办别人的事，只讲节约不讲效果。有件事我以前一直不解，政府曾重拳打击假冒伪劣，可为何市场上假茅台酒却屡禁不止？后经多方查访，才知原来是有人要用假茅台酒来送礼，对假茅台酒有需求。人们为何要用假茅台酒来送礼呢？因为送礼是花自己的钱办事，只要够便宜，不管酒好不好喝，也不管酒能不能喝。

推论三：花别人的钱，办自己的事，只讲效果不讲节约。在党的十八大前，在公务消费中，为何有人敢一掷千金搞高规格消费？原因其实很简单，就是用公家的钱交自己的"朋友"。而党的十八大后，高消费骤然降温，是因为中央颁布了"八项规定"，审计部门卡住了财务报销，堵住了公款消费的后门。

推论四：花别人的钱，办别人的事，既不讲节约也不讲效果。前面提到的办公楼装修就是花别人钱办别人事的例子，现实中类似的事例很多，道理也好懂，无须再解释。

思考题

产权安排与人的行为选择有何关系？请你根据产权结构的不同组合，并结合案例分析不同产权结构是如何约束人的行为选择的。

第 3 节｜公共选择行为

需求定律不仅可以推断经济领域的行为选择，也可以分析公共选择。布坎南是将需求定律引入政治学领域的开创者，并使公共选择理论成为经济学的一个重要流派。20 年前，我用需求定律分析国内官场，时过境迁，有些当时的约束条件今天已经有所改变，条件变了推论当然会变。下面讲讲怎样用需求定律分析非经济行为。

地方越穷，想当官的人越多

从现象观察，我们不难发现一个带有规律性的事实：地方越穷，想当官的人越多。比如东北地区经济不如南方发达，东北人明显比南方人喜欢做官；内地经济赶不上沿海，内地人比沿海人喜欢做官。

近些年，媒体不断曝光买官卖官事件，这类案件大多是发生在经济欠发达地区。

为何在经济欠发达地区想当官的人多呢？用需求定律解释，是特定约束条件下追求利益最大化的结果。穷则思变，贫困地区的人也希望过好日子（追求利益最大化），可他们面临的约束条件却是：收入低、投资没本钱、做生意没市场，而这些地方国有企业却相对多。国有企业由政府管着，若不当官掌握一定的审批权，国有企业的好处就一点儿也沾不着。所以，当地人要改善自己的经济状况，就得当官。

民以食为天。别看吃饭是平常事，在党的十八大前，当不当官在吃饭上大不相同。老百姓上饭店吃饭得自己出钱，可当官的吃了大餐，通常可以拿发票回单位报销。因为当官的是国家干部，所以得由国家买单。不仅吃饭如此，坐车也一样。老百姓出门得自己挤公交车，一般干部可以让单位派车，官大一点的可以有专车。总之，只要当上官，像吃饭、坐车一类的事，都可由公家付费。因此，贫困地区想当官的人比较多。

人们想发"横财"，无非有两条"路径"：一是违法经营，如制假贩假；二是行政垄断，以权谋私。第一个办法虽有暴利，但利大风险也大，若有闪失会人财两空。这种冒高风险的事，一般人不能做。而行政垄断则不同，大权在握，赚起钱来堂而皇之。过去实行价格双轨制时，利用内外价差渔利养肥了许多人；而靠批地皮、倒批文，一夜暴富者也为数不少。

当时老百姓给这些人起了一个绰号叫"官倒"，为什么叫"官倒"？因为像批地皮、倒批文这种营生，没有官位，手中无权，定然是"倒"不成的。所以贫困地区曾流行一段顺口溜："要想富，当干部，不种地来不养牛，大笔一挥成了暴发户。"既然当官能无本生利，大家看在眼里，记在心头。尤其是贫困地区，人们发财无门，千军万马往官道上挤也就不足为奇了。

实权越大，升官越难

但凡做官，都会多少有一定的权力，但所处位置不同，权力又有虚实之分。有的位高权虚，有的位低权实。比如同是机关的处长，有的人管钱、管物、管人，而有的人只管上传下达，分发文件。若是在不同的部门，处长的实权抵不过科长更是司空见惯。当然，这里所讲的实权，特指财权、物权、人事权。

官场确实存在这样一种现象：年轻时实权越大的官员，往往升官越难。何以如此？因为实权是稀缺资源，实权越大越稀缺。根据需求定律，当官的人大多追求实权最大化。所以问题就来了，当官都要追求权力，而一个人有了实权就会遭人惦记：有羡慕他的，有嫉妒他的；有求他的，也有恨他的，当然还有想取而代之的。所以握有实权的人绝不能犯大错，否则被人抓了把柄，不仅升官无望，现在的职位也会难保。

往深处想，就升官来说，"实权"其实是一种高风险约束。比如某处长主管工程发包，由于工程稀缺，许多人垂涎欲滴。于是比处长官大的领导，可能会写条子给处长介绍工程队。处长手里一个工程，却收到了20张条子。僧多粥少，处长权衡利害，最后把工程给了某重要领导介绍的工程队。可是处长讨好了一个领导，却得罪了19个领导。将来研究干部提拔时，1个人赞成，19个人反对，结果可想而知。

进一步分析，官大的领导写条子，那些不是官员的呢？想接工程就可能送"票子"。即使这个处长不收礼，100人送钱，拒绝了99人，其中一人是丈母娘介绍的就收下了。不料东窗事发，结果被人告到纪检部门，纪检部门不会看你拒贿多少次，而是看你有没有受贿。法纪无情，哪怕只受贿一次，该撤职的撤职，该法办的法办。

看看党的十八大前那些仕途通达官员的履历，会发现不少是共青团干部出身，或是年轻时实权不大的人。为何共青团出身的干部进步快？一方面，共青团不管钱、不管物，要想办成一件事得左右协调、上下周旋，工作能力比较强；另一方面，因为没有实权，既没人找他批项目，也没人管他要资金，得罪的人不多，行贿的人也少，所以升迁反而比那些握有实权的干部更容易。

好人未必就是好官

这里所说的"好人"，有特定的含义，是指大家平时都说"好"的人。有句俗语形容这种人，叫"好好先生"，也是毛泽东曾批评的那种"明哲保身，但求无过"的人。现实生活中不乏这样的好好先生。在领导看来，缺点不明显；在群众眼里，印象也不坏。所以这些人做起官来，大多春风得意、平步青云。

问题是，这样的"好人"却未必是好官。因为当官有岗位职责，履行职责就得办事，但一旦办起事来就难免会得罪人。办好事要得罪坏人，办坏事要得罪好人，只有那些无所事事的人，才不得罪人。寺庙里的菩萨，为何好人坏人都去烧香？因为人们想升官发财，希望得到菩萨保佑。而菩萨其实啥事也不用做，所以不会得罪任何人。要是菩萨真能让人升官发财，那些没有升官发财的人没准也会写菩萨的告状信。

出现"好人"不是好官的现象，用需求定律解释是因为官员要职位最大化。而升官有一个重要的约束条件，那就是要有民意支持。

可是人上一百，形形色色。那些敢做事的好官，只要做事，保不准就会得罪什么人。俗话说众口难调，对同一件事情，因为人们利益不同，只要有人说好，就会有人说坏。所以搞起民主测评来，做事的往往比不过那些不做事的。

从经济学角度来看，这是一种民主失灵。所以选官既要民主，又不能迷信民主；要看选票，但不能唯"票"是举。可取的办法是，坚持多数人选人与"多数通过"规则，并在民主的基础上实行集中。毕竟一个社会好人占多数，坏人占少数。有多数选民通过，就是一个好官；相反，如果有100%的选票，也许此人是一个"好人"，但作为一个官，可能就要大打折扣了。

可以断定，若通过民主集中制，能把多数人赞成的人选出来委以重任，官风必能大变，那些只谋人不谋事的人就没有了市场，那些敢为老百姓办事的人也没有了后顾之忧。当前正处在改革攻坚期，好多事情需要探索，探索就得包容失误。不然求全责备，谁还敢去创新呢？中国的改革历来服从一个规律：突破在地方，规范在中央。农村改革如此，企业改革也如此。倘若当初改革只许对不许错，则改革必然不会有今天的局面。

需要特别说明的是，党的十八大以来，约束官员的各种条件已经发生改变：政府行政审批权项大多已经取消，公权力的行使更加规范透明，干部选任也不再唯"票"是举。约束条件变了，"地方越穷，想当官的人越多""实权越大，升官越难""好人未必就是好官"这三大现象也正在逐步变化。

思考题

可否将经济学的需求定律运用到公共选择领域？为什么？你能

否用需求定律分析其他公共选择行为，并指明它们各自的最大化目标与约束条件是什么？

第 4 节 | 追求最大化示例

作为需求定律的应用示例，下面再选择三个不同的案例进行分析。

产学研脱节

目前国内产学研脱节严重。公开数据显示，我国每年受理专利申请近 100 万件，获得专利授权 16 万多件，连续 7 年居全球之首，但平均技术专利转化率却不足 20%，产业化率更低，不到 5%。这一现象似乎很不合理，但用需求定律分析却并不奇怪。黑格尔说过："存在即合理。"意思是某些貌似不合理现象存在，必有特定的约束条件。弄清了约束条件，就不会认为不合理。

需求定律说，人的行为选择是"在特定约束条件下追求收益最大化"。这是说，追求收益最大化是人类的共性，只是面对的约束条件不同，行为选择也会不同。如果我们把"不重视科技成果转化"看作一种行为选择，那么约束这一选择的条件是什么呢？我曾就此问题到南方几个省市与科技人员交流，大家认为主要有三个方面。

一是科技成果评价厚此薄彼。以资金来源分，科技课题有政府纵向与企业横向两类。湖南、云南等地科技部门负责人反映，目前科研院所评职称往往重"纵向"而轻"横向"。在长沙座谈时有科技人员说，他所在单位评职称，无国家级课题近于免谈。

二是财政大包大揽。改革开放以来，国家财政对科技投入增长近百倍，特别是近10年，财政投入每年平均增长20%以上。这些资金大多以课题形式投给了科研院所。国家既发工资又拨经费，科技人员高枕无忧，自然不会再去关心科技成果转化。

三是缺少公共服务平台。一项科技新技术成果从实验室到规模化生产，通常需要中试。新技术成果通过中试后，产业化成功率可达八成；而未经过中试，产业化成功率只有三成。困难在于，建中试车间一次性投入大，使用率低，技术转让方与承让方谁也不愿建中试车间。

以上因素对科技成果转化会有影响，但不是关键因素。如果成果评价重"纵向"而轻"横向"导致了产学研脱节，为何有高级职称的科技人员也不重视成果转化呢？说财政包揽导致产学研脱节也不足为信，欧美国家财政也投资科技，为何成果转化率高？至于中试车间，若研发人员产业化愿望强烈，成果又有很好的应用前景，怎么会没人建中试车间？

当下产学研脱节，真正原因是科技人员对专利没有产权，成果转化不能体现他们的利益最大化。美国的经验可以佐证这一点。1980年前，美国联邦政府资助的研发专利归政府所有，那时美国专利转化率也仅为5%；而1980年美国国会通过了《拜杜法案》，将专利权下放给了研发机构，结果转化率一路飙升。

2007年我国修订并实施了《科技进步法》，仿效美国将政府资助研发的专利权也下放给了科研院所。照理，我们的专利转化率应该提升，可现实却让人大跌眼镜。何以如此？症结还是在产权。原来，中国的科研院所与美国不同，美国是私人机构，中国是国家投资的事业单位，专利权下放不过是"大锅饭"变"小锅饭"。

推动科技成果转化有两个办法：一是取消科研院所的"事业"

身份，让其自立门户；二是专利权继续下沉，让发明人直接享有专利转让的部分收益。前者要改体制，后者要改法律。相对来说，改体制成本会很高。改法律程序虽复杂，但成本较低，所以 2015 年国家修订出台了《促进科技成果转化法》。

金融"脱实向虚"

近年来人们对银行多有抱怨，说银行对实体经济支持不力。对此我也有同感。不过冷静地想，这种"脱实向虚"现象并非国内银行独有，西方国家早就出现了。20 世纪 90 年代日本的房地产泡沫、2008 年美国的次贷危机，实际上都是金融"脱实向虚"的后果。

银行为何不支持实体经济？或者说银行做出这种选择的约束条件为何？回答此问题，不妨先从资本的本质说起。马克思在《资本论》中将资本划分为"产业资本、商品资本、货币资本"三种形态，并且说，资本虽有不同形态，但本质相同，都是不断增长的价值。换个通俗的说法，即"追求利润最大化"是资本的天性，金融资本当然也不能例外。

如果我们将国民经济部门分为"实体经济"与"虚拟经济"两大部门，假若银行信贷资金源源不断地投向虚拟经济部门而不投向实体经济部门，那么根据需求定律可以推断，一定是投向虚拟经济部门的收益高于投向实体经济部门的收益。若非如此，银行绝不会厚此薄彼，金融也不会"脱实向虚"。

事实确实如此，我看到的数据是：目前国内实体经济部门平均利润率在 6% 左右，而虚拟经济部门平均利润率则在 20% 以上，有的企业甚至更高。问题就在这里，投资利润率如此悬殊，而资本要追求利润，金融自然会"脱实向虚"。进一步想仍存在问题。马克思认为，在竞争约束下，不同部门的利润率会趋向平均化。但为何虚拟经济的利润率会长期高于实体经济呢？

当年马克思在分析利润平均化时有两个前提：一是部门内竞争引起部门间的竞争，二是资本在部门间自由流动。也就是说，允许竞争与资本自由流动，利润才会平均化。反过来说，若利润不能平均化，则必定是竞争不充分或者资本不能自由流动。

马克思的分析是对的。以金融部门为例，目前国内对银行与非银行金融机构的设立，政府一直实行牌照管制。对牌照管制是否合理我不评论，但此举确实限制了资本向金融部门流动。时下金融部门的利润率高于产业部门的利润率，无疑与这种准入限制有关；今天社会资本要千方百计地涉足金融行业，原因也在于此。

这里需要解释的是：并不是所有虚拟经济行业都有准入限制，但为何那些没有限制行业的利润率也高过实体经济部门呢？以房地产为例，这些年人们对炒房乐此不疲，就是因为投资炒房的收益高于投资实体产业的收益。20年前，北京房价每平方米不过5 000元，而现在每平方米却涨至10万元。这到底是怎么回事？

马克思在分析土地价格时指出：土地价格 = 土地年租金 / 银行利率。比如一块土地，年租金10万元，同期银行利率为5%，该土地价格就是200万元。你有200万元，存入银行每年可得10万元利息，购入土地每年也可得到10万元租金。若用房产替换土地，道理也一样。但我们看到的事实是，人们用200万元投资炒房，得到的收益却大大高于银行存款利息。而之所以如此，背后是由信贷杠杆推动。

举例解释：假若银行提供信贷杠杆，你购房只需首付20%房款，余下80%可从银行借，这样你用200万元便能购买价值1 000万元的房产，杠杆率为五倍。假定该房产一年升值到1 100万元，按利率

5%支付银行利息40万元后,你可净赚60万元。这样借助于信贷杠杆,房产升值10%,你用200万元便可赚60万元,投资利润率为30%。如此大的诱惑,投资者怎会无动于衷?

当然信贷杠杆只是资产炒作的一个条件。一项资产能否被炒作还有两个条件:一是相对稀缺,二是资产证券化。供应充足的资产炒不起来,而资产未证券化也无法炒。前些年投资者纷纷炒纸黄金,一是黄金相对稀缺,二是纸黄金已经证券化。

由此可见,金融"脱实向虚",是投资者在"资本不能在实体经济部门与虚拟经济部门自由流动以及存在信贷杠杆和资产证券化"等约束条件下追求利润最大化的结果。若政府想要改变这一结果,必须先改变约束条件,不然,金融"脱实向虚"还会持续下去。

高校为何评博导

自己从教数十年,对"博导"为何成为学术头衔从未深入想过。有一年回乡下,家父问我博导是多大的官?我答,博导不是官,就是普通教授。家父又问,教授都是博导吗?我答,不是。见父亲一脸茫然,我只好改口,告诉他博导是大学里的最高职称。

博导究竟是咋回事?是浅问题,却不好答。其实,博导既非职务,也非职称,但为何国内高校要给教授评博导呢?我们知道,人的行为规律,是在特定约束条件下追求收益最大化。比如企业家要追求利润最大化,政府官员要追求职位最大化,大学教师当然要追求职称最大化。由此看来,评博导是校方激励教授的一种手段。

当教师不同于从政,从政的台阶多,副科正科、副处正处、副局正局一路熬,不易追求最大化;而教师只有讲师、副教授、教授三个台阶,追求最大化相对容易。现行职称制度规定,博士毕业需先做讲师，两年后可评副高，五年后可评正高，也就是说，一位 30 岁的博士去大学任教，若教学水平够高，学术论文够数，40 岁左右即可升为教授。

一名教师 40 岁当上了教授，校方再如何激励呢？当然教授有敬业精神，但要是有人不敬业怎么办？30 多年前，一位高校系主任告诉我，他们学校的讲师、副教授都给本科学生上课，做科研也很用功，但评上教授后很多人既不愿多上课，也不专注于学术。当时这种情况很普遍，鉴于此，教育部才让高校为教授评博导。一个教授不是博导，就不是最高级的教授。

教育部的用意很明显，评博导是为了给教授设立新的最大化台阶。也许有人会问，欧美国家为何不给教授评博导？我曾访问欧美的一些大学，发现这些学校采取的是聘任制，除个别教授能签到终身合约，多数教授都有任期，长则三年，短则一年，合约期满，校方不续聘就得走人。而且，你在某所大学是教授，换到别的学校未必还是教授。教授不是终身制，谁也不敢高枕无忧。

由此可见，聘任制其实是一种约束机制，而且对督促教授专于教学科研有长效。相比起来，评博导虽可取近功，但难收长效。而且一年评一批，博导评多了激励作用就会递减。所以国内评博导的办法需要改进。怎么改进？用需求定律推理，可取之策是，实行职称与评聘分开。教授和博导可以照样评，名分也可以终身，但待遇不能终身（加大约束）。如此双管齐下，效果应该更佳。

思考题

联系本地区、本部门实际，并结合具体案例谈谈如何改进和完善激励与约束机制。

成本约束人们的行为选择。在很多人的观念里，成本是指生产销售某产品所发生的价值耗费。而经济学所讲的成本，则是指"机会成本"，即人们做出一种选择而放弃其他选择的最高代价。若从机会成本角度来看，固定资产一旦投入使用，折旧费就不存在选择，那么折旧费要不要摊进成本呢？

第三章
成本
天下没有免费午餐

第二章给需求定律下的定义是：人类行为选择的一般规律，是在特定约束条件下追求收益最大化。这里所说的约束条件，也可以理解为"成本"。如需求定律在描述商品价格与需求变化规律时，价格其实就是约束消费者购买行为的成本。成本在经济学中是一个非常重要的概念，对推断人的行为选择具有举足轻重的作用。

第 1 节 | 成本是选择的代价

成本与我们每个人息息相关。在很多人的观念里，成本是指生产或销售某产品所发生的价值耗费，也就是我们通常所说的财务成本。不过在经济学里，成本是指"机会成本"，即人们做一种选择而放弃其他选择的最高代价。换句话说，机会成本是从选择的角度来看，只要人的行为存在选择，就一定会有成本。

机会成本源自斯密

说到机会成本，人们往往会想到李嘉图。当年李嘉图在论述分工时，提出了"比较成本"概念。所谓"比较成本"，是指一个人生产某产品具有相对优势。举例来说，某人既能种地，又能织布，还能养鱼。假定投入相等，种地的收益为100元，养鱼的收益为120元，织布的收益为150元。因此，他会选择织布。因为织布的收益为150元，而放弃其他选择的最高收益（如养鱼）是120元，所以这120元就是他选择织布的机会成本。

若再往前追溯，"机会成本"概念最早应该是来自亚当·斯密。至少可以肯定李嘉图受到过斯密"绝对成本"概念的启发。事实上，就选择而言，绝对成本与比较成本并无太大差别，两者皆是进行比较，只是比较的参照不同：前者是自己与别人比，而后者是自己与自己比。所以大多数学者认为"机会成本"概念的源头是斯密的"绝对成本"。关于"绝对成本"和"比较成本"，本章第4节还会进行专门分析。

"破窗理论"一叶障目

1850年，法国经济学家巴斯夏发表了《看得见的与看不见的》一文，他开篇就说，经济学家有好坏之分。一个差的经济学家，常常局限于看得见的结果；一个好的经济学家，却能同时兼顾看得见的与看不见的结果。大多数情况是，看得见的结果似乎不错，而看不见的结果的代价却非常高。巴斯夏批评了当时流行的"破窗理论"。

何为"破窗理论"？事情是这样：有一个店主的儿子不小心打破了一扇窗户的玻璃，于是有经济学者认为，打破玻璃并不是坏事，若这块玻璃值6法郎，打破玻璃不仅能给玻璃生产商带来6法郎的生意，还能加速资金周转，带动整个工业的发展。对此巴斯夏批评说："破窗理论只看见能看见的一面，而忽视了看不见的一面。"看不见的那一面是，店主花6法郎修补窗户，就不能用这6法郎买一双新鞋或一本新书。

巴斯夏的意思是，店主放弃买新鞋或新书，是他修补窗户所需付出的代价，也是他的机会成本。问题在于，店主花了6法郎修补窗户，与窗户玻璃破碎之前比，他的享受并没有增加；要是窗户玻璃没有被打破，他就可以拿这6法郎买鞋，在继续享用窗户的同时，还可得到一双新鞋。而且对社会来说，由于鞋的需求扩大，也一样可以带动整个工业的发展。

巴斯夏最后得出结论："破坏、损坏和浪费，并不能增加国民生产力。"或者更简单地说，"破坏并不是有利可图的"。这一结论告诉我们，分析人的行为选择，绝不能一叶障目，忽视看不见的结果。作为一个好的经济学家或一个好的决策者，一定要有"机会成本"意识。

财务成本也是机会成本

财务成本是指在生产或销售过程中的价值耗费，包括工资、原材料、固定资产折旧费等。机会成本是指做出一种选择而放弃其他选择的代价。从字面意思来看，两者的确有所不同。但若从选择角度来看，财务成本中的工资、原材料也都是机会成本。

需要解释的是，工资的高低是由劳资双方协商决定的，怎么会是企业的机会成本呢？没错，单个劳动者的工资水平是要由劳资双方协商的，但企业在进行投资选择时，所依据的并非单个劳动者的工资，而是总工资支出。以汽车组装厂为例，汽车组装既可雇用人工组装，也可使用机器组装，雇用人工得付工资，使用机器组装要购置设备。假如企业选择雇用人工，那么雇工的机会成本就是机器带来的收入。

由于企业是否雇工存在着选择，故所付工资是企业的机会成本。还是借助上面的例子，假定企业投入不变，用人工组装汽车的收益是1 000万元，使用机器组装的收益是900万元。企业若选择雇工，则雇工的机会成本为900万元。换句话说，这900万元就是企业选择雇工可接受的总工资。若总工资高于900万元，企业就会减少雇工人数；若总工资高于1 000万元，企业则无利可图。

原材料耗费与工资支出类似，道理完全一样。只要市场上原材料有替代品，企业可以选择，那么任何一种原材料耗费对企业皆存在机会成本。比如市场上有煤与石油两种燃料可供选择，企业若选择使用煤，则机会成本是放弃使用石油的收益（代价）；若选择使用石油，则机会成本是放弃使用煤的收益（代价）。

两大趋势

以上从选择角度解释了工资与原材料成本为何是企业的机会成本，若从机会成本角度推断，未来企业财务成本将出现两大趋势。

第一，企业雇工成本会越来越高。企业雇工的机会成本是放弃使用机器的收益。使用机器的收益越高，雇工的机会成本就越高。现实是，从最初的半自动机器，到后来的全自动机器，再到今天的智能机器，生产效率越来越高，导致雇工的机会成本也不断提高。很多人以为，机器替代人工是因为人工成本过高；恰恰相反，是机器的收益提高增加了使用人工的机会成本。

第二，使用传统能源的成本上升不可逆转。选择一种能源的机会成本，是放弃使用其他能源的代价。伴随科技进步，各种新能源逐步出现，比如传统能源是煤，后来慢慢有了电、油、气，而今天又开发出了各种生物能源。新能源不仅比传统能源更环保，而且收益也更高，如此一来，使用传统能源的机会成本会越来越高。

思考题

为何说人的行为存在选择就一定会有成本？巴斯夏强调：经济学家既要重视看得见的结果，也不能忽视看不见的结果，为什么？请你运用案例从机会成本角度予以解释。

第2节 | 沉没成本不是成本

企业财务成本中的工资与原材料耗费是机会成本，那么固定资产折旧费是不是机会成本呢？回答此问题要考虑两点：第一，企业建厂之初购置固定资产时有选择，所以固定资产投资是成本；第二，企业一旦投产经营，固定资产投资便无法撤回（已经沉没），企业不再有选择，故折旧费不是成本。

难以撤回的投资

折旧费不是成本是什么呢？英国经济学家马歇尔在1890年出版的《经济学原理》中提出了"沉没成本"这一概念。所谓"沉没成本"，是指那种已经发生而又难以撤回的投资。比如某人上大学四年，共花去学费10万元，无论他从学校学到了什么，也无论他最后是否能拿到毕业文凭，学校都不会把学费退给他。由于学费无法撤回，对他来讲这10万元已经沉没，覆水难收，这就是他的沉没成本。

沉没成本有两个特点：一是历史上的投资，二是难以撤回的投资。基于这两点，虽然"沉没成本"带有"成本"二字，但并不是真正的成本。美国经济学家斯蒂格利茨曾做过这样的分析：假如你花7美元去买电影票，而你事先并不知道这场电影是否物有所值，结果看到一半你发现影片很糟糕，那么你要不要离开？斯蒂格利茨建议你应该离开。因为那7美元已经沉没，如果不选择离开，你还会赔上更多的时间（投资）。

既然沉没成本不是成本，按照经济学的逻辑，企业就不应摊入成本。读者要注意，这正是"沉没成本"的重点所在。两年前，一位南方的民营企业家告诉我，他的企业已连续两年亏损。我问，是什么原因？他说，原因是产品价格下跌。我问，为何不降成本？他说，高管和员工的工资都降了，但由于前期固定资产投资太大，折旧费太高，降不下来。我问，如果折旧费不计入成本，企业可否盈利？他说，可以盈利。于是我给他建议，折旧费可以不计入成本。

目前国内类似的企业为数不少，若折旧费不计入成本，其中大多企业是可扭亏为盈的。举个例子：某企业生产打印机，假定打印机的市场价为2 000元，而生产一台打印机的变动成本（料、工、费）是1 800元，固定资产折旧费为250元。假若将折旧费算进成本，打印机的单位成本就是2 050元。因此企业每销售一台打印机，就得亏损50元。但若折旧费不计入成本，则每台打印机可盈利200元。

沉没成本从利润中回收

如果折旧费不计入成本，就可以给企业留出降成本的空间。不过同时也会带来两个难题：一是如何保证固定资产如期更新；二是在所得税税率不变的情况下，企业在成本降低后要多缴所得税，背着抱着一样沉，折旧费不计入成本对企业似乎并无实际意义。其实，第一个难题并不是难题。若不将折旧费摊入成本，企业利润会相应扩大，企业可以用利润（积累）更新固定资产。

深入分析，相对于折旧，用利润更新固定资产反而有利于企业根据市场需求调整生产结构。按现行折旧办法，若固定资产更新周期为10年，每年按10%计提折旧摊入成本，如果10年内市场需求未发生大的改变，企业就可以用折旧基金更新固定资产。若情况不是如此，比如到第三年市场需求萎缩，产品大量压库，请问企业仍要等10年才更新固定资产吗？

更严重的后果是，当市场需求萎缩，产品供过于求会导致价格下降，而折旧计入成本又会挤占企业利润。此时若折旧年限未到10年，企业则无法用折旧基金更新固定资产。退一步说，即便折旧年限到期，折旧基金也只能购置与原来等价的机器设备，而并不足以购置产品升级换代（或转产）所需的先进设备。长此以往，企业扭亏无望陷入破产，即便预提了折旧，对企业也是于事无补。

第二个倒是个难题。若企业销售收入一定，成本与利润此消彼长。折旧不计入成本，利润会增加，若所得税税率不变，企业就得多缴税。不过解决此问题也不难，关键是政府要下调所得税税率。政府要清楚，所得税税率下调，税收未必会减少：折旧摊入成本，企业利润减少，政府税收也会少；若企业一旦亏损，政府则无税可收；若折旧不摊入成本，企业利润增加，税率下调，政府税收也可能增加。至于税率下调多少合适，具体测算应该不难。

利润不是成本

沉没成本不是真正的成本，需从利润中回收。但我们又遇到了一个问题。学过经济学的读者知道，美国经济学家奈特于1921年出版了《风险、不确定性和利润》一书，在该书中他把利润分为"正常利润"（Normal Profit）与"超额利润"（Excess Profit），并认为"正常利润"也是成本，只有"不确定性"所带来的意外"超额利润"才是利润。

奈特的观点提出后，曾一度在经济学界大行其道，得到了西方经济学者的广泛认同。而且还有学者对"利润也是成本"做了进一步解释。他们论证说：成本是对生产要素耗费的补偿，而生产要素包括劳动力、资本、土地、企业家才能等，其中工资是补偿劳动力的耗费；利润（利息）是补偿资本或企业家才能的耗费，既然是补偿耗费，利润理所当然也是成本。

若利润也是成本，这无疑是说沉没成本从利润中回收，也是将沉没成本摊入了成本。可见，"利润是成本"的说法显然不对。站在企业家（资本）角度来看，工资是使用劳动力的支出，的确是成本。可利润（利息）不同，是企业家（资本）得到的报酬，是收入而不是成本。对一个经济主体来说，他的出账（费用支出）是成本，进账是收入，收入扣除成本即为利润。比如"工资"是企业家的成本，而在劳动者看来却是收入。

马克思在《资本论》中明确讲过，利润是剩余价值的转化形式。西方学者将利润看作成本，用意很明显，是为了淡化劳资冲突。但这样处理却会使经济学体系混乱不堪。试想一下，若利润是成本，我们怎样进行成本收益分析？怎样用需求定律（成本约束下收益最大化）推断人的行为？经济学是一门科学，不能前后自相矛盾。幸运的是，西方学者只是虚晃一枪，在大多数经济学论著中，成本与利润仍泾渭分明，并未混为一谈。

思考题

谈谈你对"沉没成本"概念的理解。为何经济学认为沉没成本可以不作为成本看？固定资产折旧是否应该摊入成本？并说明理由。

第 3 节｜成本递增规律

成本可分为总成本、平均成本、边际成本。目前中外经济学教材在分析企业生产成本的变化时说，随着企业的产量逐步扩大，总成本会不断上升，平均成本和边际成本则是先下降后上升。在平面坐标图上，平均成本曲线是一条形状似碗底的曲线；边际成本曲线也开口向上，不过比平均成本曲线相对更陡峭。我这里要先指出，平均成本和边际成本先降后升的说法并不成立。

总成本 = 固定成本 + 变动成本

所谓总成本，是生产某特定产量所耗费的全部生产费用，包括固定成本与变动成本两部分。固定成本是指在一定时期内不随产量变动而变动的费用，如企业厂房、机器设备折旧、一般管理费用、高管人员工资等。只要组建了企业，不论是否开工生产，这些费用皆需要支付，故谓之固定成本。而变动成本不同，它是指随着产量变动而变动的费用，如原材料、动力支出、劳动者工资等，只要企业不开工生产，此类费用就不会发生。

根据定义（总成本等于固定成本加变动成本）不难推断：随着企业生产量逐步扩大，固定成本虽然不变，但变动成本却会随之增加。两者加总起来，总成本会不断增加。所以在平面坐标图上，总成本曲线是一条不断向上伸展的曲线。应该说，迄今为止，东西方经济学者对总成本曲线是一直上升的曲线，皆无分歧，分歧在于平均成本曲线与边际成本曲线是不是先降后升。

平均成本与边际成本

平均成本是指平均每个单位产品的成本。用公式表示：平均成本＝总成本／总产量＝（固定成本＋变动成本）／总产量。由于总成本分为固定成本与变动成本，与之相对应，平均成本也可分为平均固定成本×（总固定成本／产量）与平均变动成本×（总变动成本／产量）。举个例子，假定总成本为1 000元，其中固定成本为300元，变动成本为700元，总产量为1 000个单位，则平均成本为1元，平均固定成本为0.3元，平均变动成本为0.7元。

经济学所讲的边际成本，是指生产最后一个单位产品所增加的成本。或者说，边际成本是每增加或减少一个单位产品生产而令总成本增加或减少的数量。用公式表示：边际成本＝总成本增量／产量增量。如某企业生产最后一个玻璃杯令总成本增加1.1元，则生产这个玻璃杯的边际成本为1.1元。

经济学教科书中为何说平均成本的变化是先下降后上升的呢？其理由是：企业投产初期生产量小，固定成本分摊到每个产品的平均成本相对高，而随着生产量的增加，平均固定成本会逐步下降；当生产量达到一定规模后，由于边际产量递减规律的作用，平均变动成本会上升,而且平均变动成本上升的幅度大于平均固定成本下降的幅度,故总的平均成本会上升。

为便于读者理解,下面简单介绍一下边际产量递减规律。此规律说,在其他投入要素不变的条件下,若连续增加某一要素的投入,其产出增长率会不断下降。这其实也是经验性的事实。以养猪为例,假设每天给猪喂 5 斤饲料,那么猪一天能长 1 斤;假设每天喂 10 斤饲料,那么猪一天能长 1.1 斤;假设每天喂 20 斤饲料,那么猪一天能长 1.15 斤。也就是说,若养猪的其他技术要素不变,猪每天增长的重量与增加的饲料数量之比,是不断下降的。

关于边际产量递减规律,第四章还会重点讲。我们接着看边际成本的变化。边际成本在变化方向上与平均成本是一致的。由于平均固定成本前期会随着产量的扩大而下降,因此边际成本也会先降后升。总成本、边际成本、平均成本之间的变化趋势,可用表 3.1 表示。

表 3.1 总成本、边际成本、平均成本之间的变化趋势

产量	总成本	边际成本	平均成本
0	3		
1	15	12	15
2	26	11	13
3	33	7	11
4	36	3	9
5	40	4	8
6	54	14	9
7	70	16	10

从表 3.1 中可以看出，随着企业生产量的扩大，总成本上升，而边际成本与平均成本是先降后升的。

成本曲线一律上升

表 3.1 中的数据显示，边际成本与平均成本皆先降后升，因此，经济学讲的"边际产量递减规律"就不会成立。边际产量递减，反过来理解，即边际成本递增。所谓"递增"，是指持续地增加。所谓递增规律，是说增加的趋势不能有例外，时而减少时而增加，或者先减少后增加都是违背递增规律的。

但为何表 3.1 中的数据会显示边际成本与平均成本皆先下降后上升呢？因为表 3.1 在计算边际成本和平均成本时，已将固定资产折旧与一般管理费等固定费用摊入了成本。如果我们将固定资产折旧、一般管理费当作沉没成本来看，不将固定费用摊入成本，则平均成本和边际成本曲线会一直上升。

这里再次强调，成本是做出一种选择而放弃其他选择的代价，只有存在选择才有成本。对企业经营来说，固定资产折旧和一般管理费木已成舟，既然已经覆水难收，不再存在选择，那么固定成本是不应摊入企业（经营）成本的。

思考题

目前经济学教科书皆说平均成本曲线是碗底形，而边际成本曲线是先降后升，对此你怎么看？若不把沉没成本当作成本，那么平均成本曲线和边际成本曲线是怎样的？

第 4 节 | 成本约束选择

需求定律指出,人的行为选择规律,是在成本约束下追求收益最大化。即当成本一定时,收益越大越好;当收益一定时,成本越低越好。第二章第 4 节中对追求最大化已做过示例分析,这里我们在假定收益不变的前提下,看看成本是怎样约束人的行为选择的。

私人成本与社会成本

现实社会中,人的大量行为通常存在着"负外部性",即在追求自己收益最大化的同时却对他人造成了损害。英国经济学家庇古曾分析说,出现这种负外部性,原因在于私人成本与社会成本分离。所谓"私人成本",是指生产者自己所承担的费用(如企业内部的原材料、工资、管理费用等)。社会成本是指生产一种商品或者采取某种行动给社会带来的成本。

庇古在 1920 年出版的《福利经济学》一书中用一个例子解释了私人成本与社会成本:从甲地到乙地有 A、B 两条公路皆可抵达。其中 A 路平坦,行驶快;B 路崎岖,行驶慢。司机为节省时间都愿意走 A 路。因此,A 路经常拥堵。庇古说,由于每个司机只考虑节约自己的时间(私人成本),而不考虑堵车增加别人的时间(社会成本),故拥堵是私人成本与社会成本分离导致的后果。

再举一个大家熟悉的例子。某化工厂生产化肥,企业为了多盈利,不断地扩大生产,而企业排放废水、废气严重污染了环境。周边居民意见很大,多次与厂方交涉,要求限制排放,但企业对此置若罔闻、我行我素。这是为什么呢?原因是,企业只承担企业内部生产成本（私人成本），而污染环境的成本由社会承担，这正是私人成本与社会成本分离产生的结果。

从上面两个例子可见，私人成本与社会成本是约束行为选择的重要条件。在两者分离的情况下，人们为了追求自己的利益最大化，往往会置他人利益于不顾，甚至不惜损害他人的利益。也就是说，若要用成本去约束人的行为可能造成的负外部性，唯一可行的方法是将社会成本内化为行为主体的私人成本。

两种内化方案

关于社会成本怎样内化，经济学家提出过两种方案。

第一种是政府干预方案，即征收"庇古税"。仍以公路为例。当司机见到A路越来越堵时，有的人改走B路，这样最终会形成一个均衡点：走A路与走B路耗费的时间相同。庇古说，既然走A、B两条路最后耗费的时间相同，政府若一开始就对走A路的司机收税，让一部分人主动走B路，结果就是走B路的人没有损失，而走A路的人则可以受益。由于走A路需要缴税，其私人成本与社会成本相等。

第二种是市场化方案。经济学大师奈特曾写文章质疑"庇古税"。他问：假若不由政府收税，而让企业对A路拥有特许经营权，企业不也一样会收费吗？如此一问，就引出了今天著名的"科斯定理"。1960年，科斯发表《论社会成本问题》一文，专门研究了怎样将社会成本内化的问题。科斯说："若交易成本为零，无论产权怎样界定，市场皆能引导经济达到高效率。"

科斯用企业排污的例子作了解释：假定某企业向外排放废气，若企业不承担污染环境的社会成本，企业就会肆无忌惮地排放，长此以往，周边居民会与企业发生冲突。而要协调冲突，就会产生交易费用。科斯认为，解决这个问题不必由政府对企业收税，而应该界定排污权（产权）。如果政府不给企业排污权，并将"社会成本"量化为排放指标让企业去市场购买，社会成本则可内化为企业成本。

绝对成本与比较成本

产业分工无疑也是重要的行为选择，那么成本是如何约束分工选择的呢？本章第1节讲过斯密的"绝对成本"。而所谓"绝对成本优势"，是指自己生产某种产品与别人生产某种产品相比具有成本优势。以张三和李四为例：张三种粮食的成本比李四低，织布的成本却比李四高；李四正好相反，他种粮食的成本比张三高，织布的成本却比张三低。这样比较起来，张三的绝对成本优势是种粮食，李四的绝对成本优势是织布。受绝对成本优势约束，张三会选择种粮食，李四会选择织布。若他们这样分工，然后彼此用粮与布交换，则双方皆可节省成本。

假定张三和李四各自种粮食和织布的具体成本数据如表3.2所示。

表3.2 假定张三和李四各自种粮食和织布的成本数据

	张三	李四
种粮食成本/吨	80小时	90小时
织布成本/匹	90小时	80小时
分工前总成本	170小时	170小时
分工后总成本	160小时	160小时
节省成本	10小时	10小时

在这个例子中,张三种粮食的成本是 80 小时 / 吨,如果他不织布而专门种 2 吨粮食,则总成本是 160 小时;而李四织布的成本是 80 小时 / 匹,如果他不种粮食而专门织 2 匹布,则总成本也是 160 小时。张三用 1 吨粮食交换李四 1 匹布,双方不仅可以各得其所,而且都节省了 10 小时的成本。因为如果不分工,两人同时都种粮食和织布,则各自的总成本均为 170 小时。

没有绝对成本优势也可分工

进一步分析,如果一个人无论是种粮食还是织布都不具有绝对成本优势,那么他参与分工会怎样选择呢?李嘉图说,可以按比较成本优势分工。所谓"比较成本优势",是指自己与自己比的优势。一个人与别人比可能不具有绝对优势,但自己与自己比,比较优势一定而且永远会存在。还是以张三和李四为例:假定张三种粮食与织布的成本皆高于李四,但若两人比较成本不同,他们就会按各自的比较成本优势参与分工。

表 3.3 是根据上面理论假定所设计的成本数据。

表3.3 根据理论假定所设计的成本数据

	张三	李四
种粮食成本 / 吨	80 小时	110 小时
织布成本 / 匹	90 小时	100 小时
分工前总成本	170 小时	210 小时
分工后总成本	160 小时	200 小时
节省成本	10 小时	10 小时

显而易见,张三的比较成本优势是种粮食(80 小时 / 吨),李四

的比较成本优势是织布（100 小时 / 匹）。在此约束下，如果张三专门种 2 吨粮食，则总成本是 160 小时；如果李四专门织 2 匹布，则总成本是 200 小时。如果不分工，张三的总成本是 170 小时，李四的总成本是 210 小时。若两人分工后通过交换互通有无，双方则可节省 10 小时的成本。

需要特别注意的是，绝对成本和比较成本约束分工选择有一个前提，那就是自由交换。若交换不自由，比如国内贸易存在地区封锁，或者国际贸易存在高关税壁垒，以及各种阻碍自由贸易的限制政策，人们就不一定按绝对成本和比较成本优势选择分工。这也是经济学倡导自由贸易而反对贸易保护主义的重要原因。

交易成本

在分析交易成本之前先说几句题外话。有种现象不知读者是否注意到，经济学的成本概念，如机会成本、私人成本、社会成本、绝对成本、比较成本等，通常都是由英国经济学家提出的。这是为什么呢？我思考了很多年，现在有一种解释，那是因为英国古典政治经济学的基本分析工具是需求定律，即根据成本约束下追求利益最大化解释人的行为，而当某种行为不能用已有的成本概念解释时，他们就会创造出新的成本概念。

科斯在 1937 年发表的《企业的性质》一文中提出"交易成本"概念，旨在用"交易成本"解释资源配置为何存在"计划"与"市场"两种选择。科斯所说的交易成本，显然不同于生产成本（人与自然界发生关系的成本），而是指达成一笔交易所要花费的成本（人与人发生关系的成本），包括传播信息、广告与市场有关的运输，以及谈判、协商、签约、合约执行监督等产生的费用。今天也有学者称此为"制度成本"。

民间"赶礼"历久不衰

交易成本会怎样约束行为选择呢？下面举个例子。

中国民间有个习俗叫"赶礼"。谁家要有男婚女嫁、过大寿、老人过世、建造新屋等红白喜事，都会请远亲近邻、熟人好友吃顿饭，而吃请的人得给主人送上一份礼金。早年，政府曾倡导"破四旧"，"赶礼"作为旧风俗也在被"破"之列。尽管如此，"赶礼"习俗却禁而不止，反而愈演愈烈。

我有位朋友，10年前到某贫困县当书记，新官上任，头一把火就烧向"赶礼"。本来，减少吃请，移风易俗，无论对请吃的人还是吃请的人而言，都减少了麻烦，是件好事。但想不到，此举却遭到多方抵制，当地老百姓怨声载道。事后他对我说，经济体制改革难，而改革传统的风俗习惯更是难上加难。

民间"赶礼"禁不住，自有禁不住的原因。从经济学角度来看，风俗习惯也是一种"制度"，而且某种习俗的形成，一定是在特定约束条件下人们追求最大化的结果。例如，封建社会家庭财产由长子继承，所以出现了一夫多妻制，因为一个妻子保不准生不出儿子。再如，有些农村重男轻女，是因为在种地方面，女人的体力不如男人。同样的道理，民间"赶礼"历久不衰，是因为从银行借钱的交易成本过高，人们迫不得已才选择"赶礼"。

40多年前，我在老家见过"赶礼"。那年我堂叔盖新屋，我见父亲将一个红包交给堂叔。堂叔清点后登记入账。我当时大惑不解，私底下问父亲：为什么吃顿饭要给那么多钱？父亲告诉我，那不是饭钱，是送人情。堂叔盖房钱不够，就得靠亲友筹集。我们现在送钱给他，就等于把钱存进了银行，将来我们建房，堂叔也得送钱给我们。父亲一语道破，原来"赶礼"的重点，不是吃请，而是融资。

说"赶礼"是为了融资，应该不会错。应该追问的是，人们缺钱为何不向银行借而让亲友援手呢？答案是，"赶礼"比银行贷款方便。银行贷款不仅手续繁杂，而且要有财产抵押；而"赶礼"融资全凭信誉，借条字据一概全免；再则，"赶礼"资金的使用自主性强。从银行贷款，银行为了规避风险得看着你办事，盯着你花钱。而"赶礼"的人通常沾亲带故，又是小额礼金，"赶礼"融到的资金怎么用没人会管你，打酱油、买醋悉听尊便。

从银行贷款，无论是办理贷续还是接受监管，都会产生交易成本。由于受交易成本约束，故民间会选择"赶礼"而不是贷款。也许有人问：既然"赶礼"的交易成本低于贷款，为什么企业融资不选择"赶礼"（民间借贷）呢？其实，这也是因为交易成本。当融资额度相对大时，贷款的交易成本反而比"赶礼"低。企业若要筹集大额资金，就需要公开发债。而公开发债不仅要支付比贷款更高的利息，而且为了博取公众信任，还要斥巨资推介自己。多支付的利息与推介费用，加大了企业的交易成本。所以不到万不得已，企业会选择贷款而不是发债。

物竞天择，适者生存。在交易成本的约束下，人们追求利益最大化会有不同的选择。小额融资，"赶礼"更合适；大笔借钱，银行贷款更合算。因此，政府对民间"赶礼"不必赶尽杀绝，至于某些官员以此敛财，变相受贿，那是违反党纪国法的事，不可与民间"赶礼"混为一谈，更不能因为"赶礼"出现过腐败，就把"孩子"与脏水一起倒掉了。

思考题

谈谈你对成本约束行为的理解。你对社会成本内化的两种方案有何评述?为何不存在绝对成本优势也应参与分工?请你结合具体案例,分析交易成本是如何约束人们的行为选择的。

当人们面临选择时，通常会权衡利弊得失，这种"权衡"其实就是做成本收益分析。"收益"有狭义与广义之分。狭义收益是指可以用货币表示的投资报酬。广义收益是指不能直接用货币表示的收益，如社会荣誉、地位、官职等。用成本收益法推断人们的行为应从边际上分析，那么如何运用这种分析方法呢？

第四章
成本收益分析
如何权衡利弊得失

研究行为选择需从两个方面着手：一是成本约束，二是收益最大化。用一句话说，就是要通过成本收益分析解释或者推断人的行为选择。成本收益分析是经济学最常用的分析方法。当人们面临现实生活中的各种选择时，通常会权衡利弊得失，而这种"权衡"，其实就是进行成本收益分析。

第 1 节 | 收益是投资的报酬

要进行成本收益分析，首先要弄清楚何为收益。我们尚未对收益给出明确的定义。与需求定律相对应，"收益"也有狭义与广义之分。狭义收益是指可以用货币表示的投资报酬，收入扣除成本即为利润，故经济学者常常将利润最大化与收益最大化并用。广义收益是指不能直接用货币表示的收益，如社会荣誉、地位、官职等，故广义需求定律是指人们在约束条件下追求"利益"最大化。

总收入、平均收入、边际收入

总收入和平均收入相对容易理解。总收入是指生产者将产品出售后所得到的全部收入，即总收入＝单位商品价格 × 销售量＝平均商品价格 × 销售量。而平均收入是指生产者出售一定量的商品时，从出售每一单位商品所得到的收入，也就是商品的平均销售价格（平均售价），即平均收入＝商品总销售收入/总销售量＝商品平均售价。

何为边际收入？"边际"是指增量变动所带来的增量。所谓"边际收入"，是指生产者多销售一个商品而使总销售收入增加的值，实际上就是销售最后一个商品的价格。用公式表示：边际收入＝总收入增量/总销售增量＝最后一个商品的卖价。

从上面的定义不难看出，收入变化取决于两个变量：一是销售量，二是销售价格。在价格不变的情况下，随着销售量的增加，总收入会不断增加。但平均收入和边际收入不变，且平均收入等于边际收入，也等于商品的平均售价。若价格持续下降，销售量增加，平均收入与边际收入会同时下降，而且边际收入比平均收入下降幅度更大（见表4.1）。

表4.1 销售量与收入的变化情况

销售量	边际收入	平均收入	总收入
1	180	180	180
2	140	160	320
3	100	140	420

续表

销售量	边际收入	平均收入	总收入
4	60	120	480
5	20	100	500
6	–20	80	480
7	–60	60	420

我们仔细观察表 4.1 中三组数据间的关系。当价格持续下降，销售量增加到 5 时，卖出最后一个商品的价格（边际收入）下降到 20，平均收入下降到 100，总收入持续增加到了 500。当卖出最后一个商品的价格（边际收入）下降到 –20 时，平均收入下降到 80，此时总收入出现拐点，开始下降。总收入出现反转变化，原因是卖出的最后一个商品的价格变成了负值。

边际收益递减规律

第三章在分析边际成本递增时，我曾用边际产出递减规律进行解释。事实上，边际产出递减规律也可用来解释边际收益递减。在经济学里，产出是指产量，若将产量换算为货币单位，即是收入。在产品价格不变的情况下，若边际产量递减是规律，则可推定边际收益递减也是规律。

这里以农民种粮食为例。种粮食需投入土地、技术和人工等，边际产量递减规律指出，假定土地面积和种植技术不变，连续增加人工投入，粮食产量会增加，但产量的增加速度（增长率）会不断递减。我年轻时种过地，对边际产量递减规律深信不疑。政府之所以要求守住 18 亿亩耕地红线，正是因为边际产量存在递减规律。

反过来推理可以看得更清楚：假若边际产量递减不是规律，那么在一亩耕地上只要我们无限制地增加人工投入，产量增长率会无限上升。这无疑是说，用一亩耕地就可解决中国 14 亿人口的吃饭问题。这个推论显然很荒谬。推论之所以错，是因为假定前提错了，这也从反面证明了边际产量递减规律成立。

再深入思考，边际收益递减规律也可直接由需求定律导出。以消费者购买面包为例，当某消费者买两个面包基本吃饱之后，面包价格若上升，则需求量会下降。原因是再每多买一个面包，对该消费者来说"效用"是递减的。而"效用"用货币表示即是收入，边际效用递减也就是边际收入递减。由此推论，需求定律若成立，则边际收入递减规律也成立。

另外还有一个角度，根据定义，边际收入等于出售最后一个商品的卖价。边际收入递减，其实是说供应商出售最后一个商品的价格会下降。为何价格会下降？这个问题涉及价格决定原理，目前我们还未讨论价格如何决定。这里先把问题提出来，读者可以自己思考，在第五章分析"供求原理"时我会给出答案。

私人收益与社会收益

若按收益的归属划分，收益可分为私人收益与社会收益。私人收益是指投资者自己享有的收益，而社会收益则是指一项投资给他人带来的收益。私人收益与社会收益为何会分离？前面讲过，私人成本与社会成本分离是由于经济活动存在负外部性。私人收益与社会收益分离也是因为外部性，不过不是负外部性，而是正外部性。

说来令人遗憾。迄今为止，大多数经济学者只重视对负外部性（社会成本）的研究，对正外部性（社会收益）却未给予足够的关注。其中一个重要原因是，负外部性容易引发社会冲突，而正外部性不会引发冲突。例如某企业拟在某地建化工厂，化工厂排污会造成污染，周边居民会抵制建化工厂；若某企业拟在某山区投资修公路，修公路不仅方便居民出行，还能带动周边土地升值。修公路有正外部性，所以居民不会反对修公路。

正外部性虽然不会引发冲突，但同样会带来不利的后果。若某项投资的私人收益与社会收益分离，私人企业通常不会投资此项目。试想，基础设施为何主要是由政府投资而不是私人企业投资呢？有人说，因为基础设施属于"公共品"。这种说法不对。经济学所定义的"公共品"是指消费不排他的物品，而基础设施的使用大多具有排他性，怎么能说是公共品呢？

私人企业不投资基础设施，真正原因是社会收益不能内化为私人收益。2018年，我到西南地区调研时听到一位县长抱怨：他们县盛产竹笋，市场对竹笋也有需求，但大山里不通公路，所以竹笋运不出去，农民赚不着钱。我问，为何不招商修公路？县长说，修路对农民有好处，可私人企业的收益不高，所以他们不愿投资。

社会收益内化

偏远山区地广人稀，若修路的社会收益不能内化，私人企业当然不会投资修路。但如果能将社会收益内化为私人收益，则私人企业是可以投资基础设施的。下面是我见过的两个真实案例。

案例一：2005年初，湖南双峰县委、县政府决定在老县城的外围扩建新城区。可当时县政府财力不足，无力投资基础设施，于是拟引进省内大汉集团公司投资。大汉集团公司也表示愿意参与县城基础设施建设，但希望政府给予新城区部分土地开发的经营授权。

经双方协商达成一致后，仅用三年时间就完成了新城区的扩建。

案例二：地处六盘水娘娘山区的普古乡，过去是典型的穷乡僻壤，可近五年山乡巨变，公路四通八达，基础设施一应俱全。2016年，该地农业旅游收入达到4亿元。何以发生如此大的变化？原来，当地企业家陶正学与农民联合成立了普古银湖种植养殖农民专业合作社，陶正学用1亿元投资基础设施，而农民用土地入股共同分红，建立了内化社会收益的机制。

这里需要特别说明的是，社会收益是一种客观存在，只要投资具有正外部性，就一定存在社会收益。所以我们在对此类投资进行成本收益分析时，绝不能只看私人收益而忽视社会收益。否则，对企业行为的分析或推断与真实结果会大相径庭。

思考题

怎样理解边际收益递减规律？你认为内化社会收益的目的何在？内化社会收益的途径有哪些？请你谈谈如何将改善生态环境的社会收益内化为投资者的私人收益。

第2节 | 量本利分析

经济学进行成本收益分析，最初是为了确定企业"盈亏平衡点"的产量。在企业做投资预算时，一般简称为"量本利"分析，即分析一个企业的生产规模（产量）要有多大，才能使成本与利润保持平衡。下面先简要介绍传统的"量本利"分析方法，然后再指出这一方法存在的缺陷以及可能造成的误导。

限制性假定

所谓"量本利分析",是对成本(Cost)、产量(Volume)、利润(Profit)三者之间依存关系的分析,也称为CVP分析。现实生活中成本、产量、价格、利润之间的关系较为复杂,为简化分析,做了一些限制性的假定:第一,一定时期内固定成本不变;第二,变动成本总量随产量增加而增加,而且成本与产量是线性关系;第三,产品价格不变,利润与产量也是线性关系;第四,所有产品皆可卖出,即产量等于销量。有了以上假定,实际上就把成本、产量、价格、利润是非线性关系的各种情况统统排除在外了。

盈亏平衡点

寻找盈亏平衡点是量本利分析的重点所在,即通过量本利分析确定企业保持盈亏平衡的销量。其计算公式如下:

总销售收入 = 销量 × 产品销售单价

总成本 = 销量 × 单位变动成本 + 固定成本

利润 = 总销售收入 − 总成本

等量代换,则:

利润 = 销量 × 产品销售单价 − 销量 × 单位变动成本 − 固定成本

盈亏平衡即利润为0,则可推导出计算盈亏平衡点销量的公式是:

$$\text{保本销量} = \frac{\text{固定成本}}{\text{产品销售单价} - \text{单位变动成本}}$$

根据上面的公式,可以得出以下四点推论。

第一,若销售单价一定,则盈亏平衡点(销量)高低取决于单位变动成本的高低。单位变动成本越高，盈亏平衡点越高；单位变动成本越低，盈亏平衡点越低。

第二，若单位变动成本一定，则盈亏平衡点高低取决于产品销售单价的高低。销售单价越高，盈亏平衡点越低；反之，盈亏平衡点越高。

第三，若盈亏平衡点一定，则销售量越大，企业实现的利润便越多（或亏损越少）；销售量越小，企业实现的利润越少（或亏损越多）。

第四，若销售量一定，则盈亏平衡点越低，企业实现的利润会越多（或亏损越少）；盈亏平衡点越高，企业实现的利润会越少（或亏损越多）。

可能的误导

仅从销量、成本、利润的数量关系来看，上面确定"保本销量"的公式可谓无懈可击，而且作为一种分析盈亏平衡的方法，在计划经济时期也曾发挥一定的作用。但如果我们将"量本利分析"放在市场经济背景下看，其分析得出的结论却用处不大，甚至可能误导生产者的决策。

量本利分析的核心意思是，一个企业出现亏损，原因是生产规模（产量）不够大，只要扩大生产规模，企业便可实现盈亏平衡。并且生产规模越大，企业实现的利润就会越多。不知读者怎么看？我认为这是典型的"短缺经济"时代的思维。若商品供不应求，企业扩大生产确实能够增加利润。然而市场经济的常态是"供给过剩"，当市场需求普遍不足时，单单扩大产量往往会弄巧成拙，令"亏损"雪上加霜。

有事实为证。近些年，国内有些企业出现亏损，大多并不是产量不够大。恰恰相反，是因为生产过剩造成了产品严重的库存。所以中央三令五申要求企业"去产能、去库存"。也许有读者会说，"量本利分析"中的量是指"销量"而不是"产量"，"销量"是已卖出的产品，不会形成库存。

现在的教科书讲量本利分析时，的确用的是"销量"，当年我读大学时的教材用的却是"产量"，大概是在20世纪80年代末，教材编写者才将"产量"改成了"销量"。其实，当年用"产量"是对的，后来反而改错了。我们知道，量本利分析是一种事前分析，目的是为企业确定未来的生产规模（产量）提供依据。既然是事前分析，怎么能确定根据公式计算出来的那个"量"，就一定是能全部卖出去的"销量"呢？

更严重的是，量本利分析将固定成本当作成本，还可能误导企业片面追求扩大产量，而不是把重点放在提升产品质量上。比如根据上文的公式，固定成本越高，所需要的保本"产量"就越大。我们在第三章讲过，固定成本中的折旧费是"沉没成本"，覆水难收，是不应该再当成本看的。若将折旧计入成本，固定成本加大，保本"产量"也会随之提高。

再则，量本利分析在确定保本产量时，假定产品销售单价不变，这说明量本利分析只是一种短期分析。长期来看，产品价格不可能不变。产量扩大，市场供给增加，产品价格怎么会不变呢？问题就在这里：量本利分析假定销售单价不变，而事实上价格却在变，请问由此计算出的"保本产量"到底有何实际意义呢？

由此可见，量本利分析存在诸多缺陷。究其原因，主要是它的前提假设既不符合实际，也违背了市场经济的基本规律。如果要说它有某些用处，那也是在过去"国家统购包销"的体制下可以有一些作用。时过境迁，在市场经济体制下，量本利分析已明显不合时宜。

思考题

量本利分析在我国计划经济时期曾发挥一定的作用，可为什么说在市场经济体制下已经不合时宜，而且可能误导决策者？

第3节 | 边际分析

进行成本收益分析，重点是对行为选择进行边际分析。边际分析的哲学基础是量变质变规律，即人的行为选择存在由量变到质变的过程，没有量变，则没有质变。法国哲学家、数学家古诺和德国学者戈森等人曾用数学微分原理对此做过论证。可惜戈森的《人类交换规律与人类行为准则的发展》一书在1854年出版后，无人问津，只卖出了几本，戈森一气之下将剩下的书全部焚毁。1871年，英国经济学家杰文斯出版《经济学原理》后，发现"边际分析"最早由戈森提出，后来再版时，杰文斯将边际分析归功于戈森，戈森的名字这才为人所知。

推断行为要从边际上分析

亚当·斯密在《国富论》中提出一个经典的问题：对人的生存来说，水无疑是非常重要的，但水却不值钱；相比而言，钻石对人的生存无足轻重，但却十分昂贵。于是斯密问："为什么现实生活中会存在这种现象？"要是不借助边际分析，我们很难对此得出科学的解释。

中国民间也有个传说。话说很久以前，一场突如其来的洪水淹没了村庄，一个财主和乞丐爬上房顶求生。财主有一包金条，乞丐只有几个烧饼。早餐时财主饥肠辘辘，提出用一根金条换乞丐一个烧饼，乞丐同意了；到了中午，财主希望继续交换，可乞丐要求用两根金条换一个烧饼；而到了晚上，乞丐剩最后一个烧饼，财主愿意用剩下全部的金条换一个烧饼，但乞丐却不换了，因为在边际上，烧饼的效用比所有金条都大。

从边际上分析，也可回答上面斯密的提问。水的效用是止渴，钻石的效用是炫富，由于平日里水不稀缺而钻石是稀缺品，故水的价格便宜，钻石更贵。假若我们换一个场景，在某个夏日炎炎的中午，一个人带着钻石，另一个人带着一瓶矿泉水，他们一起在沙漠里赶路，口干舌燥而四处无水。试想一下，在这种性命攸关的时候，你认为钻石还会比矿泉水贵吗？绝对不会。可能的情况是，一颗钻石却换不来一瓶矿泉水。

通过这两个例子，读者应该明白经济学为何强调推断人的行为选择要从边际上看。需求定律讲成本与收益约束人的行为选择，其实就是指"边际"约束。或者更明确地说，只要边际成本和边际收益不变，人的行为选择就不会变。而人的行为选择一旦改变，就一定是边际成本和边际收益有了变化，至少在两者中有一个因素发生了变化。

边际收益等于边际成本

古诺、戈森、杰文斯等经济学家曾用数学严格证明，如果将"产量"定在边际收益等于边际成本的那一点上，企业就可以实现利润最大化，而这一"产量"即为"最佳生产规模"。后来经过无数经济学者用不同的方法进行验证，其结论皆无出其右。

边际收益等于边际成本时的产量为何是最佳生产规模呢？经济学的解释是：若边际收益大于边际成本，说明还有潜在利润没有得到，企业不会停留在现有产量上，会继续扩大生产。反之，若边际收益小于边际成本，说明企业生产已经亏本，必然会减少生产，一直到边际收益等于边际成本时为止。只要将产量控制在这个点上，企业把能赚到的利润都赚到，对企业就是最有利的。故"边际收益等于边际成本"也被称为"利润最大化原则"。

需要指出的是，"边际收益等于边际成本"是经济学分析行为选择的一种思维方式，而不能简单地用这个等式计算企业最佳生产规模。教师给学生讲"最佳生产规模"，可以用假定的数字向学生演示，但企业在决定生产规模前，并不知道真实的成本与收益会怎样变化，更不可能知道边际成本与边际收益具体是多少。市场瞬息万变，谁能够料事如神呢？

时下不少学者热衷于用历史面板数据和回归模型预测未来。我不反对经济学用数学，也不反对做预测。历史可以昭示未来，但我认为，历史不会简单地重复。1962 年，美国经济学家阿瑟·奥肯通过研究大量历史数据发现，短期失业率与经济增长率成反比，且比值为 1∶2，即经济增长率每提高 2%，失业率则会下降 1%。学界称此为"奥肯定律"。假若用此定律预测中国经济，结果将会是错误的。

从历史数据中我们可以发现一些规律，然而未来具有不确定性，预测未来不能完全依靠历史数据。中国近 40 年来经济保持高增长，按照 GDP（国内生产总值）历史数据，谁能够预测出 2020 年第一季度 GDP 会负增长 6.8%？新冠肺炎疫情暴发，全球卫生机构皆措手不及，恐怕经济学者无论用什么高深的数学模型也预测不出。我的看法是经济预测可以做，但决策者要深入分析。

记得读研究生时，有位学长教我做预测的秘籍：当经济处于通缩时，就大胆预测经济会出现通胀，只要坚持不改口，总有一天会出现通胀。我认为这不是预测，而是用经济学逻辑推测。通缩后经济会负增长，为救经济，央行必放松银根，由于货币供应与价格变化有时滞，央行不知道货币放多少合适，而货币一旦投放过多，则通胀在所难免。我不用数学模型，也能推出此结果。

产业融合现象

言归正传，让我们继续分析边际收益等于边际成本。边际成本与边际收益的数据事前不可预知，但并不等于不能用"边际成本等于边际收益"推断行为选择。我们知道，市场配置资源本身是一个试错的过程，企业家只要懂得边际成本递增和边际收益递减的规律，便可通过市场试错确定企业最佳生产规模。

2017 年，我赴宁波调研，座谈会上博高国贸的负责人介绍说，他们公司从事的既非第二产业，也非第三产业，而是介于"二产"与"三产"之间的"2.5 产业"。细问究竟：原来，博高国贸之前是一家外贸公司，2013 年利润下滑，次年他们将公司业务从"三产"拓展到了"二产"（自己生产产品出口），员工不到 80 人，当年销售收入近 2 亿元，赚得盆满钵满。

博高国贸的成功，用经济学术语说是得益于"产业融合"。宁波搞"产业融合"的企业为数不少，不只是"三产"与"二产"融合，也有"二产"内不同行业的融合。创立于 1988 年的得力集团是典型代表。得力最初只生产各种笔品，后来产业转向融合，今天产品已覆盖12大品类，传真机、打印机、点钞机等一应俱全。

这无疑是种有趣的经济现象。亚当·斯密当年写《国富论》，开篇就讲分工可提高效率。并举例说制针共有十八道工序，如果一个人独立作业，一天恐难完成一枚。但如果分工，让某人专事某道工序，每天则可完成4 800枚。从劳动分工到产业分工，道理相通。种植业与纺织业分工，便出现了"一产"与"二产"。"二产"内部的钢铁、汽车制造等分工，又形成了不同产业。之所以如此，是因为分工能提高效率。

应该追问的是，既然分工可以提高效率，那么为何会出现产业融合呢？比如博高国贸为何将"三产"融入"二产"？而得力为何将不同制造业加以融合？这种产业融合是怎样发生的？要回答这个问题，需要借助"边际收益等于边际成本"来解释。

从三个角度看

第一，从交换角度看"产业分工"。就产业分工来说，没有交换，则没有分工。比如甲、乙两人，甲专门种粮食，乙专门织布，若两人分工后不能互通有无，那么甲会没衣服穿，乙会没粮食吃，这样一来甲、乙就不会形成产业分工。

第二，从交易成本看"边际成本递增"。分工需要交换，而交换会产生交易成本。而且产业分工越细，交易环节越多，交易成本就会越高。比如早期的纺织厂，纺纱、织布、印染是企业的三个车间。但后来分工了，三个车间成了三个独立的企业，所以织布厂与纺纱厂要交换，印染厂与织布厂也要交换。交易成本升高，即便生产成本不变，边际成本也会增加。

第三，从"边际收益递减"看产业融合。分工会增加交易成本，从而推高边际成本，而边际收益递减是规律。企业家虽不知道企业最佳产量是多少，但他知道存在最佳规模，若产量超出最佳规模，企业会得不偿失。于是当他发现生产其他产品可节省企业目前的交易成本，并且比生产现有产品有更高收益时，便会选择产业融合。我姑且称之为"产业融合定理"。

再看看博高国贸与得力。那天座谈会上博高国贸的负责人说，他们融合"三产"与"二产"的原因有两个：一是自己研发新产品出口，可减少代理别人产品出口的谈判协商费用（交易成本）；二是可以以销定产，确保边际收益不低于边际成本。而得力的负责人说，他们之所以做综合供应商，降低交易成本是一方面，更重要的是企业无论做多大，单品生产都可不突破最佳规模。

思考题

为何说边际收益等于边际成本时的生产规模是实现利润最大化的最佳规模？而这种边际分析方法与量本利分析有何区别？请你用一个现实中的案例进行对比分析。

第 4 节 | 从个体推导总体

用成本收益法分析行为选择，不仅要立足于边际分析，而且要立足于个体分析，坚持从个体推导总体。这里所说的个体，可以是一个人，也可以是一个家庭或者一个企业，总之是一个具有独立利益的行为主体。在分析推理过程中，你可以把自己摆进去，设想自己就是你要研究的那个行为主体，你的分析推理会有如神助。

总体效用度量困难

前面讲过，收益是"效用"的货币表示。而效用则是人们的主观感受，同一物品的效用，不同人的估值会大不相同，有时甚至会相反。比如你喜欢喝酒，对茅台酒的效用估值就很高；而我不喜欢饮酒，对茅台酒的效用估值就很低（其实酒对我是负效用，因为我对酒精过敏）。再如你不吃辣椒，而我嗜辣如命，则我对辣椒的效用估值就很高，而你对其的估值却很低，也可能是负效用。

我们讲过，成本是做一种选择而放弃其他选择的最高收益（效用），既然收益不能总体度量，成本当然也就不能总体度量。可是有学者说，将不同个体对效用或成本的估值加总，不就得到了总体的收益和成本吗？奥地利经济学家米塞斯在1920年发表文章专门批评过这种观点，明确指出人与人之间的效用估值是不能加总的，而且也不能做横向比较。

举个例子。张三、李四对酒的效用估值分别是 7 和 3，加起来等于 10。而他们对大米的效用估值分别为 5 和 4，加起来等于 9，可我们能说酒就比大米更重要吗？显然不能。正因为人与人之间的效用估值不能加总做比较，也就决定了用成本收益分析方法研究行为选择需从个体出发，否则脱离个体直接研究总体，分析没有微观基础，得出的结论会差之毫厘，谬以千里。

大样本数据容易失真

今天经济学者中不少人过于迷信大样本数据，殊不知样本数量越大，数据就越有可能失真。这主要有两方面的原因。一方面，很多人见异思迁，偏好变化不定，他自己其实也不知道到底偏好什么，更无法准确估值。而且即便自己知道，也未必愿意将真实估值告诉别人。这样把数据加总起来，真实性自然要大打折扣。

另一方面，人们会出于趋利避害的本性，制造假数据。比如，有的官员为了显示自己治理一方的政绩，产值与利税等数据往往会夸大；而税务部门在调查统计数据时，企业为了少缴税往往又会瞒报，将真实数据缩小。再如，贫困人口统计，若统计贫困人口是为了发放扶贫补贴，数据往往会偏高；若是为了考察当地政府抓脱贫工作的成效，数据往往会偏低。

因为大样本数据（总体数据）容易失真，所以做经济分析应重点研究个体行为。数学方法（模型）可以用，但必须从个体入手。要是总体数据不真实，无论用多么高级的数学模型，哪怕是连数学系高才生都看不懂的数学模型，也不过是故弄玄虚、糊弄人而已。时下经济学期刊发表的论文大多是这个套路，读者可不要轻易相信那些用大样本数据推导的结论。

用需求定律推断人的行为，要求不仅"假设"（约束条件）是可观察到的事实，而且推论也要有被事实证伪（推翻）的可能性，可能被推翻而未推翻，推论才算成立。若约束条件不是事实，其实也就约束不了推理。若推论不存在被事实推翻的可能性，别人当然不能证明你错，同时你也并未证明你对。从这个角度看，大样本数据经过收集汇总，本身并非事实，若要推出对的结论，只能靠"撞大运"。

基数效用与序数效用

有些行为主体追求的效用不能用基数表示，而只能用序数表示。基数效用是指可用货币单位表示的效用，如 1 元、2 元、3 元、4 元、

5元。序数效用是指按偏好次序排列的效用，如第一、第二、第三、第四、第五。同一人的基数效用可以相加为总效用；而序数效用却不能加总，因为我们不知道第一与第三相加等于第几，也不知道排在第一比排在第四的效用大多少倍。

于是问题就来了，当"效用"估值用序数表示时，我们可以根据某行为主体的偏好排序，推断出他将会做何种选择。但如果把一群人放在一起，由于序数不能相加（人与人之间的基数效用也不能相加，上面已做分析），我们就无法对人们的偏好（效用）排序。而偏好不能排序，也就无法对总体行为选择做出准确推断。正因如此，经济学强调要先研究个体，然后由个体推导总体。

委托品与委托量

解释或推断行为的另一困难，是由内化社会收益带来的。想问读者：西瓜可以论"个"，商家为何不按"个"卖而按"斤"卖？水可以论"斤"，可为何矿泉水却按"瓶"卖而不按"斤"卖？你会说西瓜大小不同，按"个"卖会增加讨价还价的交易成本。可矿泉水为何不按"斤"卖呢？我的解释是矿泉水在为消费者提供"水"的同时，也提供了"方便"。为了把"方便"内化为商家收益，便将"方便"委托到了矿泉水瓶子上（矿泉水是委托品，瓶是委托量）。这样看，我们就不难理解一瓶250毫升的矿泉水卖3元，而一瓶500毫升的矿泉水为何只卖4元。水多一倍而价格未高出一倍，原来是"方便"没有变。

从委托品与委托量角度，可以解释许多令人难解的经济现象。比如南方的某乡村，一口古井的游览门票高达100元，价格高过了颐和园的门票。我曾问该村旅游公司董事长，他回答说，他们建设美丽乡村花了大价钱，现在游客到他们村可以望得见山、看得见水、记得住乡愁。可是游客享受了多少乡愁、乡愁多少钱一斤，都难以计量，所以只好把"乡愁"捆绑在古井门票上一起卖。

民间确实有高人。这些年我行南走北，见过不少类似的案例。事实上，社会收益内化一直是经济学不能回避的大难题，若社会收益不能内化，私人企业就不会去投资那些有正外部性的项目。中央指出，保护生态环境是保护生产力，改善生态环境就是发展生产力。问题是改善生态环境的正外部性非常大，如果没有办法将改善生态环境的社会收益内化为投资者的私人收益，投资者就不会主动投资改善生态环境。在我看来，寻找委托品至少是解决这一问题的有效办法之一。

思考题

经济学分析为何要坚持从个体推导总体？请你从寻找委托品的角度谈谈对推动美丽乡村建设的建议。

从价格构成来看，价格＝成本＋利润。这个等式往往给人一种印象，似乎价格高低取决于成本的高低。在计划经济时期，国内企业也的确是按"成本加利润"定价的。当时一块上海牌手表，成本是100元，目标利润是20元，于是就定价为120元。试问，如此定价是否代表成本可以决定价格？

第五章
供求原理
商品是天生平等派

我们在前面几章分析的只是一个人的需求行为，从本章开始要再加进来一个人，这个人的身份是商品供应者。市场上一旦有了商品的需求方与供给方，就形成了供求关系，于是也就引出商品的价格决定问题。供求原理是经济学的第二大基本原理。从现在开始，我们将会进入一个更为复杂的层面。

第 1 节 | 供给自动创造需求

根据"资源稀缺假设"，即从人们的需求角度看，资源是稀缺的。由此推理，商品供给一定会出现短缺。然而我们观察到的事实是，市场上不仅存在商品供应短缺的现象，也存在商品供给过剩的现象。若说商品供给不足是因为资源稀缺，那么为何会出现商品供给过剩呢？

从萨伊定律说起

经济学说史上有这样一则传闻：18世纪末的某一天晚上，几个年轻小伙子在法国里昂一家餐馆一起喝啤酒，其中一位趁着醉意把几瓶啤酒砸在外边马路上，嘴里还嘟囔说"为啤酒厂做贡献"。说者无心，坐在一旁的经济学家萨伊却陷入了沉思：将商品毁掉是给工厂做贡献吗？难道是企业生产的商品缺乏需求？

经过一番苦思冥想，萨伊做出了否定的判断。他在1803年出版的《政治经济学概论》中提出了"供给自动创造需求"原理，其论证是这样的：人们卖出商品，目的是购买别人的商品，即"为买而卖"。其中货币只是交换的媒介，当企业卖出商品换回货币后，会立即用换回的货币购买自己所需的商品。这样，一种商品的出售，就意味着对另一种商品的购买，所以在市场经济下不会出现普遍生产过剩和普遍的失业现象。

萨伊提出的这一原理，学界称之为"萨伊定律"。在该定律问世后最初的100多年里，虽然也有学者提出质疑，但得到了多数经济学家的认同。直到20世纪30年代发生经济大萧条，西方国家出现了普遍生产过剩，失业率达到了25%。大萧条令萨伊定律不攻自破，1936年，凯恩斯出版了《就业、利息和货币通论》（以下简称《通论》），并由此掀起了一场所谓的"凯恩斯革命"。凯恩斯革命的指向，正是萨伊定律。

凯恩斯否定萨伊定律

凯恩斯革命否定了萨伊定律，那么萨伊定律到底错在什么地方？凯恩斯分析说，若在早期物物交换时代，萨伊定律是能够成立的。可是当货币出现以后，萨伊定律就站不住脚了，因为货币可以储藏，当人们卖出商品后将货币储藏起来，货币退出流通导致买卖脱节，市场需求不足，而需求不足就会造成部分商品供过于求。

　　凯恩斯的观点流传甚广，直到今天仍有学者用他的观点来批评萨伊。我也认为萨伊定律有疑点，但不赞同凯恩斯的分析。在我看来，商品过剩的症结并不在货币，相反是货币的出现促进了交换。在物物交换时代，生产斧头的厂商需要购买服装，而生产服装的厂商却不需要斧头，所以交换就难以达成。但有了货币作为固定等价物后，买卖两便，就极大地方便了交换。可见，货币的出现有利于减少过剩，而不是增加过剩。

　　读者也许会问，货币被储藏为何需求不会减少呢？对此需要分两种情况来看：若货币是金银，需求就可能会减少。比如有人预计未来金银会升值而将金银储藏，此时会有些商品因缺少货币而需求不足。但若货币是纸币，由于纸币不能储藏而只能存入银行（储蓄），此时需求不会减少。要知道，商业银行是靠存贷利差赚钱的企业，它吸收存款后一定会马上将钱贷出去。如此，张三的储蓄，就变成了李四的需求，所以总需求不会变。

　　仅从总量上看，萨伊定律并没有错。其一，货币既是一般等价物，也是特殊商品。既然是商品，特殊商品（货币）的供给，可创造对普通商品的需求。普通商品的供给，则可创造对特殊商品（货币）的需求。其二，企业生产商品需要购买设备与原材料，创造供给的过程，同时也是创造需求的过程。其三，供给可以引导需求。50 年前并没有人用手机，而今天市场有了手机供给，消费者也便有了对手机的需求。

结构失衡导致总量失衡

从总量上看,供给确实可以创造需求。但从结构上看,供给却未必等于需求。比如市场需要100套住房、5 000斤大米,而厂商供给的却是110套住房、4 000斤大米,由于供需结构不匹配,此时住房就会过剩。当年萨伊其实也意识到了这一点,不过他认为结构失衡只是短期现象,可以忽略不计。然而事实表明,总量平衡并不等于结构平衡,结构失衡一定会导致总量失衡。

马克思在《资本论》第二卷分析社会总资本再生产时,将生产部门分为生产资料生产与消费资料生产两大部类,指出社会再生产若要顺利进行,前提是必须实现"价值补偿"与"实物补偿"(以下简称"两个补偿")。马克思在这里所讲的价值补偿,是指供求总量要平衡。实物补偿是指供求结构要平衡。并且强调两者不可顾此失彼,否则,社会再生产就会中断。

反观中国的现实,目前国内出现严重的产品库存,学界的共识是,这主要是由结构性矛盾引起的。一方面,国内商品大量过剩;另一方面,国内需求又大量外溢,就连奶粉、马桶盖之类的日用商品,很多消费者都从境外购买。之所以如此,是因为目前国内供给结构和产品质量与消费者需求不匹配,消费者才会舍近求远从境外购买。由于需求外溢,反过来又加剧了国内供求总量失衡。

由此可见,市场上商品短缺与过剩并存,根本原因在于结构失衡。萨伊定律忽视了结构问题,所以解释不了为何会出现1929—1933年的普遍生产过剩。同样,凯恩斯也无视结构问题,所以他主张要用扩张性财政政策与货币政策,从需求侧刺激投资与消费。至于如何评价凯恩斯理论,我们将在第十二章讨论。

思考题

20世纪30年代西方经济大萧条令萨伊定律不攻自破，你认为萨伊定律究竟错在哪里？如何理解总量均衡与结构均衡的关系？为何说结构失衡必然导致总量失衡？

第2节 | 价格决定机理

由于商品短缺与商品过剩并存，经济学就要研究供求关系。研究供求关系的重点，是要回答两个问题：一是商品价格由谁决定，或者说市场价格是怎样形成的；二是价格决定什么，即价格如何调节供求。下面先讨论价格由谁决定，价格决定什么将在下一章讨论。

供求决定价格

价格由谁决定？经济学认为，价格要由供求双方共同决定。这一点，我们从物物交换中可以看得很清楚。一位铁匠生产斧头，一位牧民养羊，铁匠要用多少把斧头才能换牧民一只羊呢？这里斧头与羊的交换比例，即为交换价格。问题是交换价格怎么决定？毫无疑问，得由铁匠与牧民一起商议，共同决定。

在物物交换时代，处于同一笔交易中的铁匠与牧民，他们彼此既互为卖方，又互为买方。如果交换价格是由铁匠与牧民共同决定的，当然是供求决定价格。而当货币出现之后，买方与卖方就分开了。根据人们约定俗成的看法，通常将持有货币的一方称为买方，将持有商品的一方称为卖方。不过买方与卖方分开并没有改变价格决定机理，价格仍然由供求双方共同决定。

价格为何要由供求双方决定？马歇尔在1890年出版的《经济学原理》中，分别用纵坐标代表价格，用横坐标代表商品数量，画过两条曲线（见图5.1）：一条是需求曲线D，向右下方倾斜；另一条是供给曲线S，向右上方倾斜。马歇尔说，当需求曲线与供给曲线相交时，处在相交点E的价格P即为均衡价格。均衡价格也是市场价格，商品只有按市场价格进行交易，市场才能出清。

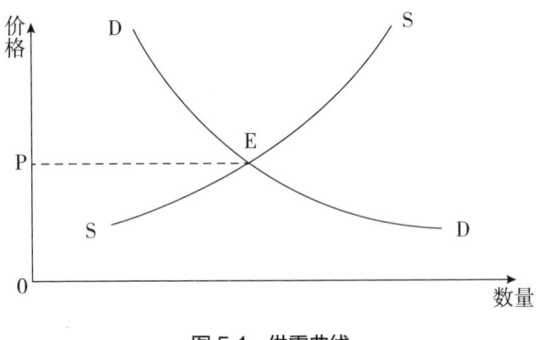

图 5.1 供需曲线

我们讲过，需求曲线向右下方倾斜。那么，供给曲线为何会向右上方倾斜呢？因为生产厂商也是"经济人"，在约束条件下同样要追求收益最大化。读者要注意，前面在分析需求行为时，"价格"是约束消费者行为的成本，价格上升意味着成本上升，需求会减少；而供给行为不同于需求行为，对生产厂商来说，"价格"不是他的成本，而是他的收益，价格（收益）上升，供给当然会增加，这就是供给曲线向右上方倾斜的原因。

由此可见，需求行为与供给行为的变化，皆取决于"价格"的变化。需求方希望价格（成本）越低越好，而供给方却希望价格（收益）越高越好，由于双方对价格有不同的期待，故价格不能由任何一方独自决定，不然价格定高了消费者不会买，价格定低了厂商不会卖。两全的办法是，价格由供求双方共同决定。

懂了价格决定原理后，我再解释第四章提到的商家卖出最后一个商品的价格为何下降。由于买方的边际效用是递减的，购买商品数量越多，买方出价会越低；而价格是由供求双方共同决定的，所以说，卖方出售商品的价格，最终要得到消费者认可。因此，商家卖出的商品数量越多，消费者能接受的价格就越低，所以商家卖出最后一个商品的价格一定是下降的。

成本不能决定价格

在人们的观念里，认为价格是由成本决定的。因为从价格构成来看，价格 = 成本 + 利润。这个等式往往给人一种印象，似乎价格高低取决于成本的高低。在计划经济时期，国内企业也的确是按"成本加利润"定价的。当时一块上海牌手表，成本是 100 元，目标利润是 20 元，于是就定价 120 元。但我要指出的是，计划经济时期按"成本加利润"定价是既成事实，并不代表成本可以决定价格。

计划经济是短缺经济，由于商品供不应求，企业按成本定价可以将商品卖出去，人们误以为商品价格可由成本决定。其实不然，按成本定价隐含了一个重要的前提，那就是消费者要接受企业定的价格。否则消费者不认可，企业定的价格必然会形同虚设。所以说，按成本定价看上去是企业定价，其实企业已经考虑了消费者的接受程度，是由双方共同定价。

设想一下，假若企业真按成本定价，成本越高可以定价越高，怎么会有企业采用更先进的技术提高生产效率呢？比如有两个木工：张师傅手艺好，打一张书桌只需 3 天；李师傅手艺较差，打一张同样的书桌却需要 5 天。如果他们可以按各自的成本（时间）定价，那么张师傅的书桌只能卖低价，李师傅的书桌反而可卖高价。市场竞争优胜劣汰，请问市场怎么会容许这种现象存在呢？

事实正好相反。由于存在竞争，企业产品成本高不可能卖高价，而成本低却不一定卖低价。我认识一位房地产开发商，2007 年，他按每亩 200 万元的价格买进 50 亩（约 33 000 平方米）地；2008 年美国发生次贷危机后，地价大跌，他又在旁边用每亩 50 万元的价格买了 50 亩地；2010 年在两块地上都建成了住房，而当地市场房价 3 万元/平方米，想问读者，你认为他用低成本买的 50 亩地建的房子会卖低价吗？我认为不会。真实的结果是，他并没有低价卖。

买方定价也是供求定价

买方定价即按需求定价，典型例子是拍卖市场的定价。在拍卖市场，供给方只给出一个底价，然后由买方竞价。"文革"时期的一枚邮票成本为 8 分钱，而今天能卖到数千元，是因为"邮票"供不应求，买方竞争拉高了价格。再如中秋节卖月饼，节前每盒售价 300 元。而中秋节一过，一夜间售价陡降至每盒 100 元，月饼成本并没有变，而价格却下降了 2/3，这无疑也是按需求定价，而不是按成本定价。

要特别说明的是，按需求定价也不是买方独自定价，而是供求双方定价。只要不强买强卖，供求双方若能达成交易，此时的价格就一定是供求双方共同决定的价格。比如需求方要购买某商品，若出价够高，供给方能接受，就会进行交易；若需求方出价过低，供给方自然不会卖；而如果由需求方出价并达成交易，说明这个价格也是供给方认可的价格。

人们通常认为，商品价格由供求决定，交易双方就得坐下来谈判、讨价还价。讨价还价是供求决定价格的一种方式，但没有讨价还价的过程（或旁观者看不见这个过程），也不等于价格不是由供求决定的。供求决定价格的核心要义，是买卖双方自由交换。自由交换是等价交换，而等价交换必是买卖双方共同定价的。相信读者举不出一个反例，证明自由交换不是等价交换。

思考题

价格是由成本加利润构成，可为何说价格不能由成本决定？并说明理由。请你举出1~2个日常生活中的实际例子，证明价格是由供求双方共同决定的。

第 3 节 | 受价行为与觅价行为

经济学将市场分为"完全竞争状态"与"非完全竞争状态"。完全竞争状态，是指市场上存在大量的买者和卖者，他们出售或购买的商品是完全同质的，不存在任何差异；买卖双方对市场状况皆有足够的认识，市场信息不仅畅通，也是对称的；生产要素也能够充分自由流动。所谓"非完全竞争状态"，是指市场处于由一家或少数几家厂商控制的状态，也称"垄断状态"。

受价者与觅价者

在完全竞争状态下，由于任何一个买者或卖者都不能影响商品的市场价格，他们只能被动地接受市场价格，故称为"受价者"。比如同一品质的棉布，当价格由市场决定之后，任何一个生产商和消费者都得按这个价格进行交易。再如纯度相同的黄金，一定时期的市场价格形成后，若某个供应商提高一毛钱价格，黄金就会卖不出；而某个购买者少出一毛钱，也买不到黄金。

上面这种完全竞争状态，是一种理想的市场状态。在真实世界里，不仅完全同质的商品很少，市场信息对买卖双方而言也不可能完全对称，而且生产要素也很难完全自由流动，因此市场在大多数情况下是非完全竞争状态。非完全竞争并不是没有竞争，而是在此状态下，企业可为自己生产的产品自主定价。

若一个企业能够自主定价，该企业即为"觅价者"。一个企业为何能够觅价呢？原因是："垄断"。垄断可分为三类。第一类是行政垄断，如政府对市场准入设限或授予某些特定企业特许经营权。第二类是自然垄断，如土地、矿产资源等。第三类是技术垄断。即企业不借助政府行政权力与对自然资源的占有，而是凭借自己拥有的关键核心技术，生产的产品与众不同。正因为产品独具特色，市场上没有同质产品，也没有市价，企业才需要觅价。

读者不要误会，觅价者虽是垄断者，但企业拥有觅价权并不意味着价格就由企业说了算。觅价是指企业可以先定出价格，再根据市场需求寻找买卖双方皆接受的价格。换句话说，觅价是厂商主动寻找和发现均衡价格的行为。从这个意义上讲，觅价本质上也是供求定价。比如市场上推出一款全新的智能电视机，厂商定价为每台10万元，假若需求者趋之若鹜，厂商就会提高售价；若无人问津，售价就会下调。

时下有一种观点，凡是垄断都应该反对。理由是垄断者可通过操控产量来维持高价格，对消费者不利。我认为此观点只说对了一半。行政垄断确实应该反对，但技术垄断则应另当别论。技术垄断是靠核心技术创新觅价，反对新技术产品觅价无疑是反对创新。要是创新产品不准觅价，那么谁会投资技术创新呢？

觅价权存在竞争

觅价者皆是垄断者，但要注意的是，技术垄断却不同于行政垄断，行政垄断会排斥竞争，而技术垄断并不排斥竞争。任何一项新技术问世，都可能引来一批竞争者。由于存在竞争，技术才需要不断创新。华为手机为何会不断升级？原因是市场存在大量竞争者，有些竞争者（如美国苹果公司、韩国三星公司等）是可以看见的，而有些潜在竞争者是目前看不见的。事实上，任何一个觅价者都不可能排斥竞争。

觅价企业与受价企业一样，都面临着竞争。不同的是，受价企业面对的是成本竞争，而觅价企业面对的则是定价权的竞争。对此判断，我们可以从它们各自产业升级的路径选择得到验证。受价企业的产业升级路径，往往是从"劳动密集型"升级到"资本密集型"，再升级到"技术密集型"。而觅价企业，却是从"劳动密集型"直接升级到"技术密集型"。

回溯人类产业发展史，农业首先就是从手工种植升级到机械化种植，再升级到生物农业。制造业也是从手工生产升级到机械化生产，再升级到智能机器生产。服装业也是如此，最初是手工缝制，后来采用半自动缝纫机，而今天则采用全自动化机器。何以如此？马克思的解释是：企业为了取得超额利润而展开行业内部竞争，由于企业不能独自定价（是受价者），要争取超额利润只能降成本。而要降成本，就得增加机器设备投入，提高资本有机构成。

案例讨论

假若有三家企业生产同样的玻璃杯，玻璃杯的市场价格为每只10元。若玻璃杯单价超过10元，消费者就不会买。既然企业是受价者（不能独立定价），能否赚取更多利润就取决于能否降低成本。那么怎样降低成本呢？办法无外乎降低生产耗费或提高生产效率，而这两者都需使用先进的机器设备。我曾考察浙江一家民营机械制造企业，据称，该企业在采用数控机床后不仅材料耗费降低了1.2%，而且生产效率提高了3倍。

降低耗费可直接降成本，提高生产效率也可以降成本。生产效率提高，表明用同一时间生产的产品数量增加，单位产品所耗费的劳动时间减少。劳动时间的节约当然是成本的节约。从这个角度看，我们就不难理解在工业化中期之前产业升级为何会从"劳动密集型"升级为"资本密集型"。说到底，是价格被市场锁定后，企业作为受价者为争取超额利润而不得已的选择。

以上分析的是工业化中期之前的情形。然而进入工业化中后期，特别是第三次技术革命后，产业升级却发生了变化，有不少企业直接从"劳动密集型"跃升为"技术密集型"，也有企业一经设立便是"技术密集型"，微软、英特尔、苹果等公司就是典型的例子。而且据我所知，同仁堂、九芝堂等国内大牌制药企业，产业升级也主要靠提升技术含量，而不是提高有机构成。

于是我们要问，为何微软、苹果不再走传统升级的老路？读者也许会说，是第三次技术革命带来的改变。答案是肯定的。它们走的道路与第三次技术革命有关。可是第三次技术革命到来已半个多世纪，至今为何仅有少数企业能实现跨越式升级，而多数企业还是沿着传统路径升级呢？显然，仅用第三次技术革命难以解释。第三次技术革命仅是产业跨越式升级的必要条件，背后另有更深层的原因。

深层原因是什么？我的答案是：实现跨越式升级的企业具有"觅价权"。理由很简单：一个企业掌握了觅价权，争取超额利润就无须降成本；无须降成本，也就不必提高资本有机构成。相反，由于市场存在众多潜在竞争者，为了维护觅价权，企业就会不断加大创新投入，让产品向更高的技术层面升级。比如苹果手机现在已升级到 iPhone12，但苹果公司主要只做技术研发，产品的制造生产委托给了别的企业。

思考题

受价者与觅价者的区别何在？所有的觅价者是否都是垄断者？为何受价者要努力降成本，而觅价者却要不断加大科技研发投入？请你运用案例解释背后的原因。

第 4 节 | 价格管制徒劳无益

价格高低由供求决定，是经济学的基本原理。照理说，除了公共品，一般竞争性商品的价格政府是不必管制的。可现实中，人们希望政府管制价格的呼声却很高。有人希望政府管制房价，有人希望政府管制肉价，有人甚至以反暴利为由，希望政府管制所有商品涨价。价格上涨是因为商品供不应求，若不增加供给而仅管制价格，结果必然适得其反，加大涨价的压力。

"暴利"无从界定

价格减去成本等于利润。若要反暴利，就需要界定清楚何为暴利。2007年前，曾有人指责房地产开发商为富不仁，为谋取暴利推高了房价，于是不少人要求公布开发商成本。当时我写文章说，房价高低是由供求决定的，与开发商的成本无关，公布开发商成本是隔山打牛、错开了药方，结果有人批评我是为开发商辩护，对穷人缺乏同情心。

不过今天我还是这样看，成本并不决定价格。经济学也从未说过成本低的商品只能卖低价。现在的困难是，我们谁能说得清楚成本与价格的差额到底多大，或者成本利润率多高是暴利，是30%还是40%？若利润率达到40%就得反对，那么要反对的就不只是房地产企业，很多高科技企业恐怕也难以幸免。

"暴利"无法界定，反暴利也就没有明确的标准。这样政府价管部门对谁是暴利、谁不是暴利就有了话语权。倘若如此，后果可想而知：一方面，企业为了不被管制，会去贿赂价管部门的主事官员；另一方面，企业产品价格若被管控，由于产品供不应求，企业不会将产品低价卖出，于是消费者又得花钱，最后消费者的总花费与价管前不会有太大差异。相反，要是没有价管，企业供给增加，价格会下降，反而对消费者有利。

别错怪了中间商

时下还有一种观点，认为中间商为了牟取暴利会推高价格。这种看法其实是错怪了中间商，在理论上是成本决定价格的翻版。有一年春节前我参加北京市人民代表大会，许多代表对北京高菜价口诛笔伐。而市政府的官员回应说，北京菜价居高不下是因为中间商加价太多。一斤萝卜从宁夏卖到北京，销地价是产地价的 8 倍。北京市民多付了钱，宁夏的农民却赚得很少，大头利润归了中间商。

这位官员的言下之意是，北京菜价高是中间商作祟，要降价就得打击中间商。我不同意这种说法。按照供求原理，北京菜价高并非中间商的错，而是北京的蔬菜供应短缺。若蔬菜供应充足，中间商就不可能把价格抬上去。如果 3 元 / 斤的萝卜可随便买到，你怎么会出 5 元 / 斤买中间商的萝卜？可见，把高菜价的责任推给中间商对解决问题无益。要是没有中间商，北京的菜价反而会更高，外地菜农的收入也会更低。

我的分析是这样。根据 10 年前业内人士提供的数据，当时北京 70% 的蔬菜要靠外地供应。要是没有中间商长途贩运，北京蔬菜供应会短缺 70%。如此大的供求缺口，菜价当然会上涨。由此来看，中间商不仅不是北京高菜价的推手，反而对降低菜价有功。若不是中间商相助，北京市民用于购买蔬菜的开支还会更高。

菜农也是受益者

转从菜农角度看。骤然听，北京菜价如此之高而外地菜农却没赚到多少钱，似乎没有中间商，菜农就可以多赚。这种看法也是错的。事实上，如果没有中间商，蔬菜运不出去，菜农会赚得更少。要知道，中间商长途贩运是在拉动蔬菜的需求，若没有这部分需求，当地菜价则会更低。说一件真事。我的家乡洞庭湖区是有名的鱼米之乡，可早年农民养鱼却卖不出价。后来城里鱼贩下乡收购，拉动了鱼价上涨，农民也因此受益。

前面那位官员说，中间商比菜农赚得多，要打击暴利。衡量中间商利润是不是暴利，应从机会成本来看。中间商选择贩菜，机会成本是他放弃做其他事的收益。比如打工年收入 9 万元，而放弃打工去贩菜，贩菜的机会成本就是 9 万元，若他一年贩菜的收入是 10 万元，你认为他得到的收入是暴利吗？其实，今天很多人不去贩菜，也是因为他从事的职业比贩菜赚得多，难道政府也要打击吗？

这里我要强调，商品涨价的原因是供给短缺，应对的办法是增加供给而非限制价格。中间商与商品涨价无关，他们是搞活流通、稳定价格的有功之臣，政府断不可与中间商大动干戈。

思考题

政府为何不能直接管制价格？你如何看待中间商？你认为政府需要打击中间商吗？并说明理由。

第 5 节 | 价格折扣并非让利

我们反复讲供求决定价格原理，现在读者是否还相信世上真有"让利销售"这回事？很多人以为，价格折扣是商家给消费者让利。若如此，岂不是否定了供求决定价格的规律？经济学认为，价格折扣不过是商家的一种促销手法而已。自古道，卖家总比买家精。若是能赚到利润，他怎么会拱手让人呢？

打折是障眼法

假若一件衬衣，标价 1 000 元，而商家折价，以 700 元卖给你，于是商家说给你让利了 300 元。对商家的话，我劝你别信以为真。

商品价格并不是卖家说了算，而是由买卖双方共同决定。比如卖方标价 1 000 元，若买方不接受，只肯出 500 元，1 000 元就不是市场价，经讨价还价，最后双方约定按 700 元成交。这 700 元才是市场价。商家按市场价售出商品，怎能说是给消费者让利呢？

把想赚而赚不着的钱说成让利，是卖方的障眼法。高位标价，打折低价销售，既可招徕顾客，自己又毫厘不损，这恰恰是商家的精明之处。作为营销策略，只要你情我愿，旁人本不必说三道四。问题是若不揭开"打折"的面纱，供求决定价格规律就难以深入人心。

说打折不是让利，下面几种情形需要重点解释。

第一种：一物二价。同一牌子的衬衣，在燕莎卖 1 000 元，而在奥特莱斯卖 500 元，后者算不算让利？我的看法是，尽管一物二价，但贱卖不是让利。因为从卖方角度看，利润是销售收入扣除成本的剩余。就是说，商品只有卖出去赚了钱才有利润，在奥特莱斯，一件衬衣不卖 1 000 元，肯定有不卖 1 000 元的道理。或是款式过时，或是只有单件商品导致消费者不能挑选，1 000 元卖不出去。试问，商品卖不出去，何来利润可让？

第二种：清仓甩卖。甩卖价通常低于市场价，很容易被看作商家让利。但实际上甩卖也不是让利。清仓甩卖，目的是清仓。成本是放弃某种选择的最高代价。卖家选择清仓，必是不清仓的成本更高。举例来说，某商铺若不清仓，继续经营可收益 1 万元，这 1 万元就是清仓的成本。若假定清仓回笼资金转作他用可收益 2 万元，这 2 万元便是不清仓的成本。故从成本方面来看，清仓甩卖不仅不是让利，而且是商家的逐利行为。

第三种：预订打折。我想到的例子是机票预订。预订机票打折，好像是航空公司让利。若深入了解，预订打折是为了提高飞机上客率。机票定价是不必考虑沉没成本的。比如花3亿元买飞机，由于飞机航班固定，无论票卖多少都得飞，故这3亿元便成了沉没成本。而沉没成本不是成本，机票折价只要不低于经营成本（机组人员工资与燃油、食品饮料等费用），航空公司就是赚的。不然票卖不出去，那才是真正的损失。从这个角度看，机票打折也不是让利。

赠送礼品也不是让利

与价格折扣不同，商家还有一种促销方式，就是价格不打折而是赠送礼品。早些年，政府曾不允许机票打折，于是航空公司别出心裁，给顾客送礼品。买一张1 000元以上的机票，就送一件价值300元的T恤。后来别的商家也效仿，或买十送一，或买若干送若干。从表面来看，这似乎是给消费者让利。而往深处想，送礼与打折本质上是一回事。不过送礼是暗折，打折是明折。打折不是让利，赠送礼品也不是让利。

与赠送礼品相似的另一种方式是返券销售。过去你买复印机，商家会送你一台收音机。可现在不同了，商家不再送收音机，而是返给你相等金额的购物券。别看这是小小的改变，不仅方便了顾客，而且对商家也有利。比如你想买复印机，却不需要收音机，你也许不会到送收音机的那家店里购买；而改返购物券后，消费者不必挑选商家，商家也不会失去顾客。

显然，购物券作为内部"货币"，其流通性要优于礼品。但仅这样解释，说返券销售只是为了买卖两便，恐怕还缺乏说服力。明显的疑点是，既然返券比送礼更方便顾客，那么价格折扣不是更便捷吗？商家为何不直接打折呢？也许读者会说，那是商家为了捆绑销售。不排除有这种可能。但应追问的是，为何有些消费者也不去选择打折而更乐意返券呢？

这个问题我们在第二章分析"约束行为的产权"时简单讲过，这里再举例解释。假如有两家卖复印机的商店，一家标价3 000元/台，可以折价2 000元/台出售；而另一家也标价3 000元/台，不折价但可返1 000元购物券，消费者会做何种选择？可以肯定，选择打折的是自购，选择返券的一定是团购。因为团购花的是公款，只要按原价开票，拿回去就可以报销，返的券却归自己，经办人当然选择返券。

三点结论

分析至此，我们可得出三点结论。第一，价格无论以何种方式打折，都是在供过于求的条件下卖方价格向市场均价的回归，打折并不是让利。第二，赠送礼品或返券是在价格不明折的情况下，卖方给予消费者的暗折。明折、暗折都不是商家让利。第三，商家返给消费者的购物券，最终都是由消费者付账，不同的是，自购由个人掏钱，而团购由公家买单。

思考题

请列举你见过的商品打折销售的例子，并分析商品打折是不是商家给消费者让利。

现实生活中存在一种现象：从局部来看，人们某种行为是对的，而加总起来的结果却是错的。萨缪尔森称此为"合成谬误"，比如市场上粮价上涨，单个农场主增加粮食生产，就可以增收；但若全球农场主都增加生产，粮食供过于求，导致粮价下跌，结果增产反而不增收。由价格调节造成的这种现象，政府是否应该干预？

第六章
资源争用
最好让价格做主

供求原理包括两方面的内容：一是供求双方共同决定价格，二是价格调节供求。前面第五章我已经讲过了价格由供求决定，本章将重点讨论价格在何种情况下可以作为调节资源争用的规则，而在资源配置过程中价格又是怎样发挥作用的。

第 1 节 | 产权制度与竞争规则

资源供给有限，希望得到的人多；而僧多粥少，人们之间就会出现资源争用。竞争要分出胜负，就要事先确定竞争规则。经济学认为，竞争规则如何选择，取决于产权制度安排。而产权制度如何安排，则应以交易费用为依归。因此，怎样选择竞争规则最终要由交易费用决定。

规则决定胜负

任何一项体育比赛，要决出胜负必须先有比赛规则，否则不可能分出输赢。比如骑自行车比赛，既可以比快（力量），也可以比慢（车技）。"比快"是一种规则，"比慢"也是一种规则。但不论采用哪一种规则，都得事先公之于众。解决资源争用问题也是如此。谁能得到稀缺资源，谁不能得到稀缺资源，也取决于规则。

迄今为止，人类资源争用的规则有很多种。比如发生在14世纪、15世纪的圈地运动，英国新贵族通过暴力把农民从土地上赶走，强占农民份地及公有地，并将强占的土地圈占起来，变成自己的大牧场、大农场。显然，圈地运动奉行的竞争规则是"比武力"。再如中国古代崇尚学而优则仕，从隋朝大业元年到清朝光绪三十一年，选拔人才的方式是科举，其竞争规则是"比考分"。

竞争规则不仅可以决定胜负，也可以决定人们的行为选择或资源流动的方向。若以"比武力"为规则，人们就会苦练拳脚，或是研制某种能一招制胜的兵器，努力让自己成为武林高手。若以"比考分"为规则，人们就会花更多时间去读书，或参加各类考试培训，掌握应试技巧，争取在考试时胜出。

有一个真实的故事可以看出规则的重要性。我有一位同乡，大学毕业留校正好赶上分房，可当时的分房规则是按学历排队，他是本科学历，暂时排不上队。于是他考了研究生，三年毕业后找到一家事业单位。可那家单位分房不按学历，而是按职级，他没有行政级别，结果又没分上。于是他就开始熬职级，等他当上副处长，国家推行房改，不再分房了。最后他只好辞职下海，自己去挣钱买房。

产权决定规则

毫无疑问，价格是处理资源争用的重要规则。假定航空公司只剩下一张从北京飞往广州的机票，现在有两个人都想得到。一个人要去广州看女友，一个人要回广州看父母。两人僵持不下，都说这张机票对自己很重要。怎么办？经济学的办法是由他们各自出价，让出价高者得。只要竞价，谁能胜出便自见分晓。

但这绝不是说资源分配只有价格一种规则。在现实生活中，资源分配规则可谓五花八门。春运期间火车票紧俏，排队（先来后到）是一种规则。上大学，考分是一种规则。过去计划经济时期分房，行政级别也是一种规则。而且就规则本身论，我们分不出优劣。存在即合理，这些规则之所以存在，都有存在的理由，那么到底是什么因素决定人们对规则的选择呢？

经济学分析行为，来来去去用的其实就是需求定律，即在约束条件下追求最大化。若把选择"竞争规则"看作人们的一种行为，那么在不同的约束下，人们对"规则"就会有不同的选择。经济学的任务，就是要回答约束人们选择规则的具体条件是什么。对此，经济学家科斯的看法是，约束"规则选择"的条件是产权安排。产权安排不同，竞争规则也会不同。

还是举分房的例子。计划经济时期，城市住房大多属于公有，那时候"价格"并不作为分房规则。30年前，我熟悉的一家单位盖了三栋住宅，分房时却引出许多矛盾。诸如面积大小、楼层高低，甚至连房间朝向，大家都争得不可开交。有路子的四处托人，没路子的怨声载道。结果房子一年建成，三年也未分定。

国家推行住宅商品化后，产权安排变了，分配规则也跟着变。

过去单位分房主要按职级与工龄分配。因为住房是公有的，只能论资排辈。住宅商品化后，规则即改为按货币（出价）分配。楼宇档次、房间大小、地理位置，都可用货币去选择。花钱越多，购买住房的档次越高、面积越大、位置越好。如此一来，以往福利分房的种种弊端不消而退，人际关系也变得简单明了。

交易费用决定产权安排

让我们先看一个案例。一位老者从医院看完病出来，要到马路对面坐公交车回家。本来过马路应走人行道，可他见马路上空无一人，也没有机动车，于是心存侥幸，就近横穿马路。不料走到路中间，一辆汽车飞驰而来，老者行动迟缓，躲闪不及被汽车擦伤了。老者指责司机开车太快，而司机责怪老者违反交规。两人闹到法庭，结果法官判司机给老者赔偿医药费。

从经济学角度看，这位法官其实是在界定产权。可明明是老者违反了交规，法官为何要将产权界定给那位老者呢？因为若不那样界定，汽车司机在机动车道上会肆无忌惮，日后此类纠纷会更加频繁，而由此产生的交易成本也会越来越高。这就是产权界定要以交易成本为依归的原因。

再看住宅商品化改革。住宅商品化，实质是将公有产权改为私人产权，之所以进行这种改革，是因为住宅公有的交易费用太高。公有住宅的分配规则是按工龄、家庭人口、行政职级等进行分配。若按工龄分，人们就会熬年头而不努力工作；若按家庭人口分，人们就会多生孩子；若按行政级别分，人们就会去跑官要官。而这些投入不仅不会增加社会财富，而且会造成极大的资源浪费。资源浪费对社会来说无疑是交易成本。

以上分析表明，产权安排取决于交易成本，竞争规则的选择又取决于产权安排。在公有产权下，分配规则可以多种多样，但在私有产权下，按出价高低分配资源是最有效的竞争规则，而且只有用"价格"作为资源争用规则，才能最大限度地避免资源浪费。

思考题

谈谈交易费用、产权制度与资源争用规则之间的关系。真实世界存在着多种资源配置规则，可为何说在私有产权下只有"价格"才是最有效率的资源配置规则？

第 2 节 | 价格调节供求

价格若由供求决定，不仅成为反映市场供求的信号，也可以引导、调节供求。具体来说，若市场上某商品价格上涨，说明该商品供不应求，那就可以增加生产；相反，若某商品价格下跌，表明该商品已经供过于求，那就应该减少生产。这正是价格具有的特殊功能，也是价格作为资源分配"规则"发挥作用的方式。

合成谬误并非错误

现实生活中存在一种事与愿违的现象：从局部来看，人们某种行为是对的，而加总起来的结果却是错的。萨缪尔森称此现象为"合成谬误"，并举例分析说：假若市场上粮价上涨，单个农场主增加粮食生产，就可以增收；但若全球农场主都增加生产，粮食供过于求，导致粮价下跌，结果增产反而不增收。他认为这是由价格调节所造成的市场失灵，政府应予以干预。

"合成谬误"真的会造成市场失灵吗？我认为不会。相反，"合成谬误"恰恰证明了市场有效。若不存在"合成谬误"，供求规律将无法发挥作用。比如某纺织厂为了追求利润最大化而扩大生产，若所有纺织厂都扩大生产，产品供过于求，价格会下跌，此时企业就会减少生产。若企业都减少生产，产品慢慢又会供不应求，价格上升，于是企业会增加生产。这个过程正是"价格"引导资源配置的过程，并非市场失灵。

人们将"合成谬误"视为市场失灵，据说理由是产品过剩会造成资源浪费。此看法是一种误解。尽管产品长期滞销是资源浪费，但与"合成谬误"无关。供求原理说，价格由供求决定，产品供过于求，价格会下降，只要价格降得足够低，市场必能出清。由此推断，假若某企业产品长期积压造成了资源浪费，那么就只有一种可能，该企业并没有按供求定价。

事实确实如此。前些年国内有些企业产品大量积压却不肯降价，甚至成为"僵尸企业"也不关门，这是为什么呢？我曾走访多家这样的企业，发现此类企业大多是地方国有企业。原来，这些地方国有企业并非真正自负盈亏的市场主体，至今它们还能苟延残喘，是因为地方政府财政在背后输血（给补贴），财政一旦断供，此类企业必死无疑。

政府调节也存在合成谬误

20世纪末，国内粮食生产一度出现过剩，导致农民卖粮难，粮价大跌。为避免谷贱伤农，当时有地方政府出面指导农民调结构。洞庭湖区有一个县，政府发红头文件号召农民养甲鱼，年初甲鱼卖400元/斤，年底由于甲鱼严重供过于求，结果40元/斤都卖不掉。

农民后来总结教训说："要想富得快，就要与县长反着来。县长号召种什么，绝不能种什么。"也有农民抱怨，称政府调结构是"你调我调大家调，调来调去卖不掉"。

问题就在这里，政府调节也存在"合成谬误"，我们怎么能指望政府纠正市场"合成谬误"呢？按照经济学逻辑，政府主导调结构至少有三个前提：第一，政府要能提前预知未来怎样的结构是合理结构；第二，政府官员要比企业家更关注市场；第三，行政手段要比市场手段更有效。而这三个前提中，至少前两个不成立。

读者想想，政府并非先知先觉，怎么可能提前知道未来怎样的结构是好结构？早些年，政府曾说电力过剩，各地都不允许上电厂，可不久却出现了电力短缺，到处拉闸限电，说明政府并无先见之明。事实上，政府官员也不可能比企业家更关注市场。官员坐在办公室听汇报，哪怕看错了市场也不用赔钱。而企业家在市场摸爬滚打，投错了项目就得赔真金白银，他们能不关注市场吗？

曾经有人问我，政府不知未来什么样的结构是好结构，难道企业家知道吗？我答，企业家也不知道。但是由于企业家比政府官员更关注市场，他们能根据市场价格变化调整投资。投资适应市场需求变化，所形成的结构当然是好结构。因此，我一直认为政府不宜主导调结构，调结构的主体应该是企业家。

让价格起决定作用

企业家按市场价格的指引调整投资，所形成的供给结构才能更好地满足市场需求。中央强调让市场在资源配置中起决定性作用，就是要放手让"价格"引导资本流动，实现资源优化配置。为此，政府的当务之急是全面放开价格，让价格真实反映供求。

可以肯定,价格一旦全面放开,市场上各种商品的比价就会趋于合理。有了合理的价格信号,结构调整自当水到渠成。从这个角度看,政府放开价格本身也就是调结构。因为产业结构最终取决于商品比价,而商品比价是否合理,关键又在于价格是否反映供求。离开了供求谈结构调整,不过是舍本逐末,完全不得要领。

关于调整结构,社会上有一种普遍看法,认为我国目前结构问题的症结在于第三产业发展滞后,理由是与第一、第二产业相比,第三产业的产值占比偏低。真是奇哉怪哉!据我所知,我国政府从未管制过第三产业的价格,你为何会认定第三产业发展滞后?倘若第三产业真的滞后,其产品(服务)供不应求,价格一定会上涨,价高利大,企业怎么会不投资呢?

另外还要指出的是,让"价格"在资源配置中起决定性作用,政府必须打破行业准入限制,允许资本、劳动力等生产要素在行业、地区间自由流动。不然存在行业壁垒或者地区封锁,生产要素不能自由流动,价格不仅不能反映全国的市场供求状况,而且也无法利用"价格"在全国范围内调节资源配置。

思考题

怎样看待合成谬误?为何说政府调节也可能导致合成谬误?你认为怎样才能让价格在资源配置中起决定性作用?

第 3 节 | 价格歧视的意图

价格调节供求,在具体操作层面有不同的方法,"价格歧视"就是其中一种。在现实经济生活中，人们对商家实行"价格歧视"多有非议，究其原因，是人们没有完全弄清楚价格调节供求的含义。

望文生义惹来麻烦

价格歧视是指生产厂商将同一商品以不同（有差别）的价格出售，此做法被西方经济学称为"price discrimination"。国内有学者认为经济学概念不宜带情感，不赞成翻译为"价格歧视"，而主张用"价格差别"代替。英文"discrimination"确实有差别的意思，不过我觉得还是用"价格歧视"更为贴切。

价格歧视并无贬义，但若望文生义，就会让人想到种族歧视、性别歧视或者其他歧视上去。既然"价格歧视"容易引起误解，为何不用"差别定价"呢？原因是差别定价有多种，按质定价也是差别定价，而"价格歧视"却不是按质定价。

在我看来，翻译成什么名称倒无所谓，重要的是要把握概念的内涵。"价格歧视"有三个要点：第一，产品相同；第二，成本相同；第三，价格不同。若按此三点判定，目前市场上许多差别定价并非价格歧视。至少有些教科书列举的飞机头等舱与经济舱的差别定价就不是，头等舱与经济舱定价不同，是因为产品与成本不同。

价格歧视的例子

留心观察，价格歧视现象在日常生活中俯拾即是。国航同一飞机从北京飞往海口，提供的服务（产品）与成本相同，但白天航班与红眼航班相比，即便是同一座位，前者的价格也要比后者高；同一品牌的电风扇，生产成本完全相同，冬季的价格却明显低于夏季的价格；国际长途电话成本相同，可白天通话的价格却要高于凌晨。

以上是标准定义的"价格歧视",然而现实中我们很难将价格歧视与按质定价截然分开。据说目前市面上30年茅台酒要比当年茅台酒价格高几十倍,我不懂喝酒,对年份酒到底多好喝没有发言权,但我知道成本绝不会相差几十倍。两者价格差异之大,除了按质定价外,还包含"价格歧视"的因素。

价格歧视何以存在

产品与成本相同,生产商为何要制定出不同的价格?我所看到的权威解释是,生产商为了争取最大化利润。这个解释当然没错,但过于笼统。要知道,所有的厂商都会争取利润最大化,为何不是所有厂商都搞价格歧视?可见,用"争取利润最大化"解释生产商实行价格歧视的行为,并不能令人信服。

对此,斯蒂格利茨在他编写的《经济学》一书中做了补充,他认为除了厂商争取利润最大化之外,另一个原因是垄断供应。垄断供应确实是价格歧视的前提,不然产品相同而价格不同,定价高的商品不会有人买。但反过来想,假若厂商垄断了供应,消费者别无选择,产品定价再高也得买,这样厂商把价格都一律定高就行了,又何必多此一举搞价格歧视呢?

我自己的观点是,生产商之所以实行价格歧视,原因主要有三个:第一,厂商争取利润最大化;第二,厂商垄断供应;第三,供给相对稳定而需求不稳定。第三点是由我提出的(至今未见别的学者讲过)。而且我认为前两点重要,但第三点更关键。一个厂商是否实行价格歧视,最终取决于供给与需求的状况。

以铁路客运票价为例。铁路公司一定时期内的运力(供给)相对稳定,但顾客需求却不稳定。有数据说,国内春运高峰期每天的铁路客票需求比平时高 5 倍，而铁路公司却又不可能增加 5 倍的运力，不然春运高峰一过，增加的运力就会闲置。铁路公司怎么办？可取之策就是提高春运期间的客票价格，并以此分流旅客。可是如此一来，价格歧视也就出现了。

类似的例子还有很多：比如旅游景区的门票。旅游景区的供给常年稳定，而节假日（如国庆长假、春节等）的游客要比平时多，故景区门票通常会实行价格歧视。还有，航空公司、电影院、饭店、酒店、电力公司等，也都是因为供给稳定而需求有淡旺季之分才实行价格歧视。

不能反对价格歧视

进一步说，价格歧视是生产厂商根据市场不同层次需求所采取的营销策略。马斯洛需求理论讲：人类需求可分为生理需求、安全需求、归属感需求、尊重需求、自我实现需求五个层次，而且随着人们的收入增加，需求会由较低层次向较高层次递进。一般来讲，低收入者希望商品价廉物美，高收入者为了显示自己的身份地位，需要购买价格相对高的商品。

时下有不少人对"价格歧视"有偏见，认为产品和成本相同而定价不同，对高收入者不公平，也违背了等价交换原则。此看法其实不对。对高收入者来说，价格高也是他们的需求。比如有钱人买名牌服装，除了质量好，另一个原因就是名牌服装价格高。再如请客吃饭，明知包间与大厅饭菜相同但价格有别，仍有人选择包间，也是因为价格高，可以满足他尊重客人或希望赢得客人尊重的需求。

等价交换即自由交换，只要不是强买强卖，买卖双方最后达成交易的价格无论多高，皆为等价交换。请问：富人自愿花钱买高价商品，他们自己觉得公平，而你为何认为不公平呢？子非鱼焉知鱼之乐。你认为不公平，是因为你不了解富人的需求。再说，有钱人并不蠢，吃一次亏有可能，怎么可能心甘情愿总吃亏呢？

从经济学的角度看，价格歧视作为营销策略无可厚非。对厂商来说，有助于扩大销售、增加利润；对政府来说，厂商利润增加，政府税收也可增加；对消费者来说，厂商只有将部分产品价格定高，才能将另一部分产品价格定得更低。价格有高有低，方能满足不同层次消费者的需求。一举三得，我们为何要反对价格歧视呢？

思考题

现实生活中为何出现价格歧视现象？经济学为什么不主张反对价格歧视？你对商家实行价格歧视有何看法？并结合具体案例说明理由。

第 4 节 | 市场逆选择

市场竞争的普遍法则是优胜劣汰，然而大千世界无奇不有，同时也存在大量"劣胜优汰"的现象，经济学称此为"市场逆选择"。前面我们已经证明"合成谬误"不是市场失灵，市场出现"逆选择"同样也不是市场失灵，而是"价格锁定"造成的结果。这也从另一个侧面告诉我们，价格在资源配置中的作用有多重要。

劣币驱逐良币

较早关注逆选择的学者是格雷欣。格雷欣是英国女王伊丽莎白一世的顾问，也是银行家。在他所处的时代，货币实行双本位制，黄金与白银皆作为货币流通。格雷欣发现，当一种货币贬值时，价值较高的"良币"会被储藏，价值较低的"劣币"充斥市场。这种"劣币驱逐良币"现象，即为"逆选择"，也称"格雷欣法则"。

逆选择的另一个著名例子，是阿克尔洛夫的"柠檬市场模型"。在旧车市场上，由于买者与卖者信息不对称，卖者知道车的真实质量，买者却不清楚。买者为避免中计，往往只愿按旧车平均质量支付价格，可这样一来，卖者会将质量较差的车先沽出。结果是：质量差的车频频成交，质量好的车却被挤出市场。

再一个逆选择的例子是保险市场，原因也是信息不对称。不过与旧车市场不同，保险市场是卖方对买方的信息不充分。比如医疗保险，保险公司（卖者）对购保人健康状况不清楚，而购保人自己却清楚。迫于无奈，保险公司只好按历史出险概率制定一个均价。按均价卖保险，买者当然多是有病的人，没病的人往往不买保险。

就业市场也是如此。几年前一位在外企工作的朋友告诉我，外企裁员通常是先裁那些薪酬高的员工。赶上大裁员，薪酬越高被裁的可能性越大。一般来讲，员工薪酬高表明能力相对强，不然公司不会付给他比别人更高的工资。问题就在这里，能力强的员工被裁减，能力弱的员工被留下。这样就业市场也出现了逆选择。

再比如婚姻市场。国内为何会有"剩女"？不是因为"剩女"的条件差，相反，多数是因为条件好。诺贝尔经济学奖得主沙普利曾研究过婚姻市场，他假定：第一，男女人数相等；第二，对每个异性的偏好可排序；第三，可自由选择。沙普利说，若满足以上三点，就不会有"剩女"。我不这样看。比如某女子对所有男性以偏好排序，但她对排在第一的男子也不中意，而又不肯降低择偶标准，结果别人嫁了,她却成了"剩女"。

价格锁定的结果

类似的例子还有很多,例如假冒商品挤正牌商品、走私商品挤进口商品、盗版软件挤正版软件等,举不胜举。我接下来要解释的是,市场为何会出现逆选择?对此学界有各种解释,但大多是就事论事,理论上并没有找到通解。

理论的魅力并不在于解释某一个别现象,而是要解释一类现象。那么导致市场出现逆选择的原因到底是什么呢?我的答案是"价格锁定"。当然,不是说有"价格锁定"就一定会出现逆选择;但反过来则可肯定,有逆选择,就一定存在价格锁定。换句话讲,若价格不被锁定,则市场不可能出现逆选择。

上面提到的各类逆选择案例,从表面上看原因各有不同,但深入分析都是因为存在"价格锁定"。何以见得?让我们逐一解释。

对劣币驱逐良币的现象,当年格雷欣指出的原因是:两种货币中由于有一种货币贬值(磨损),当其实际价值低于法定价格时,贬值的货币继续流通,价值相对高的另一货币会被储藏。而在我看来,货币市场出现这种逆选择,关键不在于货币贬值,而在于法定价格被锁定。若一种货币贬值后法定价格能及时调整,则劣币不可能驱逐良币。

对旧车市场的逆选择,阿克尔洛夫认为是由于买卖双方信息不对称。事实上,对买卖双方来说,所有商品信息皆不对称,可为何新车市场没有逆选择,而旧车市场却出现逆选择?究其原因,是买方锁定了价格。深入思考,若卖方能按质量差别定价,那买方怎么会锁定均价?读者去市场查访一下就会知道,逆选择在真实的旧车市场并不存在。

保险市场存在逆选择也是由于信息不对称,保险公司锁定了价格。保险公司面对众多的客户,收集客户信息不仅难,而且成本也非常高。因此,与其支付过高的信息成本,不如直接锁定均价(平均出险概率)。

劳工市场的逆选择,原因也是劳动力价格(工资)被锁定。经济不景气时,企业需要压低成本,但由于工资存在刚性,工资不能减,企业只好裁员。而高薪员工的工资高,一旦裁员,这部分人自然首当其冲。设想一下,假若员工集体同意减薪(价格未锁定),企业不裁员,劳工市场也就不会有逆选择。

最后看婚姻市场。解决"剩女"问题其实很简单,只要择偶标准(价格)不锁定,婚姻市场必是靓女先嫁,怎么会出现逆选择呢?

真正困难的是那些假冒产品与走私产品,其逆选择不是因为价格锁定,而是非法经营,即使调低正品的价格也难以杜绝,故市场对制假贩假、走私等活动无能为力,得靠政府依法打击。

解锁价格的三个重点

由此可见,市场上出现的各类"逆选择",皆是价格锁定导致的结果。解决市场逆选择问题,关键是要设法解锁价格。这里有三个重点:第一,企业应根据产品质量进行差别定价,防止价格锁定造成优质产品滞销;第二,产品信息要公开透明,切不可用不真实或夸大其词的广告宣传欺骗顾客,否则消费者意愿价格一旦锁定,会导致优质产品不能优价;第三,保险公司若利用大数据技术,针对不同顾客制定有差别的价格(保费),"逆选择"可迎刃而解。

思考题

市场为何会出现逆选择现象？如果说出现逆选择现象是因为"价格锁定"，那么你对保险市场存在的逆选择现象可否提出相应的价格解锁方案？请注意所提方案的可操作性。

第 5 节 | 消费者剩余

自从马歇尔提出"消费者剩余"后，此概念在学界广为流传，而且真实世界也确实有消费者剩余存在。消费者剩余从何而来？有学者认为，只要政府管控价格，就能创造出"消费者剩余"。然而事实表明，政府试图通过价格管制扩大消费者剩余的所有努力往往会弄巧成拙，反而损害消费者利益。

消费者剩余来自分工

按照马歇尔的定义，消费者剩余是指消费者通过商品交换取得的净收益。更通俗地说，是消费者购买某商品的意愿价格与实际成交价格之间的差额。举个例子，你去农贸市场买苹果，你愿意支付的价格是 5 元 / 斤；而结果你仅花 4 元就买到了 1 斤苹果。那节省的 1 元便是你额外的净收益，也就是你的"消费者剩余"。

类似的例子恐怕每个人都能信手拈来，这就说明现实中真有消费者剩余这回事。经济学逻辑说，如果不存在消费者剩余，人们就不可能进行商品交换。问题是，消费者剩余从何而来呢？学界流行的说法是，消费者剩余来自生产者让利。说实话，当年我读研究生时对此说法就有疑问：生产者皆以追求利润最大化为目标，市场上有人愿意出高价买他的商品,他怎么可能低价卖呢?

我们也可用物物交换的例子证伪。比如有甲、乙两人分别生产粮食与布匹,由于没有货币,甲直接用粮食与乙交换布匹,此时甲与乙同时既是消费者,也是生产者。正因为他们既是消费者又是生产者,我们就很难说得清交换产生的"净收益"是来自买方让利还是卖方让利。

我的观点是,交换"净收益"并非来自谁的让利,而是来自分工。还是用上面的例子,假定甲、乙均可生产粮食与布匹,甲生产1吨粮食成本是800元,生产1匹布成本是900元,总成本为1700元;乙生产1吨粮食成本为900元,生产1匹布成本为800元,总成本也为1700元。如果1吨粮食可换1匹布,那么甲生产2吨粮食,乙生产2匹布,然后甲用1吨粮食换乙1匹布,各自节省的成本100元就是交换带来的净收益。

意愿价格的决定

在物物交换时,我们无从判定交换"净收益"是买方剩余还是卖方剩余,不过在货币出现以后,这个问题就不存在了。由于货币是一般等价物,我们可以将市场上持有货币的一方视为买方,将持有商品的一方视为卖方,这样消费者剩余的界定也就明确了。而接下来的问题是,消费者剩余大小由什么决定呢?

回到定义,消费者剩余等于买方意愿价格与实际成交价之间的差额。消费者剩余大小取决于两个因素:买方意愿价与市场成交价。我们知道,单个买家或卖家均无法左右市场成交价,市场成交价要由市场决定。若市场成交价一定,消费者剩余大小就要看买方的意愿价格。买方意愿价格越高,消费者剩余就越大。

买方意愿价格是由什么决定的呢？马歇尔说，买方意愿价格的上限，等于他所放弃消费其他商品的最大效用，而且随着边际效用递减，意愿价格会下降。边际效用递减会令意愿价格下降是对的，但我认为，上限是买方自己生产该商品的成本。如上例中甲生产布匹的成本是 900 元/匹，甲的意愿价格绝不会超过 900 元/匹，否则甲就会自己生产而不会去购买别人的产品了。

政府不能提供消费者剩余

政府管控定价能否提供消费者剩余？有不少学者断定能够提供。他们通常以火车票为例佐证。春运期间一张从广州到北京的火车票，由于供不应求，买方的意愿价格为 600 元，而政府定价只准卖 500 元，这样就出现了 100 元差价。于是有人认为这 100 元就是政府所提供的消费者剩余。我们如果进行调研就会发现，消费者并未享受这 100 元差价，真正的受益者是那些掌握票源的当事人和"黄牛党"。即便有人按 500 元买到了车票，100 元差价也会被排队的时间成本所抵销。

退一步说，即使没有"黄牛党"，这 100 元差价也不是消费者剩余。关键的一点是政府定价不是市场成交价。从表面上看，火车票按政府定价也成交了，似乎政府定价就是市场（成交）价。请问，若政府定价是市场价，那么有了市场价政府又何必再定价呢？问题就在这里，若政府定价不是市场价，而消费者的实际成交价是指市场价，那么政府定价低于市场价的差额并非"消费者剩余"，而是"行政租"。既然不是消费者剩余，当然不归消费者。

总之，消费者剩余是分工所带来的收益，若没有分工，就不可能出现消费者剩余，政府不可能提供消费者剩余；同时，由于消费者剩余等于买方意愿价与实际成交价之差，而实际成交价是市价，买方意愿价要受生产成本与边际效用的约束，其大小不可能人为改变；再则，也是最重要的一点，政府定价不是市场价，政府定价低于市场价形成的价差是"行政租"，政府无论直接定价还是管制价格都不可能让消费者受益。

思考题

消费者剩余究竟来自哪里？为何说政府通过管制价格不可能提供消费者剩余？并举例说明。

政府调节供求可以形成非市场均衡，但并不能改变供求规律。就像人类可利用"水平规律"蓄水发电，但改变不了水平规律一样。困难在于，当市场上某种商品价格过高而引起消费者普遍不满时，政府能否直接管制价格？若不能管制价格，政府应该怎么做？

第七章
市场均衡分析
守住四大原则

"均衡"原本是物理学中的一个概念。有经济学者考证,最早将"均衡"引入经济分析的是英国经济学家马歇尔,但也有学者说是法国经济学家瓦尔拉斯。马歇尔与瓦尔拉斯是同一时代的人,他们之中无论说谁将"均衡"引入经济分析都不为错,而且也不重要。重要的是我们要深入领会"市场均衡分析"所确立的四大原则。

第 1 节 | 市场均衡与非市场均衡

首先需要明确概念,市场均衡与非市场均衡是两种不同的均衡状态。经济学所说的市场均衡,是指在价格机制作用下供给与需求保持平衡,市场得以出清。所谓"非市场均衡",供求也保持平衡,但这种平衡不是由价格机制发挥作用,而是由政府调节所达成的。

自然平衡与非自然平衡

讨论市场均衡与非市场均衡，我们不妨从分析"自然平衡"与"非自然平衡"入手。事实上，"市场均衡"与"自然平衡"、"非市场均衡"与"非自然平衡"的原理非常相似，如果明白了后者，我们也就理解了前者。

从自然秩序研究人类行为的先行者是亚里士多德。公元前300多年，他在《政治学》和《大伦理学》等著作中就用自然秩序分析政治与伦理。中国的老子也是这方面的高人，提出"道法自然"就是强调人类行为要遵从自然法则。但若从经济学来看，用自然秩序推出经济均衡的学者，则是重农学派的代表人物魁奈。

何为自然平衡？简单地讲，是一种符合自然秩序（自然法则）的状态。若读者觉得此定义太抽象，我们不妨借助"水平规律"来理解。现在有两个相互连通的湖泊，两者的水位怎样平衡？有两种可能：若两湖水位相同，根据"水平规律"，水会保持静止；若两湖水位不同，水会从水位高的湖泊流向水位低的湖泊。这说明，水流动或不流动皆符合自然法则，故为自然平衡。

何为非自然平衡？非自然平衡是指通过人类干预所达到的平衡。还是以水为例。某地有一条河流，水位西高东低，按照水平规律，水会自西向东流动。可现在有人在河流中段修筑大坝建水库，水不再向东流动了。这种状态是不是平衡状态？我们说，修筑大坝并未改变水平规律，而是形成了一种新的平衡。只是这种平衡不是自然平衡，而是非自然平衡。

价格如水

解释了自然平衡与非自然平衡，我们再来看市场均衡与非市场均衡。在某种意义上，市场均衡与自然平衡类似，共同点是两者都不存在外力干预。我在分析水平规律时指出，两个湖泊的水位是通过水流动或不流动保持平衡的。在商品市场上，"价格"就好比湖中之水，供求也要通过价格涨跌保持均衡。这一点好理解，读者只要懂得"价格如水"，也就懂得了市场均衡。

难以理解的是"非市场均衡"。非市场均衡是政府调节供求达成的均衡。问题是供求本可以由价格涨跌达到均衡，政府为何要调节？对此我们也可以从非自然平衡中得到启示。长江发源于青藏高原，一路经青海、四川、云南、重庆、湖北、湖南、江西等省市流入大海。此乃自然规律，可人们为何要在沿岸修筑大堤呢？答案是，若不修筑大堤，涨水季节会泛滥成灾。

政府调节供求，就如同修筑大堤，目的也是趋利避害。比如2008年汶川发生地震后，食品严重短缺，当时有些商贩将食品卖成了天价。按市场规律，食品涨价无可厚非，可灾民却因买不起昂贵的食品而怨声载道。为平抑灾区的食品价格，政府从全国各地紧急调拨食品，增加灾区供应。试问，政府当时这样处理有何不妥吗？

"均衡分析"确立的第一原则

或许有人会说地震是特殊情况，一般情况下政府不应调节供求。请读者再看一个例子。早些年国内住房供给不足，加上炒房者推波助澜，市场一度形成涨价预期，而涨价预期又带动更多人炒房，如此恶性循环，最终导致了金融"脱实向虚"。面对这一局面，政府不得已出面调控，通过调低银行房贷杠杆率抑制炒房需求，今天国内房价基本回稳，正是政府调节供求的效果。

可见，非市场均衡的存在，是因为市场对有些产品的供求调节无效。那么具体有哪些产品供求需要政府调节呢？大体说，应该有三类：第一类，事关国家安全的产品，如国防军工以及核心技术产品等；第二类，事关社会公正（或社会稳定）的产品，如地震时期的食品、服装等生活必需品；第三类，公共品与公共服务，如消费不具有排他性的公共设施等。

以上是从产品类别上看。进一步想，非市场均衡存在，另一个更重要的原因是政府调节以上三类产品供求，比市场调节的交易成本低，不然就用不着政府调节。关于政府如何调节供求，在这里读者只需记住一点：政府与市场如何分工最终取决于交易成本。至于为何要由交易成本决定，科斯在1937年发表的《企业的性质》一文中论述计划与市场的边界时分析过，我们将在后面第十一章重点讨论。

这里要特别强调的是，政府调节供求可以形成非市场均衡，但并不等于政府可以改变供求规律。供求规律只能利用，不能改变。就像人类可利用"水平规律"蓄水发电，但改变不了水平规律一样。同理，政府调节市场也只能利用供求规律，不可能改变供求规律。引申到政策层面，含义是政府若不希望某商品价格过高，可取之策是增加供给，而非限制价格。

请读者注意，政府可以通过调节供求影响价格，但不能直接管制价格。这是"均衡分析"为我们确立的第一个重要原则。所以我要再次强调：市场均衡是通过价格调节供求实现的均衡，非市场均衡是政府调节供求达到的均衡。两种均衡形态分工的边界，取决于交易成本。也就是说，只有当市场均衡的交易成本过高时，政府才可以调节供求，形成非市场均衡。

思考题

怎样看待市场均衡与非市场均衡？价格在市场均衡过程中的作用是什么？为何说政府可以通过调节供求影响价格却不能直接管制价格？请你运用案例加以解释。

第 2 节 | 局部均衡与一般均衡

迄今为止，经济学家研究市场均衡有两个视角：一个是凯恩斯的宏观视角，即根据宏观总量指标（储蓄是否等于投资）做判断；另一个是萨伊的视角，先从微观（企业某产品）均衡分析入手，然后从微观均衡推导到宏观均衡。两相比较，我倾向于后者。因为经济活动的主体是企业，研究市场均衡若不从企业出发，宏观均衡分析就缺乏微观基础，得出的结论很难靠得住。

瓦尔拉斯与马歇尔相互印证

从微观均衡推导宏观均衡，也需借助两种分析方法：一种是马歇尔 1890 年在《经济学原理》中提出的"局部均衡"分析法，另一种是瓦尔拉斯 1874 年在《纯粹政治经济学要义》中采用的"一般均衡"分析法。这两种分析方法虽有所不同，但并不对立，而且彼此可互为支撑、相互印证。由于瓦尔拉斯提出"一般均衡"在前，所以先介绍"一般均衡"分析法。

一般均衡是指各种商品与生产要素在相互影响下供求同时达到均衡。商品与生产要素供求怎样才能同时均衡呢？瓦尔拉斯用生产要素的供给与需求、商品的供给与需求，以及均衡条件等五个方程式做了推导。面对满篇方程式，大多数读者可能会望而生畏，其实他用这些方程式不过是证明这样一个结论，即市场上存在一组价格，能令所有商品的供给与需求相等。

　　一般均衡研究的是整个经济体系中价格与商品供给结构的关系，由于这种分析涉及的因素太多，而且这些相互交织的因素处理起来又过于复杂，现实中经济学通常采用的是马歇尔的局部均衡分析法。所谓"局部均衡"，是假定在其他条件不变的情况下某种商品（或生产要素）供给与需求如何均衡。马歇尔就是利用这种局部均衡分析法，揭示了商品价格决定的一般原理。

局部均衡何以实现

　　下面让我们看局部均衡是怎样实现的。用例子解释会更容易理解。假定现在市场上只有葡萄酒一种商品，而葡萄酒的价格与需求量是反方向变动的：价格越高，需求量会越小；价格越低，需求量会越大。假若两者变动数量如下：葡萄酒每瓶价格1 000元，市场需求10 000瓶；每瓶价格750元，需求15 000瓶；每瓶价格600元，需求20 000瓶；每瓶价格300元，需求30 000瓶。

　　葡萄酒的生产商正好相反。价格越高，生产的葡萄酒会越多；价格越低，生产的葡萄酒会越少。假定其变动数量如下：每瓶价格1 000元，生产30 000瓶；每瓶价格750元，生产25 000瓶；每瓶价格600元，生产20 000瓶；每瓶价格300元，生产10 000瓶。若将上面两组数据放在一起比对，会发现当葡萄酒价格为600元时，生产者愿意生产20 000瓶，消费者也愿意购买20 000瓶。此时供求相等，市场可以出清。

马歇尔说，这种使供求相等的均衡价格，才是商品的市场价格。若厂商定价高于均衡价，商品供应就会过剩；若消费者出价低于均衡价，商品供应就会短缺。这样从局部均衡角度看，价格不仅要由供求决定，反过来也可以调节供求。比如上例中葡萄酒价格若高于600元，供过于求会令价格下跌，厂商会减少生产；若价格低于600元，供不应求会令价格上涨，厂商会增加生产。

据此分析，瓦尔拉斯与马歇尔的分析方法虽然有别，但他们推出的结论完全一致：市场供求能否实现均衡，关键在于价格怎么定。从局部均衡来看，若希望某商品供求平衡，价格要由供求双方定；从一般均衡来看，瓦尔拉斯说存在一组价格可让市场上所有商品出清。他所讲的"一组价格"是指商品之间的比价，而商品比价又以各种商品的价格为基础，故归根结底也是由供求决定的。

"均衡分析"确立的第二原则

价格只能由供求决定，是"均衡分析"为我们确立的第二个重要原则。从局部均衡来看，若价格不是由供求决定而是由政府决定，价格定高了，会增加产品库存；价格定低了，不仅会加大供求缺口，还会导致供给企业亏损。目前国内企业存在的所谓"政策性亏损"，说白了就是政府管制价格导致的结果。比如2018年政府要求供电企业降低电价10%，当年此举为用电企业节约成本846亿元，可同时却让电力企业出现了巨额亏损。有数据说，全年五大发电集团亏损402亿元，亏损面达到了60%。

从一般均衡来看，政府管制电价，同时还会扭曲商品之间的比价，造成产业结构失衡。众所周知的例子是前些年国内煤炭价格上涨，可电价却受到了政府管制，由于煤电价格不能联动，一方面电力企业亏损在所难免；另一方面引起的连锁反应是，钢铁、电解铝等高耗能产业因为可以享受电价优惠，商品比价扭曲扩大了这些产业的盈利空间，于是出现了严重的产能过剩。

如果换一个思路处理，结果就会大不相同。事实上，政府要帮助工商企业降低成本，大可不必直接限制电价。可取的办法是，先让用电企业按市场电价向供电企业购电，然后再由税务部门视产业结构供求状况，将市场电价与政府定价间的差额在税收中予以抵扣。这样既不会造成电力企业发生"政策性亏损"，也不会扭曲商品比价，误导高能耗企业盲目扩大产能。

思考题

请你从局部均衡和一般均衡的角度解释价格为何要由供求决定，并对我国当前产能过剩的原因做出分析。你对政府推动去产能、去库存有何具体的政策建议？

第3节 | 卖方市场均衡

按照商品供求状况，市场可分为卖方市场与买方市场。卖方市场是指供给小于需求，卖方在交易中处于有利地位的市场。在卖方市场，由于商品供给不足，买方之间的竞争（竞价购买）会推动价格上涨。价格上涨，生产厂商便可取得高额利润。而马克思在《资本论》第三卷分析证明，在竞争的推动下，生产厂商的利润率会下降,最终形成利润平均化的趋势。

等量资本得到等量利润

由于商品供不应求,价格上涨,其投资利润率自然要比商品过剩的产业高。追逐利润最大化是资本的天性,在这种情况下,资本一定会从利润率较低的部门向利润率较高的部门流动。随着资本的转移流动,各部门的生产比例会发生变化,进而各部门商品的供求状况会发生变化。商品供求状况的变化,又会引起商品价格的变化,并最终使该产业的投资利润率下降。

马克思还分析说,正是由于资本在各部门之间转进转出,一直到形成平均利润率才会停下来,并达到一种新的市场均衡。所以他最后得出两点结论:第一,部门之间的竞争会使全社会利润平均化成为一种趋势;第二,在利润平均化的均衡状态下,各产业之间等量资本皆可获得等量利润。

回到现实,我们不难理解马克思的上述结论。比如改革开放之初,国内家电产品供不应求,价高利大,大量资本涌入家电产业,随着生产逐步扩大,家电市场慢慢供过于求。在20世纪90年代初发生了价格大战,家电纷纷降价,利润率大幅下降。与此同时,原来利润率较低的部门由于资本大量撤出,生产缩小,产品供不应求而价格上涨,利润率反而上升。于是又有资本从家电产业撤退,转向利润率高的产业。

经典作家的看法

关于平均利润率的形成,马克思之前的经典作家也曾有明确论述,摘录如下。

亚当·斯密指出："不同的劳动和资本用途的利害，总的来说，在同一个地方内，必然完全相等，或不断趋于相等。在同一地方内，假若某一用途，明显地比其他用途更有利或更不利，就会有许多人离去比较不利的用途，而挤进比较有利的用途。这样，这种用途的利益，不久便再和其他各种用途相等。"①

李嘉图指出："当每个人都可以随意把自己的资本爱用到什么地方就用到什么地方的时候，他自然会寻找那种最有利的行业。如果把资本转移一下可以得到百分之十五的利润，他自然不会满足于百分之十的利润。所有使用资本的人都希望放弃比较不利的行业，而趋向于比较有利的行业。这种孜孜不息的要求具有一种强烈的趋势，使得大家的利润率都平均化。"②

穆勒指出，当引起不同行业利润率差异的原因充分发挥作用之后，"所有行业的资本利润率就会趋于均等……一种行业的利润，可能有时高于一般水平，有时低于一般水平，但总是趋向于回到一般水平上，像钟摆的运动那样"。③

利润平均化的前提

有学者说，等量资本获得等量利润只是经典作家基于假设数据所做的判断，并非事实。大量事实表明，部门之间利润率并不相等。

---

① ［英］亚当·斯密.国民财富的性质和原因的研究（上卷）[M].郭大力，王亚南，译.北京：商务印书馆，1972：91.
② ［英］彼罗·斯拉法.李嘉图著作和通信集（第一卷），政治经济学及赋税原理[M].郭大力，王亚南，译.北京：商务印书馆，1962：459，462.
③ ［英］约翰·穆勒.政治经济学原理及其在社会哲学上的若干应用（上卷）[M].朱泱，赵荣潜，桑炳彦，译.北京：商务印书馆，1991：459，462.

利润率受多种因素影响，有些因素引起利润率平均化，有些因素引起利润率非平均化。相对来说，引起利润率非平均化的因素更强，包括企业追求利润最大化动因、不同部门劳动质量和生产成本差异、生产技术专业化的转移障碍、信息不完全等。

其实，亚当·斯密早就注意到了这一情况。他曾说，近代欧洲各地资本在不同用途的利润率通常并不相等，部分起因于用途本身的情况差异，部分起因于各国政策对自由竞争的限制。因此，他指出等量资本获得等量利润需要的前提条件是，资本能够充分自由流动。反过来说，无论出于何种原因，只要阻碍了资本、劳动力等生产要素自由流动，利润就不会平均化。

经济规律与自然规律一样，也要在一定前提条件下才能发挥作用。水往低处流是水平规律，但如果在河道上修筑了大坝，水就不再往下游流动，但这并不能否认水平规律。同理，利润平均化趋势也是规律，但若生产要素不能自由流动，利润则难以平均化，我们也不能因此否定利润平均化是规律。

"均衡分析"确立的第三原则

由此引出了"均衡分析"确立的第三大原则：生产要素能够自由流动。所谓生产要素自由流动，可以概括为"两个自由"，即资本自由和劳动力自由。也就是说，两者都要具有高度的灵活性，可以自由地从一个部门、一个地区转移到另一个部门、另一个地区。为此，不仅要取消一切对要素流动的行政管制，而且要消除对自由交换的限制，实行贸易自由。

当然这是一种理想状态。在一国之内，只要有一个行业存在准入限制，生产要素就不可能充分自由流动。从国际范围来看，进入经济全球化时代后，若有一个国家限制贸易自由，其他国家也就不可能实现完全的贸易自由，生产要素也就不可能在全球优化配置。但尽管如此，利润平均化趋势也不会改变。正如马克思所指出的：资本主义在一国社会内越是发展，该国的条件越是适应资本主义的生产方式，资本就越能实现利润平均化。一个国家参与国际分工，就是参与全球利润平均化。

思考题

如何理解马克思的利润平均化理论？利润平均化的前提是什么？请你从市场均衡角度谈谈为何要推动生产要素充分自由流动。当前我国应重点解决哪些难题？

第 4 节 ｜ 买方市场均衡

买方市场是指供给大于需求，买方在交易中处于有利地位的市场。其中一个最突出的特点是，在供求双方共同决定价格时，由于买方有足够多的选择，故具有更大的话语权。市场经济的常态是商品供给过剩，而当价格由市场供求决定后，卖方为了争取利润最大化，必然展开成本竞争。

价格约束成本

利润 = 价格 – 成本。然而买方市场由于商品供过于求，所有的生产厂商皆为受价者。也就是说，上面等式中的价格是指市场价格。厂商既然不能改变市场价格，那么别无选择，要获取更多利润，只能降低成本。更准确地说，是尽可能地让自己的生产成本低于市场价格；否则，企业生产成本若高于市场价格，就会亏损。长期入不敷出，企业再生产就将难以为继。

上一章我们分析过成本为何不能决定价格。这里我要特别强调，价格约束成本是买方市场通行的竞争规则。2015年中央提出供给侧结构性改革，要求企业"去产能、去库存、去杠杆、降成本、补短板"，其中"三去一降"都是针对生产过剩企业。当前的困难是：由于部分企业生产成本过高，产品出厂价就高于市场价格，若成本降不下来，过剩产能与库存都不可能去掉。

讲到这里，我有个问题想问读者：近年来我国政府为何要大力减税降费呢？2019年全国减收税费2万亿元，2020年再减收税费2.5万亿元。我的解释是，减税是为了帮助企业降低成本。如果企业成本不能降，去产能、去库存就得关闭一部分企业。企业倒闭，失业人口会增加，最后政府还得花钱安置失业者。所以政府要保就业，必须先保企业；而要保企业，政府就得减税降费。

房价与地价：鸡与蛋的故事

让我们以房价与地价为例，进一步讨论价格与成本的关系，看看它们到底是谁决定谁。毫无疑问，地价是房价的重要成本构成部分，那么究竟是地价推高房价，还是房价拉高地价呢？看上去，两者之间有点像"鸡生蛋、蛋生鸡"的关系。然而从经济学角度分析则可以看清楚，是房价拉高地价，而非地价推高房价。

世事真可谓变化无常。2007年国内房价高企，老百姓因买不起房而愤愤不平。可2008年初房价突然掉头，跌得很惨，却令开发商苦不堪言。不过到2010年底，房价又很快超过了2007年的高点。

于是人们把矛头指向开发商，而开发商却把责任归咎于地方政府的"土地财政"。一时间，"土地财政"成了众矢之的。

官方数据显示，当时在地方预算外收入中，土地出让金差不多占到了一半。而开发商称，地价占房价的比例也高达59%，于是开发商说，是地方政府搞土地财政推高了地价，而高地价又推高了房价。读者可不要相信开发商。虽然房子建在土地上，地价高，建房成本会增加，可地价高未必一定会推高房价，不然怎么解释2008年开发商购买土地的价格（成本）未降，而房价却大跌的现象呢？

我观察到的事实是，受美国次贷危机的影响，2008年国内房价大跌，各地城市的地价也跟着跌。我到成都考察过，2007年成都市郊区每亩土地价格为300万~500万元，而2008年下半年却降至100万元左右。究其原因，是房价下跌后开发商对土地的需求下降。由于土地需求下降，土地价格才下降。因此，市场房价的高低约束着土地价格的高低。

回头说"土地财政"。开发商对"土地财政"多有诟病，其实土地价格上涨，并非地方政府有意为之。房地产用地需要招拍挂，地价是由开发商竞价决定的。有开发商愿意出高价，政府怎能卖低价？若政府真的卖低价，你会否怀疑主事官员有猫腻？还有一种批评，说地价飙升是地方政府"捂地惜售"。问题是政府若将土地一次性全卖掉，未来需建房该怎么办？到时候地价岂不更高？

"均衡分析"确立的第四原则

通过分析房价与地价的关系，我们得出的结论是房价约束地价。若再换一个角度，即从产业链上看，房子与土地相比，土地是上游产品，住房是下游产品。由此可进一步推出的结论是，下游产品价格约束上游产品价格。这样的案例在现实经济活动中触目皆是，这里仅举两例。

第一个例子：钢材与铁矿石。钢铁厂炼钢需要原料铁矿石。显然，铁矿石是钢材的上游产品，钢材是铁矿石的下游产品。按照上面的推论，铁矿石的价格要由钢材的价格决定。即市场上钢材价格若上涨，铁矿石价格会跟着上涨；若市场上钢材价格下跌，铁矿石的价格也会一起下跌。

第二个例子：纺织品与纱锭、棉花。纺织厂织布需要原料纱锭，纺纱厂纺纱则需要原料棉花。在整个产业链条中，棉花是上游产品，纱锭相对棉花是下游产品；纱锭相对于纺织品来说是上游产品，纺织品是下游产品。同样按照上面的推论，纺织品若涨价，会带动纱锭涨价，而纱锭涨价会带动棉花涨价；相反，若纺织品降价，纱锭与棉花也会一同降价。

相关的数据不难找，读者可以自己去验证。要是上面的推论成立，那么在操作层面的政策含义是，下游产品价格走低，原因是市场对下游产品的需求不足，而下游产品的需求不足，会相应减少对上游产品的需求，进而拉低上游产品的价格。从这个角度看，政府要调节供求，应坚持从下游产业发力，通过调节下游产品供求，带动上游产品的供求调整。这是"均衡分析"为我们确立的第四个重要原则。

思考题

下游产品价格与上游产品价格是何关系？以国内的房地产为例，是地价推高了房价还是房价拉高了地价？为什么？你认为稳定房价政府应该做什么？不应该做什么？

第 5 节 | 垄断与竞争均衡

分析市场均衡还有一个不能回避的话题，即怎样看待垄断与竞争。"完全竞争"只是存在于理论研究中的一种假想状态，而垄断与竞争并存才是市场均衡的真实状态。问题是马歇尔在《经济学原理》中说：企业追求规模经济会扼杀竞争；而要保持竞争活力，又得牺牲规模经济。人们通常将规模经济理解为"垄断"，并将垄断与竞争所形成的两难选择称为"马歇尔冲突"。

规模不是越大越好

一个企业处于初创期，通常都有扩大生产规模的动机，因为当企业将固定资产折旧当作成本处理时，扩大产量可以降低单位产品成本。1959 年英国学者马克西与他人合作出版了《汽车工业》一书，他们研究发现，汽车年产量从 1 000 辆扩大到 5 万辆，单位成本可降低 40%；从 10 万辆扩大到 20 万辆，单位成本可下降 10%；而从 20 万辆再扩大到 40 万辆，单位成本仅下降 5%。这组数据说明：扩大生产规模可节约成本，但规模并不是越大越好。

生产规模由什么决定呢？企业目前通行的做法是量本利分析。我们在第四章讲过，量本利分析决定的产量只是企业盈亏平衡点的产量，并非最佳经济规模。经济学讲最佳经济规模，是指当边际收入等于边际成本时的产量，即规模要达到这样的状态，多生产一个产品所增加的成本，与多卖一个产品所增加的收入要相等，否则规模过大或者过小，都不是最佳规模。

照此分析，当边际收入高于边际成本时，企业扩大规模就应该无可厚非。可时下有一种普遍的看法，认为企业规模大了会形成垄断，扼杀竞争。早年IT巨头微软公司涉嫌垄断被控上法庭，罪名是捆绑销售，而据说背后真正的原因是规模太大。问题是，企业生产规模大是否就等于垄断呢？或者说只有大企业才能垄断而小企业不会垄断呢？

从"觅价"角度看垄断

要回答这个问题，我们得弄清楚什么是垄断。关于"垄断"，我看到的比较一致的解释是指由一个或少数企业独占市场，并通过操纵产量与价格取得高额利润的行为。此解释包含两个要点：一是企业规模（市场份额）大；二是操纵产量与价格。我的观点是：判断企业是否垄断不必看规模，只需看是否具有觅价权，若企业拥有觅价权，则无论规模大小都可以视为垄断。

举一个例子。某汽车生产企业，假如按边际收入等于边际成本决定的产量是50万辆，每辆汽车的市场价格为20万元，则销售收入为1 000亿元；如果该企业控制产量，只生产40万辆，同时将销售单价提高到30万元，则销售收入为1 200亿元。这样一来，生产40万辆的销售收入反而比生产50万辆还多200亿元，这多出的200亿元的销售收入扣除成本，便是垄断利润。

显然，上例中的垄断利润并非来自扩大规模，恰恰相反，是来自减少规模。正是在这个意义上，我们说垄断与规模大小无关。也许有人会问，要是企业没有一定的规模为何可以自主定价（觅价）？是的，企业自主定价确实要具备相应的约束条件，不过这个约束条件不是规模，而是独特的核心技术。一个企业若没有独特的核心技术，规模再大也不可能取得觅价权。

现实中大企业觅价的案例很多，我举两个小企业觅价的例子。前不久看电视，说北京有一家夫妻店加工猪肘子，价格高出市场价两倍却生意兴隆，原因是什么？原来，这家店有加工猪肘子的独门绝技。另一个例子是我老家津市的刘聋子米粉店，名闻三湘，该店在当地同行业中规模并不大，可价格却高于市场价一半。究其原因，也是店主有祖传的烹制秘籍。

垄断并不排斥竞争

垄断的含义是"觅价"，那么垄断会否排斥竞争呢？如前所述，一个企业要取得觅价权，前提条件是要有独特的核心技术。事实上，为了追求利润最大化，所有企业都有觅价（垄断）的意愿，只是有的企业有条件觅价，而有的企业无条件觅价。但今天不能觅价的企业，绝不等于明天也不能觅价。任何觅价者，都存在潜在的竞争对手。由此来看，垄断不仅不排斥竞争，还可带动竞争。

据我所知，当前人们主张反垄断的理由，主要是认为企业觅价（维持较高价格）会限制产量，能多生产而不生产，从而给社会造成了财富损失。说实话，我不赞成这种看法。这里的关键是如何理解边际成本。至少有一点，目前教科书讲决定厂商规模的边际成本只是指料、工、费，不包含交易成本，若是加进交易成本，边际成本肯定会上升，若边际收益不变，最佳规模的均衡点就会下移。

另外还有一点更重要。企业做决策所考虑的成本，并不单是料、工、费，而是机会成本。比如某企业多生产1台电视机，多支出的料、工、费是1 000元。若企业用这1 000元生产空调的收入是2 000元，生产冰箱的收入是2 500元，那么该企业多生产1台电视机的成本就不是1 000元，而是2 500元。从机会成本来看，企业少生产1台电视机对社会并未造成损失,因为企业同时多生产了1台冰箱。

需要说明的是,垄断不排斥竞争,但行政垄断却会排斥竞争。行政垄断不同于自然垄断与核心技术形成的垄断,此类企业的觅价权是来自政府的特许经营权,或者是政府通过牌照管理限制了市场准入,其他企业无法参与竞争。至于该不该反对行政垄断,需具体分析。一般竞争性领域的行政垄断应该反对,而不应该反对政府垄断公共品(如军工产品)的生产。

思考题

何为垄断?谈谈你对垄断与竞争关系的理解。为何说垄断并不排斥竞争?并举例解释。

按生产要素贡献分配是企业内部收入分配应遵循的原则。但这只是一个原则,进入操作层面还会有一个难题,那就是资本、土地和劳动力参与分配的比例具体怎么确定。从理论上讲,应该看它们各自贡献的大小,可问题是我们怎么知道不同要素的贡献是多少呢?

第八章
分配原理
初次分配论功行赏

我们在第五章、第六章、第七章分析了商品市场，而且是分析买方与卖方两个人的供求行为。从第八章到第十章，我们将重点分析生产要素市场，而且是分析三个人的行为。这三个人分别是资本、土地、劳动力三大生产要素的所有者，让我们看看这三个人是如何参与收入分配的。

第 1 节 | 从交换角度看分配

先做两点说明。第一，古典经济学所讲的生产要素是指资本、土地、劳动力，而现代经济学将生产要素进一步细化，分为资本、土地、劳动力、技术、管理、信息六类，研究分配原理，是用三大要素还是用六大要素并无实质性区别，为简化分析，我们仍用三大要素。第二，收入分配包括企业内部初次分配和收入再分配，本节重点讨论企业内部初次分配,后面再讨论收入再分配。

萨伊的"三位一体公式"

在古典经济学里,最著名的分配规则当属萨伊的"三位一体公式"——"资本—利息、土地—地租、劳动—工资"。此公式也简称"按要素分配"。在大学时期我读《资本论》,就知道马克思批评过萨伊。后来读萨伊的《政治经济学概论》,也认为萨伊的理论有错。可没想到,2002年中央提出"确立劳动、资本、技术和管理等生产要素按贡献参与分配的原则",并将这个原则写进了党的十六大报告,于是学界有人说萨伊并没有错。

可以肯定地讲,萨伊是错了。他错就错在混淆了收入来源与收入分配的区别。在他看来,资本得利润与土地得地租,是因为资本创造了利润,土地创造了地租。对此马克思批评说,收入源于劳动创造,资本与土地只是创造收入的条件。收入来源与创造收入的条件是两回事。爱迪生发明电灯需要实验室,我们却不能说爱迪生与实验室共同发明了电灯,对不对?

这是一方面。另一方面,资本与土地虽然只是创造收入的条件,但它们参与分配却没有错。对为何要允许生产要素参与分配,目前国内学界有两点解释:一是生产要素对收入创造有贡献;二是中国尚处在工业化中期,资本、技术、管理皆是稀缺要素,不允许要素参与分配,则无法调动全社会资源参与国家现代化建设。近30年来,国内非公有制经济发展风生水起,一个重要原因就是允许资本参与分配。

分配也是交换

我认可以上解释,不过从学理上看,这样的论证并不严密。科学逻辑说,任何一个理论命题,都只能在特定的前提下成立,若离开了前提便不成立。按要素分配理论也不例外,至少要有两个前提:第一,生产要素要有明确的产权界定;第二,产权要受法律保护。若没有这两个前提,就不会存在按要素分配。

对于第一个前提,马克思曾有精辟的分析,他说:"商品是物,为了使这些物作为商品发生关系,必须彼此承认对方是私有者。"生产要素也是商品,若生产要素没有明确的产权界定,也就没有监护人,而没有监护人,生产要素也就不能自己卖自己。所以生产要素要进入交换,必须明确界定产权。

对于第二个前提,我的看法是:如果明确了生产要素产权,但若产权不受保护,生产要素也不能产生交换关系。设想一下,国家不保护产权意味着什么?那无疑是说国家承认或者默认弱肉强食规则,意味着抢劫盗窃、欺行霸市等行为不违法。若如此,侵占别人产权而不被治罪,怎么可能产生交换呢?

读者可能要问,以上前提是交换的前提,为何将交换的前提设定为分配的前提呢?我明白读者的疑惑。从表面上看,分配似乎并不同于交换。按照传统的看法,分配是主体对客体的分配;而交换强调的则是等价交换,没有主客体之分。可我要指出的是,人们所理解的那种主体对客体的分配,是指计划经济时期的分配。在市场经济体制下,分配其实就是交换。

想想国内的住房分配吧!过去计划经济时期,城市房产大多属于公有,那时住房通常是由政府根据人们的职级、工龄等进行分配的。而实行市场经济后,住房产权被界定为居民所有且受法律保护,于是住房分配也就不再由政府主导,而是让居民进入市场购买,变成了金钱与商品的交换。由此可见,在市场经济下,只要明确界定产权并保护产权，分配就是交换，交换也是分配。

初次分配是为要素定价

若要素产权得到界定并受保护，企业内部的收入分配必是按要素分配。假定有三个人，他们分别是资本、土地和劳动力的所有者，经过协商，他们同意将各自生产要素组合起来办企业，结果一年收入了1 000万元。这1 000万元怎么分配？假如国家保护产权，三个要素所有者都应参与分配，不然剥夺任何一方的分配权（如不让资本所有者参与分配），皆是对其"产权"的侵犯。

因此，按生产要素分配是企业内部收入分配应遵循的原则。但这只是一个原则，进入操作层面还会有一个难题，那就是资本、土地和劳动力参与分配的比例具体怎么确定。从理论上讲，应该看它们各自贡献的大小，可问题是我们怎么知道不同要素的贡献是多少呢？要解决此问题还得从交换入手，虽然我们不知道它们各自贡献的大小，但通过交换可以确定。

通过交换确定收入分配比例，马克思早就为我们提供了方法。他在《资本论》中明确地讲：利息是使用资本的价格，地租是使用土地的价格，工资是使用劳动力的价格。因此，确定要素的收入分配比例，其实就是给不同生产要素的使用权定价。这样问题就变简单了。供求原理说，价格要由供求决定。各要素在收入分配中占多大比例，最终取决于各要素的稀缺度。稀缺度高的要素，收入会相对高；稀缺度低的要素，收入会相对低。

思考题

谈谈你对分配与交换的理解。为何说在市场经济下的收入初次分配也是交换？怎样理解按生产要素的贡献分配就是给不同的要素定价？

第 2 节 ｜ 收入差距的度量

收入分配比例由要素稀缺度决定，由于不同要素的稀缺度不同，按要素分配必然拉大要素所有者之间的收入差距。如果收入差距过大形成了两极分化，势必给社会造成不利的后果，所以经济学家一直重视对收入差距的研究。研究收入差距，首先要回答收入差距如何度量。目前流行的度量方法主要有洛伦兹曲线与基尼系数。

洛伦兹曲线与基尼系数

洛伦兹曲线由奥地利统计学家洛伦兹提出。图 8.1 中的横轴 OH 表示人口（按收入由低到高分组）的累积百分比，纵轴 OM 表示收入的累积百分比，弧线 OL 为洛伦兹曲线。

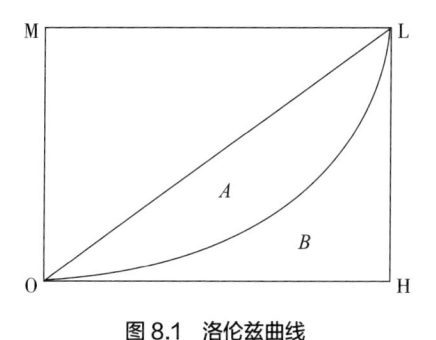

图 8.1 洛伦兹曲线

洛伦兹曲线的弯曲程度，代表收入分配不平等的程度。弯曲程度越大，收入分配就越不平等，反之亦然。当所有收入都集中在一人手中时，收入分配完全不平等，洛伦兹曲线即为折线 OHL。当任一组人口百分比等于其收入百分比，且人口累计百分比等于收入累计百分比时，收入完全平等，洛伦兹曲线则是通过原点的 45 度线 OL。

20 世纪初，意大利经济学家基尼利用洛伦兹曲线，提出了计算收入平等程度的公式。他将洛伦兹曲线与 45 度线之间的部分 A 称作"不平等面积"；当收入分配达到完全不平等时，洛伦兹曲线 OHL 与 45 度线之间的面积 $A+B$ 称作"完全不平等面积"。不平等面积与完全不平等面积之比，即为基尼系数。用公式表示：基尼系数 $G=A/(A+B)$，基尼系数越大，收入分配越不平等。

消费享受才是收入

"基尼系数"作为一种衡量收入差距的方法，本身无可置疑，关键在于怎样理解收入。举个例子，某民营企业一年利润 2 000 万元，而某员工一年工资 10 万元，请问企业 2 000 万元利润算企业主收入吗？若这么算，企业主收入就是员工工资的 200 倍，差距很大。问题是：员工工资主要是用于个人消费，而企业利润仅少量用于企业主个人消费，大量用于投资。员工工资与企业利润两者肯定不同，读者是否注意到其中的区别呢？

说到收入，我们不能不提经济学家费雪。当年费雪写那本著名的《利息理论》，开篇就讲"收入是一连串事件"。这是什么意思呢？费雪对收入做了三层解释。一是享用收入。费雪强调，货币只有用于购买食物、衣服、汽车等享受时才成为收入。二是实际收入。享用收入是心理感受，没法度量，所以他认为可用实际收入（生活费用）来近似反映，比如我们用晚餐或看电影，其享受虽无法用多少钱来衡量，但知道花了多少钱。三是货币收入。指用于支付生活费所得到的货币。

显然，在费雪看来，一个人的收入其实就是他的消费（享受）。他讲得很形象，以家庭门限为界，不管你赚多少钱，把面包、黄油、衣服、汽车等买进家门消费了的是收入，否则就不是收入。还是上面的例子，某企业主一年进账 2 000 万元，若支付生活费为 20 万元，那么这 20 万元是他的收入；剩下的钱若存银行就是储蓄，若买了机器就是投资。但无论是储蓄还是投资，都是企业主财产（资产）而非收入。

收入差距应从消费角度看

费雪如此定义收入，不仅教科书不是这样说，这与人们的习惯理解也大相径庭。但我认为费雪的定义是对的，而且费雪的收入定义可以解通世事。以我自己为例，当年从人民大学毕业求职，我本可去一家外企就业，月薪 3 000 元；也可到党校任教，月薪 300 元。而我最后选择了党校而放弃了外企，为什么呢？外企薪酬虽是党校的 10 倍，但党校能提供住房，外企却没有，所以在我看来，在党校任教的收入（消费）并不低于外企。

以上说的是选择职业，若再换个角度，让我与那些私企老板相比又如何呢？昔日师友今天在商界的成功者不乏其人，他们开公司日进斗金，而我当教授月收入不足 2 万元，你认为我会羡慕他们吗？说实话，一点都没有是假的。但若你认为我会后悔当初的选择就错了。我与一位做企业老总的师兄探讨过，从表面上看，他的收入确实比我高，但除了商业应酬，单比个人收入（个人消费支出）却也相差无几，至少没有原来想象的那么大。

这绝不是吃不着葡萄就说葡萄酸。我说自己与师兄的收入相若，那仅是从个人消费来看，若从财产看就不同了。他名下资产过亿，而我除了自己所住的房子，别无其他，两者的差距可谓天壤之别。由此可见，我等工薪阶层与私企老板的差距，主要是在"财产"而不在"收入"。不信你去读《资本论》，马克思揭示资本积累趋势也是从财产角度讲的，所谓财富积累与贫困积累，比较的并不是资本家与劳动者的个人收入，而是财产。

收入差距与财产差距

回头再说基尼系数。有个误会要澄清：不少人以为基尼系数反映的是收入差距。其实不然，目前国内学者计算的基尼系数虽然也包含收入差距，但主要反映的还是财产差距。比如，前些年有人讲中国20%的人口拥有80%的财富，显然说的是财产而非收入。所以我要特别提醒，在衡量收入分配差距时，绝不能把财产与收入混为一谈，否则会人为地夸大个人收入差距。

民营企业家的财产，是创造社会财富的生产资料（厂房、机器设备等），若将他们的财产当作个人收入，并以此计算基尼系数，会使一些人产生仇富情绪。事实上，民营企业家的资产越多，创造的就业和利税就越多，对社会的贡献也就越大。我看到的数据是，在我国目前的经济体系中，民营经济为国家贡献了50%以上的税收，60%以上的国内生产总值，70%以上的技术创新成果，80%以上的城镇劳动就业，90%以上的企业数量。

思考题

怎样衡量收入差距？为何收入要从消费角度度量？收入差距与

财产差距的经济学含义是什么？为何不能将收入差距与财产差距混为一谈？请你结合现实案例做出分析。

第 3 节 | 幸福感与收入

若从人们幸福感的角度看，收入决定消费，一个人是否幸福肯定与其收入高低有一定的关系，但收入高低与幸福程度并不能完全画等号。2002 年诺贝尔经济学奖得主卡尼曼对这方面进行过研究。他发现，美国人的年收入比"二战"前平均增加了 3 倍，可今天美国人的幸福感却并不比战前高。

幸福来自比较

幸福是人们的主观感受，不仅来自收入，同时也来自比较。我早年在老家种过地，面朝黄土背朝天，甚是辛苦，但只要能吃饱饭就会觉得幸福。因为那时经常挨饿。当时对比的是穷日子。改革开放后，人们衣食无忧，可不满足的人反而多了，端起碗来吃肉，放下筷子骂娘。何故？原因是人们的参照变了。我现在做教授，月收万余，比之从前心满意足。但若硬要我去跟那些日进斗金的大牌明星比，岂不是很郁闷？

相信读者都有类似的经历。比如你去一家小店就餐，一杯清茶收你 10 元你会嫌贵；而你到首都机场，同样一杯清茶收你 30 元，你却欣然接受。为什么？因为你觉得那是首都机场，物有所值。但只要你这么看，就有了参照，而参照一旦形成，就将影响到你日后的幸福感。

塞勒教授的实验

多年前读过奚恺元先生的大作,书名已记不清了,但他介绍芝加哥大学塞勒教授的一项实验,很有说服力,恕我借用一下。

塞勒教授设计了一个场景,一帮朋友躺在海滩上晒太阳,口渴了想喝啤酒,刚好切尼要去附近的杂货店办事,切尼说可以顺便去买啤酒。切尼问大家:"啤酒多少钱一瓶可以接受?"经过合计,最后出价是1.5美元。而切尼又问:"如果按此价格杂货店不卖,去旁边的酒店买各位肯出多少钱?"又一番合计,出价是2.65美元。我想问读者,啤酒是标准品,从不同的地方买同样的啤酒,出价为何会有如此大的差异?答案是,人们的参照不同。

接下来的实验是切尼以2美元的价格买回了啤酒。起初他告诉朋友,说啤酒是从酒店买的,大家听了很高兴,比预期的价格低,感觉得了便宜,开怀畅饮。可没等大家喝完,切尼却道出了真相,说啤酒并不是买自酒店,而是买自杂货店,结果大家都觉得吃了亏。有趣吧,同一品牌的啤酒,同样的花费,只要说出不是买自酒店,人们的幸福感就陡然消失。

这让我想起当年的"忆苦思甜"。今天的年轻人不知道,在我的小学时代,学校常常举办忆苦会。主讲者都是在旧中国生活过的老人,他们讲日本人在中国如何烧杀抢掠,讲国民党如何横征暴敛,讲地主老财如何欺压穷人。辛酸的故事,曾令我泪流不止。于今回顾,当年的忆苦会让我受益良多。至少在当时那个缺吃少穿的年代,我感觉自己是幸福的。

重点是照顾穷人

卡尼曼获得诺贝尔经济学奖，其主要贡献是提出了"前景理论"，也就是关于人们"幸福感受"的三大定律。第一定律：人们的幸福程度来自不同的参照。第二定律：人们失去利益的痛苦远大于得到同等利益的快乐。第三定律：面对损失人们偏好风险，面对收益则会规避风险。

第一定律可引申出的含义是：提升人们的幸福感受，需要提高人们的收入，但不能夸大收入差距。记得20世纪90年代初我第一次去美国访学，有朋友告诉我不能打听美国人的工资，说工资是西方人的隐私。当时我大惑不解。后来才知道，原来美国的企业工资不公开，是为了避免员工之间相互攀比，降低某些员工的幸福感。想想也是，如果引导人们过度地关注收入差距，无论是对企业还是对社会，其实都有害无益。

第二定律是：收入分配要争取让所有人都有获得感，特别是不能减少人们现存的收入。经济学研究证明，对每个人来说，收入皆具有刚性，只能上升不能下降。也正是基于此，卡尼曼推论说：减少收入给人们带来的痛苦，要大于增加收入的快乐。由此引申出的政策含义是：收入分配要多做加法，尽可能地少做减法。能不做减法就不要做减法。

卡尼曼的第三定律告诉我们：人们面对收益人心思稳，面对损失却会铤而走险。这是说，要维持社会稳定，应重点照顾穷人。如果一个社会出现了两极分化，各种矛盾会激化，最后必引起社会震荡。马克思在《资本论》中对资本主义的"两极分化"做过精辟分析，结论是资本主义必被社会主义代替。邓小平也曾反复强调，要处理好改革、发展、稳定的关系，并指出贫穷不是社会主义，出现"两极分化"也不是社会主义。

至于如何照顾穷人，是收入再分配的内容，我们会在后面专门讲。这里我想说说法定最低工资标准。国家制定最低工资标准，目的是保护劳动者的利益。可近些年学界对此颇有微词，认为提高法定最低工资标准不仅不能保护劳动者，反而会增加失业。并举证说，某餐厅原本雇用三个洗碗工，可当法定最低工资提高后，餐厅可能只雇用两人，其中一人就会失业。

不能否认存在这种可能性，但我认为这个问题并不难解决。我们知道，企业初次分配将收入分成了"工资、利润、税收"三块，若政府不减税，提高最低工资标准，工资无疑会挤占企业主利润，这样企业主确实有可能减少雇工。但若政府能先减税，给提高最低工资留出相应的空间，工资不再挤占利润，上面的难题也就迎刃而解了。

思考题

大量事实表明，人们的收入高低与幸福程度不能完全画等号，那么你认为怎样能提高人们的幸福感？为何我们既要正视收入差距，又不宜过度夸大或渲染收入差距？

第 4 节 | 按分享比例分配

20 世纪 70 年代，西方经济普遍陷入了"滞胀"。著名经济学家萨缪尔森在他那本畅销全球的《经济学》教科书中说，要是有谁能为医治"滞胀"找到满意的药方，将可获得诺贝尔经济学奖。1984

年，美国经济学家威茨曼的《分享经济》一书面世，果然一时洛阳纸贵、声名鹊起。

威茨曼的发现

我读《分享经济》大约是在1985年秋，当时我确信威茨曼已经找到了治理"滞胀"的良策，而且学界认为威茨曼是自凯恩斯后提出对付失业最有效办法的第一人。威茨曼的核心观点其实就一句话：企业收入应由劳资双方按比例进行分享。他之所以提出这一观点，是因为他观察失业的视角与凯恩斯不同。

凯恩斯的视角是宏观分析，认为存在失业是由于社会有效需求不足；而威茨曼则另辟蹊径，将视角转向企业的内部，指出失业的根源在于固定工资制。威茨曼说，在供求规律作用下，一方面，产品价格会随着供给增加而下降，企业销售量越大，产品价格会越低；另一方面，由于工资存在刚性，企业利润下降而工资却不能降，企业为了生存只能裁员，于是失业人数增加。

举个例子，某服装厂有员工100人，平均日工资为200元/人，则总工资为2万元。在经济繁荣期，服装厂每天总收入为3万元，扣除2万元工资，还有1万元利润。可是进入经济萧条期后，服装厂每天总收入仅为1.5万元，如果员工的工资不能下调，还是2万元，那么企业不仅没利润，而且总收入还不够发工资。倘若如此，企业当然要关门停产，员工会失业。

可以看出，失业的原因在于现行的工资制度。问题是怎样才能避免失业呢？为此，威茨曼设计了一个分享经济的方案。此方案的要点是，企业不按人头确定固定工资，而只规定劳资双方分享企业收入的比例。一旦"分享比例"确定，不管将来企业收入如何，双方都按事先确定的比例进行分配。

分享制的优点

威茨曼认为，按分享比例分配有诸多优点。还是用上面的例子：假定某服装厂经劳资双方协商，彼此同意将企业总收入按1∶2分配，即企业主得总收入的1/3，全体员工得总收入的2/3。经济繁荣期，企业总收入为3万元，则企业主可得1万元；全体员工可得2万元。经济萧条时，企业总收入若为2万元，则企业可得6666元，全体员工得13333元。如此一来，企业也就没有必要再辞退员工了。

威茨曼说，分享制的好处还不仅在此。若从企业用工的边际成本与边际收益分析，相对于固定工资制，分享制更是妙不可言。如上例中员工的日工资200元/人是企业用工的边际成本；在固定工资制下，企业会要求每个员工创造的日收益不得低于200元，否则边际收益低于边际成本，企业不会雇工。但分享制不同，即使员工每天只创造150元的收益，但按1∶2分配，企业仍可得50元利润，员工工资则降为100元/人。

分享制的优点，是能让企业最大限度地吸纳就业。只要员工工资不固定，边际收益小于边际成本，企业也有利可图，仍会扩大生产，增加就业。而且威茨曼还指出：就业增加意味着产品增加，而产品增加价格会不断下降，假若所有企业都实行分享制，则社会整体物价水平会下降。也就是说，分享制可以一石二鸟，不仅能扩大就业，同时还可以防通胀。

分享制叫好不叫座

令人遗憾的是，学界对威茨曼提出的分享制赞誉有加，可现在

30多年过去了，却不见有哪个国家采纳过他的方案。美国2008年发生金融危机后，受其影响，中国有近2 000万名农民工下岗返乡，当时国内曾有学者建议借鉴威茨曼的方案，可政府却未予重视。分享制为何不被采纳？我想原因主要有以下三个方面。

其一，从企业内部来看，企业主会接受分享制，但员工却可能抵制分享制。工资有棘轮效应（刚性），涨工资当然皆大欢喜，降工资员工就会怨声载道。特别是那些掌握关键技术的员工，明知自己不会被裁减，当然不会同意降工资。而恰恰是这些员工在企业有很大的话语权，决定着分享制能否实施。

其二，从政府的角度看，推行分享制的困难，是降工资很容易引起众怒。英国前首相撒切尔曾为平衡财政预算消减社会福利，结果连她的母校牛津大学也不肯授予她荣誉博士学位。读者想想，西方国家搞的是多党制，哪个党派上台都需要选票，所以无论谁执政都不可能以身犯险，冒天下之大不韪。

其三，西方国家一般都有法定最低工资的限定，若工资一旦低于法定标准即为违法，这无疑也是分享制在西方国家难以施行的一个重要原因。2007年底我国出台《劳动合同法》，对法定最低工资标准也做了规定。要是我们推行分享制，政府虽无选票之虞，但会触及《劳动合同法》。2008年夏我赴珠海调研，听说当地员工诉雇主违反《劳动合同法》屡见不鲜，当时我就意识到，只要有法定最低工资限制，"分享制"在中国也行不通。

思考题

简述威茨曼的就业理论；威茨曼是自凯恩斯后提出最有效应对失业办法的人，可他的分享经济理论为何在东西方国家都行不通？

请你结合中国的实际说明原因。

第 5 节 | 兼顾效率与公平

收入分配如何处理效率与公平的关系，对此人们历来存在不同的看法，而且经济学家也有争论。争论的焦点集中在两方面：一是如何定义公平，二是效率与公平究竟何者更重要。应该说，这两个问题至今尚未达成共识，下面让我们一起讨论。

定义公平的困难

由于人们的文化背景、利益取向、收入状况不同，对公平的理解也往往大不相同。不信的话，你到大街上去问行人什么是公平，没准三个人可能会告诉你四种答案。最近查阅文献发现，专家学者对公平的看法也是五花八门。不过归纳起来，学者对公平的解释主要有三种：一是结果公平，二是机会平等，三是起点平等。

从结果看公平，通常是根据基尼系数做判断，认为基尼系数大于 0.45，则为不公平。我们讲过，基尼系数是反映收入和财产平均化的指标，用基尼系数判断公平，实际是将公平等同于平均。然而平均分配未必就是公平分配。比如你比我能干，贡献也比我大，若我和你平均分配收入，你觉得对你公平吗？

机会平等貌似公平，但若起点不平等，机会平等也未必公平。比如，有一个"自费"出国访学的名额，你我都有机会争取。不同的是，你父母富甲一方，而我父母一贫如洗，尽管我学习成绩比你好，但和你竞争，我成功的概率是零。再如，政府斥巨资建造体育馆，并免费向公众开放，说起来大家享用体育馆的机会平等，但若体育馆建在城市，对乡下的农民就不公平。

机会平等是否公平，要看起点是否平等。问题是人们的起点是不可能平等的。参加歌手大赛，宋祖英嗓音甜美，你五音不全，你凭什么要求她与你起点平等？你天生聪慧，我愚笨如牛，一起参加高考，我却要求你的智商和我一样低，你同意吗？其实，人的禀赋不同，要求起点平等，对禀赋高的人显然也是不公平的。

我能指出"公平定义"的缺陷，却不知怎样给公平下定义。于是突发奇想：公平是否不能被准确定义？回到现实中来，公平虽不能被准确定义，但对不公平的事人们却很容易看得出，尤其对身边的不公平，人们的判断往往高度一致。

公道自在人心

请看下面的三个例子。

第一个例子：高考录取分数线的划定。据我所知，边疆少数民族地区的高考录取分数线低一些，人们并无意见，而且觉得合情合理，但人们对北京考生享受照顾却大为不满。此为何故？因为北京有一流的师资与教学设施，而考生录取分数线却比外地低，人们当然认为不公平。前几年，有外地家长为了把孩子户口办进北京，来北京买房置地，而政府一纸禁令，结果反而加剧了不公平。

第二个例子：关于收入差距。搞市场经济有收入差距在所难免。别以为收入有差距就是不公平，老百姓并不这么看。你诚实劳动致富，人们会尊重你；你走私贩私、制假卖假，人们会痛恨你；你以权谋私、受贿敛财，人们就会反对你。因为后两种人搞的都是歪门邪道。即便你是合法经营致富，若你挥金如土而不愿帮助穷人，人们也会觉得你为富不仁。

第三个例子：关于城乡差别。中央为何强调城乡基本公共服务要均等化？因为之前这方面差别太大，对农民不公平。如九年制义务教育本来应该由政府免费提供，可现实是，城里孩子上学不收学费，而农民工子女在城里上学却很难。同样是医病，城里人可以报销，农民却要自掏腰包；同样是养老，城里人有社保，农民却只能养儿防老；城里修路财政拿钱，农村修路却让农民出资。

诸如此类不公平，相信读者也可以再列举一些。所以我说虽然学界不能准确地定义公平，但老百姓却对公平与否看得一清二楚。这就应了那句古话："公道自在人心。"

初次分配体现效率

效率与公平何者更重要，在我看来其实是一个假问题。事实上，效率与公平并不存在冲突，也不可能产生冲突。经济学讲效率优先、兼顾公平，意思是指初次分配要体现效率，再分配要促进公平。由于在分配次序上初次分配在前，再分配在后，所以效率要放在公平前面，可见"效率优先"绝无轻视公平之意。企业求效率，政府求公平，两者怎么可能产生矛盾呢？

初次分配体现效率，就是体现"按要素贡献分配"原则，目的是鼓励要素所有者把蛋糕做大。只有把蛋糕做大，政府才有更多的税收，才能有足够的财力照顾穷人，实现更高水平的公平。换句话说，初次分配是鼓励做大蛋糕，再分配是切分蛋糕。巧妇难为无米之炊。若蛋糕只做出一斤，政府怎么切也切不出一斤二两来。正是在这个意义上，我们说效率是公平的基础，也是前提。

再分配促进公平

再分配是由政府主导的分配。若说初次分配重点体现效率，那么政府主导的再分配应重点促进公平。政府与企业不同，政府追求的目标是最大化的稳定。要保持稳定，就得调节收入差距。放眼看世界，当今没有哪个国家政府是不重视扶贫的。这些国家通过累进所得税，从富人手里征税，再转移支付给穷人。政府这么做无非是为了防止两极分化，避免社会动荡。

从经济学角度看，政府通过再分配促进公平还有一个重要原因，那就是追求社会整体福利的最大化。对此英国经济学家庇古曾用"收入均等化定理"做过论证，具体的论证过程我将在第十章详细介绍。在这里请读者先记住一个结论：政府调节贫富差距，推动收入均等化，可以增进社会总体福利水平。

还有一点要顺便说明：时下社会公平方面存在诸多欠账，并不是重视"效率"造成的，而是以往再分配的思路出了偏差。比如在过去很长时间里，我们财政定位是生产性的，生产性投资过多，民生保障性投入偏少。城市投资过多，农村投入偏少。如此形成的社保水平低，城乡差距大，绝不是初次分配追求效率之错。若是把矛头指向效率，恐怕是板子打错了地方。

思考题

为何说效率与公平并不存在冲突？应当如何处理好效率与公平的关系？你有何具体建议？

在市场经济条件下,生产要素是商品,价格也应由供求决定。可生产要素与一般商品不同,一般商品交换是将商品所有权与使用权同时转让;而生产要素交换只是转让使用权,并未转让所有权。给生产要素定价,准确地说就是为生产要素的"使用权"定价。那么生产要素使用权定价与一般商品定价的区别何在?

第九章
要素商品价格
谁也不能占便宜

我在第八章讲过，在市场经济条件下，分配也是交换，而且按生产要素贡献分配，就是为不同的要素定价。生产要素也是商品，原则上价格也是由供求决定的。可生产要素与一般商品又有所不同，一般商品交换是将商品所有权与使用权同时转让；而生产要素交换只是转让使用权，并未转让所有权。给生产要素定价，准确地说就是为生产要素的"使用权"定价。

第 1 节 | 土地使用权价格

土地所有者出让土地使用权得到的报酬，经济学称之为"地租"。其实对地租可以从不同角度下定义，比如亚当·斯密在《国富论》中就是从土地使用者的角度下定义的，说地租是使用土地的代价，是为使用土地而支付给地主的价格。而马克思则从土地所有者的角度下定义，指出地租是土地所有权在经济上的实现形式。

绝对地租与级差地租

绝对地租是指土地所有者凭借土地所有权,通过转让使用权向土地租用者收取的租金。比如某农场主向某土地所有者租用土地1 000亩(约0.67平方千米),由于土地产权受法律保护,他必须向土地所有者支付相应的费用,不然土地所有者不会将土地租给他使用。农场主支付给土地所有者的费用,即为绝对地租。

所谓级差地租,是指土地优劣不同,使用较优土地形成的超额利润。举个例子,有甲、乙两块肥沃程度不同的土地,甲土地的稻谷产量是1 000斤/亩,乙土地的稻谷产量是500斤/亩。再假定两块地生产成本都是500元/亩,而稻谷市价等于乙土地的成本,为1元/斤。甲土地的收入则为1 000元/亩,成本为500元/亩,于是就形成了超额利润500元/亩(即1 000元/亩–500元/亩)。这每亩500元的超额收益,就是甲土地的级差地租。

地租最早起源于农业社会,进入工业社会后,非农业用地也需要向土地所有者支付地租。马克思曾分析建筑地段地租,指出建筑地段地租与农业地租的主要区别在于,农业用地中的土地肥沃程度对级差地租有决定作用,而对建筑地租起决定作用的则是地理位置,如城市中心地段房价通常高于城郊的房价,原因是城市中心地理位置相对优越。由建筑用地推导一般工业用地,理论一样,使用工业用地也需要向土地所有者支付地租。

土地价格

土地转让有两种方式:一种是将所有权与使用权一并转让,另一种是只转让使用权而不转让所有权。以第一种方式转让的价格为

"土地价格";以第二种方式转让的价格为地租。由此可见,地租不同于土地价格,但两者存在内在关联。要弄清楚地租如何确定,首先要弄清楚土地价格是怎样决定的。

马克思在《资本论》第三卷分析土地价格时说过:"这个购买价格不是土地的购买价格,而是土地所提供地租的购买价格。"他还说:土地价格,是土地预期收益的购买价格,即地租的资本化。因此,他提出的土地价格公式如下:

$$土地价格 = \frac{土地预期年收益(地租)}{银行年利率}$$

从上面的公式可以看出,土地价格是购买土地所提供地租的价格。土地价格为何要这样决定?道理其实不难理解。读者可以设身处地地想,假若你有一块土地要出售,而这块地现在的租金收入为 10 万元 / 年,而银行存款年利率为 5%,请问你这块地想卖多少钱?至少不能低于 200 万元(即 10 万元除以 5%),对不对?若是低于 200 万元,你卖土地换得的货币存入银行,利息就会少于 10 万元。因此,你肯定不会卖土地。

那么你能否将土地以高于 200 万元的价格出售呢?当然也不能。因为价格由供求双方决定。此时土地购买者也会进行权衡:土地预期年收益是 10 万元,相当于 200 万元存入银行的利息。若让他用 210 万元购买土地,他肯定也不会同意。因此,供求双方皆可接受的价格只能是 200 万元。

地租的决定

根据分析,土地价格是购买土地提供地租的价格。那么将土地价格公式倒转过来,当我们已经知道土地价格时,便可以推出土地使用权的价格（地租）。土地使用权价格的公式如下：

土地使用权价格（地租）= 土地价格 × 银行利率

这个公式表明，地租的高低取决于土地价格与银行利率两个因素。若银行利率一定，土地价格越高，地租就会越高。城市中心区房租一般要比郊区房租高，就是这个道理。而若土地价格一定，银行利率上升，地租就会上升；银行利率下降，地租也会随之下降。2020年上半年国内各大中城市房租普遍降低，原因是央行下调了利率。

讲到这里，我要再做三点解释。

第一，前面讲土地价格时我说：供求双方皆可接受的价格，是土地预期收益除以同期银行利率，这样才能使土地租金收益与银行存款利息相等。问题是，在这种情况下，为何还会出现土地买卖呢？我的解释是：因为供求双方对土地收益预期的估值不同，供给方对预期收益看跌，需求方对预期收益看涨，所以双方达成了交易。

第二，读者可能已经发现，我们在讲土地价格时，说土地价格取决于土地预期收益（地租）。而在讲到地租时，却又说地租是由土地价格决定的。这岂不是循环论证？没错，从理论上看是循环论证，不过在操作层面，人们确实可以根据现在的土地收益预估土地价格，也可根据目前的土地价格预估土地预期收益。现实中这两种做法都存在。

第三，地租是土地使用权的价格，并与土地价格保持同方向变化。读者要知道，上面的土地价格公式与地租公式计算出的价格皆是理论值，由于人们对土地未来收益的预期不同，最后完成交易的价格还要由供求双方共同决定，不过双方就土地价格或土地使用权价格进行协商的依据，仍是上面两个公式。

思考题

如何理解土地价格是购买土地提供地租的价格？怎样通过土地价格推算土地使用权价格？

第 2 节 | 资本使用权价格

假定企业使用的资本是从银行借来的，企业就得给银行支付利息。企业支付的利息与所借资本量的比值，即为利率。利率越高，企业借贷同量资本所需支付的利息就越多；反之，利率越低，所需支付的利息就越少。那么利率高低又是怎样决定的呢？

三位大师的观点

马歇尔是以西尼尔的"节欲论"为基础，从资本供求均衡的角度分析的。从资本供给来看，马歇尔认为利息是人们延期消费的报酬。延期消费构成了储蓄，利率越高，人们就越愿意储蓄，资本供给就越多。从资本需求来看，他根据克拉克的边际生产力理论，指出由于边际生产力递减，资本需求会随着利率的升高而下降。当资本供给等于资本需求时，市场达到均衡。马歇尔得出的结论是：利率会趋近于一个均衡点，在该利率下资本的总需求量，恰好等于该利率下的资本总供给量。

费雪的分析角度与马歇尔不同。费雪指出，利率只是现在财货与将来财货进行交换的贴水，其高低要由社会的"不耐"（不耐烦等待）程度决定。人们越是急于消费（不耐），利率就越高，反之会越低。所以他认为利息是人们"耐"的报酬或"不耐"的代价。比如国债利率通常高于银行利率,是因为政府急于弥补财政预算缺口。民间借贷利率高于国债利率,是因为有人比政府更急于用钱,愿意支付更高的代价(利息)。

凯恩斯则是从"流动性偏好"分析的。他指出,人们出于交易动机、谨慎动机和投机动机,普遍存在流动性偏好。所谓"流动性偏好",是指人们在选择财富持有形式(实物或者货币)时,由于货币具有充分的流动性,大多数人会倾向于选择货币。于是凯恩斯认为:利率是衡量人们流动性偏好的一项指标,利息是对人们放弃流动性偏好的补偿。并指出利率不能等于或小于零,否则就会陷入"流动性陷阱"。

马克思的分析

马克思对利率决定的分析,是从利息的来源入手的。马克思指出,利息是来自货币资本对产业资本利润的分割,所以利息的多少取决于利润总额,而利率取决于社会的平均利润率。马克思还指出,在平均利润率与零之间,利率高低取决于两个因素:一是利润率;二是总利润在贷款人和借款人之间的分配比例。而这一比例的确定,又取决于货币借贷双方的供求状况:供大于求,利率下降;供不应求,利率上升。

对比起来,马克思的分析显然更深刻。虽然前面三位经济学家分别从不同角度论证了利率取决于货币供求,凯恩斯还论证了利率不能等于或小于零。而只有马克思从分析利息的来源出发,明确划定了利率的变化区间:利率的上限不能高于全社会的平均利润率,利率的下限必须大于零。

进一步分析,利率在平均利润率与零之间具体如何确定。我们根据马克思提出的土地价格公式，可以推导出资产价格的决定。因为土地本身也是资产，土地价格同时也是资产价格，即资产定价模型为：

$$资产价格 = \frac{资产预期年收益}{银行年利率}$$

上面模型的含义是，企业向货币所有者贷款购买某资产（设备），该资产的年收益不能小于支付给债权人的年利息，否则企业不会向银行贷款购买资产。同理，银行借钱给企业所得到的年利息，不能小于该资产的年收益。不然银行也不会借钱给企业，而是自己购买资产进行投资。于是利率决定模型如下：

$$利率（年）= \frac{资产预期（年）收益}{资产价格}$$

当企业决定贷款购买某资产时，说明资产价格已定，那么利率由该资产的预期收益决定。

负利率现象

近年来发生了一种奇怪的现象，不少国家出现了"负利率"。2018年8月瑞典央行率先推出负利率，接着丹麦、欧元区、瑞士、日本等央行也先后实施了负利率。与此同时，日本、德国、法国、瑞典、瑞士、丹麦、荷兰、奥地利、比利时等还发行了收益率为负的长期国债。这到底发生了什么事？

社会上早有"负利率"的说法。不过以往人们所说的负利率，是指银行名义利率低于通胀率，储户从银行取得的利息抵补不了通胀的损失，结果使储户的实际利率为负。事实上，实际利率为负的情况，20世纪90年代初在中国出现过，国际上更是屡见不鲜。但名义利率为负的例子，人类历史上却不容易找见。

马克思曾明确地说，利率不能等于或小于零，凯恩斯也对此专门做过论证，可今天为何会有国家央行推出负利率呢？起初此现象也令我费解，但深想并不奇怪。近年来欧洲经济不济，2018年欧洲央行将金融机构超额准备金利率调至 –0.5%，此举旨在一箭双雕，即在央行不增发货币的前提下，迫使商业银行放贷，增加市场流动性。

让人难以理解的是，商业银行为何推出负利率。2019年，丹麦日德兰银行将大额储户的存款利率降为 –0.6%，10年期房贷利率降为 –0.5%。学界有人说是银行为了刺激消费。我认为这个解释不对。银行不是政府，它所追求的是贷款安全与盈利，怎么会用负利率刺激消费呢？事实上，日德兰银行将10年期房贷利率降到 –0.5%，是因为将大额储户存款利率降到了 –0.6%，中间仍有 0.1% 的利差。而且据我所知，日德兰银行推出负利率房贷还有一个原因，那就是事先向房产开发商发行了负利率债券，让开发商贴补了利息，银行的实际利率并不为负。

需要追问的是：既然银行发行债券的利率为负，那么开发商为何会去购买银行债券？经济学的推断，一定是投资房产的预期收益为负。何以见得？我们可以借助上面的利率决定公式解释：我们知道，利率（年）= 资产预期（年）收益 / 资产价格。假若资产价格为正，而银行利率为负，则资产的预期收益一定为负。

据此分析：利率为负，是由于资产的预期收益为负。换句话说，若资产预期收益大于零，则负利率不可能出现。为何这样说？读者不妨扪心自问：若你对未来房产的预期收益为负，而银行利率为正，你是不是会将房产变现存入银行取得利息？若如此，银行每天得为储户支付利息但却没人贷款购房。在此情况下银行不得不推出负利率。银行推出负利率鼓励人们贷款买房，实际上是救开发商，开发商当然得买银行的负利率债券。

负利率时代不会到来

时下有人担心，全球"负利率时代"有可能会到来。人们所说的"负利率时代"，是指世界各国的利率皆为负。前面分析过，负利率存在的前提是资产预期收益为负。而全球利率为负，意味着地球上所有资产预期收益皆为负。怎么可能呢？别的不论，只要土地能长庄稼，至少土地预期收益绝不会为负。

读者不要误会，不是说资产预期收益不能为负。若某行业生产过剩造成设备闲置，而保养设备要花钱，此时资产预期收益无疑是负的，但这种情况绝非普遍。萨伊曾论证：供给自身可以创造需求。这就是说，若需求总量不变，有供给过剩的产业，就必有供给短缺的产业。过剩产业预期收益为负，短缺产业预期收益为正，从全社会来看，资产预期收益不可能同时为负。

由此推论：资产预期收益不可能同时为负，人类也就不可能进入"负利率时代"。而我国政府一直坚持实施稳健货币政策，更不可能出现负利率。所以在我看来，所谓"负利率时代"只是少数学者的杞人之忧，我们切不可听风就是雨，更不必草木皆兵。

思考题

马克思说利率要低于平均利润率且大于零，那么怎样看待当前西方国家出现的负利率现象？你认为全球"负利率时代"会到来吗？理由是什么？

第 3 节 | 劳动力价格

萨伊著名的"三位一体公式"说：资本得到利息；土地得到地租；劳动得到工资。当年马克思批评过萨伊，指出工资是劳动力价格而非劳动的价格。将"劳动力"与"劳动"加以区分，是马克思的重大发现。虽然仅一字之差，但马克思关于劳资分配关系的分析与萨伊的分析却有天壤之别。

工资是劳动力的价格

为何说工资是劳动力的价格？要回答此问题，需先弄清楚"劳动者、劳动力、劳动"三者的区别。顾名思义，所谓"劳动者"，是指有生命的人，劳动力则是指劳动者具有的脑力和体力（劳动能力），劳动力的使用便是劳动。说工资是劳动力价格，从交换角度看，是指劳动者卖给企业的是劳动力，企业支付工资所购买的是劳动力的使用权。

说企业购买的是劳动力而不是劳动者或劳动，可从三个方面来看：首先，劳动者作为交易主体之一，不可能自己卖自己，否则劳动者就变成了奴隶；其次，劳动力的所有权与使用权可以分离，但由于所有权不能转让，故只能转让使用权；最后，劳动力的使用才是劳动，可企业在签订雇工合同之前，劳动力并未使用，劳动尚不存在。

读者要是不信，可以去找几份企业用工合同看看，你会发现一种普遍的现象：工程师的工资要高于技术员的工资，技术员的工资又高于普通员工的工资。何以如此？是因为在企业主看来，工程师的劳动能力要高过技术员，技术员的劳动能力要高过一般员工。这一现象正好证明了企业购买的是劳动力，而工资是劳动力的价格。

工资是劳动力价格，理论上不应该错。然而现实中的工资有计时工资与计件工资两种，说计时工资是劳动力价格不难理解，可计件工资是按劳动产品数量计酬，怎能说计件工资也是劳动力价格呢？问题就在这里，若计件工资不是劳动力价格，那么从证伪的角度看，"工资是劳动力价格"就被推翻了。

计件工资是转化形式

劳动力价格是对劳动力使用前的定价，计件工资显然不是事前定价，而是事后根据"劳动的成果"定价。不过即便如此，也不能否定"工资是劳动力价格"。这里的关键是怎样看待计件工资。马克思说，计件工资不过是劳动力价格的转化形式。

为何说计件工资是劳动力价格的转化形式？请看一个真实的例子。2018年暑期，我在南方考察一家皮具加工企业，这家企业采用的是计件工资。老板说，企业不要求员工按时上下班，甚至员工可以将原材料领回家里加工。企业只负责制定标准，然后按事先约定的价格收购。后来我找来企业用工合同，里面果然没有上班时间规定，只有产品加工质量和价格等方面的条款。

后来我到了另一个皮具加工企业，该企业却要求员工按时上下班，实行的是计时工资。我问老板为何不实行计件工资？他回答说，计时工资与计件工资是一回事，一个熟练工人一天工作8小时能完成多少工作量，老板和员工都清楚，工资是计件还是计时没有区别。计时工资可能存在个别员工出工不出力的问题，但只要员工之间存在竞争，此类问题就可以避免。

三点推论

假若以上分析成立,引申到操作层面便有下面三点推论。

推论一:劳资双方共同决定工资。劳动力作为一种生产要素,工资是其使用权的价格,故工资水平应由劳资双方根据劳动力供求状况决定。政府可以提高法定最低工资标准,但前提是不能让工资挤占利润,故政府提高法定工资标准必须先减税。其中的道理我们前面已经讲过,不再重复。

推论二:计时工资要有结构安排。劳动力价格的通常形式是计时工资,然而计时工资有个缺陷,有些员工可能会出工不出力。企业早期的处理办法是往车间派监工,可由此带来的监督成本非常高。为节省监督成本,于是出现了结构化工资。今天企业的工资结构复杂无比,但化繁为简,工资其实就两块:基本工资和效率工资。前者督促员工出工(不迟到早退),后者激励员工出力。

推论三:工资激励不如产权激励。此推论是我在湖南调研时受到的启发。祁阳县有一家农业科技公司,董事长是回乡农民。据他介绍,公司用农民土地建造蔬菜大棚,然后再将大棚承包给农户,并统一提供种子和技术培训,年底公司向承包户提取固定比例的利润,剩下的归农民。从经济学角度看,这种分配方式是产权激励。对公司来讲,可减少工资费用和监督成本。对农民来说,自己当老板当然更有积极性。

再次强调,西方学者将"劳动"当成生产要素是错的,劳动力才是生产要素,劳动者转让的是劳动力而不是劳动。最明显的一点是,劳动创造的收入要比劳动力价格高,不然企业不可能有利润存在。此乃马克思政治经济学与西方经济学的重大区别,读者要切记!

思考题

请你说说劳动者、劳动力、劳动三者有何区别。为何马克思说工资是劳动力的价格而不是劳动的价格？怎样理解计件工资是工资的转化形式，其本质也是劳动力价格？

第 4 节 | 企业家才能的价格

在经济学里，"利润"是一个重要概念。何为利润？人们可以从不同的角度给利润下定义。从收入构成上看，利润是收入减去成本后的余额，马克思称之为"剩余价值"，新古典经济学则称之为"价值剩余"。从投资回报来看，资本得利润，劳动得工资，土地得地租。这就是说，利润只是资本的报酬，而不是价值剩余的全部。

利润为何物

再进一步分析。假定企业家投资的不是自己的钱，而是从银行贷的款，有了银行中介，资本的报酬就不是利润，而是利息。此点萨伊讲得很清楚："资本—利息，土地—地租，劳动—工资。"有人说，马克思曾批评萨伊的"三位一体"公式。此话不假，但马克思批评的是"资本创造利息"，并未否定利息是资本的报酬。

若利息是资本的报酬，那么利润是什么呢？萨伊说过，利润是企业家的报酬。今天的经济学家大多也持这个观点。原则上，我赞成将利润看作企业家报酬，但同时也有疑惑：企业家的管理活动，归根结底是体力与脑力付出，这方面与员工参与生产活动无异，而且企业家也领工资。企业家拿了报酬，利润怎么会是企业家报酬呢？

有一种解释：企业家管理活动是复杂劳动，除了拿工资还应得利润。我不赞成这种解释。一个可用来证伪的事实是，工程师的劳动也是复杂劳动，可是工程师并未参与利润分配。再则，劳动复杂程度是相对而言的：电工的劳动比清洁工复杂，文秘的劳动又比电工复杂。若按"复杂程度"论功行赏，利润就得由多数人分享，企业家是不能独占的。

然而事实正好相反，"利润不归企业家"的例子我们一个也找不到。古往今来，利润索取权一直是由财产权决定的，谁拥有财产权，谁就有利润索取权。既然如此，我们可否说利润是财产权的报酬呢？听起来似乎可以，但仔细想却不可以。若利润是财产权报酬，等量财产就应取得等量利润，可现实中拥有等量财产的企业，利润却千差万别。

企业家才能的"租"

分析至此，有三点结论可以明确：第一，利润不是资本的报酬；第二，利润不是复杂劳动的报酬；第三，利润不是财产权的报酬。那么利润究竟为何物？我的观点是，利润是企业家才能的价格，或者说是企业家才能的"租"。所谓"租"，是指那种要素供给不变而收入可变的"收入"。前面说过，"租"最初出现于农耕社会，典型的"租"是地租。

进入工业社会，"租"的形式已经多样化了，主要有三种。一是类似地租的"经济租"。其供给要素是有形资产，如土地、房屋、机械设备等。二是"李嘉图租"。这类租不同于"经济租"，供给要素是无形资产，如人的才能（天赋）、商业品牌等。三是"行政租"。

行政租显然与行政权垄断有关。以上三种租有一个共同点：无论收入怎么变，供给要素皆不变。

我说利润是企业家的"租"，理由是利润中含有"经济租"。比如在相对的短期（一年）内，利润可能天天变，而企业固定资产却不变。正因如此，经济学称固定资产投资为沉没成本。沉没成本不同于变动成本，特点是它不能作为"成本"补偿，要从利润中回收。而补偿沉没成本的利润，显然应该当"租"看。

除了经济租，利润中还有"李嘉图租"。以阿里巴巴为例。这些年马云赚得盆满钵满，投资当然重要，但关键是他比别人更早地看到了互联网物流的商机。要是马云没有这种独特的洞察力，仅靠砸钱绝不会有今天的成功。10多年前，那时比马云有钱的老板多的是，如今阿里巴巴如日中天，而当时的很多大企业却在苦苦支撑，何故？差别就在企业家的才能。

至于利润中是否含有行政租，不可一概而论，有的企业可能有，有的企业可能没有，到底有没有，企业家心知肚明，无须过多讨论。我们需要讨论的是，企业家才能的租（价格）应该怎样确定。

企业剩余的决定

企业家才能的"租"，最终是由企业剩余决定的，而企业剩余是企业的总收入减去支付给外部所有者报酬和内部要素所有者收入后的余额。或者说，是企业总收入扣除全部成本支出之后的余额。企业剩余的多少，取决于企业家的三种能力。

一是成本控制能力。企业家的能力首先体现为组织生产要素进行生产的能力，通过对生产要素的合理配置，力争使单位产品生产成本最小化，单位产品成本越低，单位产品的利润就会越高。同时，要根据边际收益等于边际成本的原则，控制产品的最佳生产规模，确保企业能够取得最大化的投资收益。

二是风险管控能力。企业家"租"是一种变动收入，其高低取决于企业家的市场眼光（投资决策），如果投资决策失误，得不到商品市场的认可，产品滞销，企业就不可能盈利。如果把利润当"租"看，企业家要多赚利润，就得抢占市场先机。要把消费者当上帝，生产、经营、管理等皆要以满足消费者需要为中心。

三是推动创新的能力。在单位生产成本一定时，利润高低取决于产品价格。若将利润当"租"看，企业要取得持久收入，决不可急功近利，而应着眼长远，通过持续的技术创新打造品牌，取得觅价权。要知道，品牌是可以创造收入的，品牌收入就是"租"。时下国内有些企业热衷于贴牌生产，与其去给别人交租，倒不如自己创品牌收租。

思考题

"租"的经济学含义是什么？为何说企业剩余（利润）是企业家才能的"租"？企业剩余是由哪些因素决定的？请举例解释。

第 5 节 | 剩余索取权

企业剩余索取权归企业家，那么接下来需要讨论的是，谁会成为企业家。由于人类社会的雇佣关系迄今主要表现为资本雇佣劳动，人们通常认为资本所有者就是企业家。可在 100 年前，制度学派创始人凡勃伦在《企业理论》一书中预言，随着技术的不断进步，企业权力将从资本家手中转移到技术阶层手中，企业由技术阶层控制，剩余索取权将发生转移。

技术雇佣资本假说

技术雇佣资本无疑是一个大胆的假说。19世纪末到20世纪初，世界仍处在工业化进程中，凡勃伦以一个经济学家的眼光洞见到未来企业权力的转移，令人叹服！1968年美国设立纳斯达克科创板股票市场，被公认为技术雇佣资本的标志性事件。其中标志性的企业是微软，当年比尔·盖茨白手起家，凭借自己的技术发明从纳斯达克融资，后来一举成功，富甲天下。

凡勃伦提出上面假说的依据，是生产要素稀缺度。他举证说：奴隶社会最稀缺的是劳动力，而奴隶主拥有劳动力，故权力掌握在奴隶主手里；到了封建社会，生产工具的改进提高了劳动效率，劳动力不再稀缺，土地变得稀缺，于是权力转移到地主手中；后来发现了新大陆，土地不再稀缺而资本变得稀缺，于是权力又转移到资本家手中。

既然权力转移与要素稀缺度相关，凡勃伦进一步推定：到了后工业社会，随着投资机会越来越少，储蓄会大于投资，资本会过剩，那时相对稀缺的已不是资本而是"专门知识"。若资本不再稀缺，掌握企业权力的也就不再是资本家，而是拥有专门知识的"技术阶层"。凡勃伦还解释说，技术阶层不单指技术人员，而是指由技术人员与企业高管组成的"专家组合"。

10多年前，我在中关村确实见过这样一家高科技企业，该企业的最初出资人是山东的一位民企老板，可他与技术专利持有人合作后，董事长换为技术专利持有人。有趣的是，那位民企老板出资

3 000万元，而企业只按固定比率给他支付股息，企业剩余索取权归技术专利持有人及其专家团队。

类似的例子近些年也时有耳闻，不过数量并不多。那么我们要问：为何有的企业可以技术雇佣资本，而多数企业却不能？或者问：在什么条件下技术才可雇佣资本？凡勃伦说取决于资本是否稀缺。这样讲理论上当然没错，问题是资本要素"稀缺度"如何衡量，如果没有办法衡量，也就无法用"稀缺"作为约束条件来验证他的假说。

可供观察的指标

要验证"凡勃伦假说"，我们必须找到反映资本稀缺度的相关指标，而且作为约束条件，这些指标不仅要真实存在，还要可观察、可量化、可比较。这样的指标是什么呢？在回答这个问题之前，有两个概念需要先说明，并同时做两点约定。

一是资本的边界。在古典经济学里，资本与技术的边界本来是清楚的，可舒尔茨提出"人力资本"概念后，技术也被当作资本看，这样资本与技术的边界就不清晰了。如果技术也是资本，那么我们就无法用"资本稀缺度"分析权力的转移。所以我们约定，在讨论企业权力转移时资本与技术仍为两个独立的要素。

二是雇佣的含义。新古典经济学派认为，生产要素之间地位平等，彼此是相互雇佣的关系，既可以说资本雇佣劳动（技术），也可以说劳动（技术）雇佣资本。这种看法肯定不对。我们约定，资本与技术到底谁雇佣谁，应看谁掌握生产控制权与剩余索取权。掌权的一方是雇主，不掌权的一方是雇员。若不做这样的约定，也就不存在雇佣关系的转变。

明确了以上两点约定，回头再找约束条件。我们不妨先以银行为例分析。在我看来，银行是"银行家才能"雇佣资本的典型例子。事实上，银行自有资本金并不多（仅8%），它能以钱赚钱主要是利用储户存款。银行为何能吸收存款？前提是社会上存在闲置资本，并且闲置资本的投资收益率低于银行利率。

技术雇佣资本与银行雇佣资本类似。区别在于，银行只需要存在短期闲置资本，而前者却需要存在长期过剩资本。资本过剩怎样衡量？可观察两个指标：一是银行储蓄利率；二是企业投资的平均收益率。可以推定：若储蓄利率为零，投资收益率也为零，则储蓄一定大于投资，会存在大量的闲置资本。倘若如此，必促成技术雇佣资本。

对"假说"的验证

读者恐怕会有疑问，现实中很少出现两个指标为零的情况，这样的推论有何实际意义？当然有意义。科斯定理假定交易成本为零而实际并不为零，你能说科斯定理没意义吗？我做那样的假定，是要在极端约束下推导企业行为。其实，约束条件是可以放松的，即便利率与投资收益率不为零，只要利率低于通胀率，投资收益率低于利率，推论仍能成立。因为利率低于通胀率，表明实际利率为负。而投资收益率低于利率，会导致投资不足、资本过剩。

先看美国。有一种观点认为，是第三次技术革命让美国走出了"滞胀"。此观点有一定道理，但我们也可以说是"滞胀"催生了第三次技术革命。20世纪40—60年代，美国有许多新技术未得到应用。60年代末美国陷入"滞胀"，通胀高企，实际利率为负，企业收益率普遍低于利率。迫不得已，美国才设立纳斯达克融资平台。正是有了这个平台，才涌现出了微软、英特尔等一批"技术雇佣资本"的企业。

再看中国。中国是一个资本稀缺的国家，照理不具备技术雇佣资本的条件，可为何也出现了上面提到的那家中关村的高科技企业？究其原因，是1997年亚洲金融危机后，政府多次下调银行利率，到2004年银行实际利率为负。当时山东那家民企投资亏损，利润率也为负，所以就有了技术雇佣资本，剩余索取权也随之转移到技术专利持有人手中。

思考题

你认为后工业社会会出现技术雇佣资本的趋势吗？为什么？

经济学从诞生之日起就肩负着改善人类福利的神圣使命,不过这一目的在19世纪末之前,似乎表现得并不十分明显。直到英国经济学家庇古在1920年出版《福利经济学》,并把国民福利最大化作为研究对象后,经济学对人类正义和幸福的关注才变得更为清晰和深刻。可是衡量福利最大化的标准是什么呢?

第十章
福利最大化
在公平中注入效率

经济学从诞生之日起就肩负着改善人类福利的神圣使命，1920年英国经济学家庇古出版了《福利经济学》，并把国民福利最大化作为研究对象，自此经济学对人类正义和幸福的关注就变得更为清晰和深刻。可经济学家对衡量福利最大化的标准至今仍存在分歧，本章将重点讨论这一问题。

第 1 节 | 庇古提出三个标准

庇古对于福利的解释，一直被西方经济学界视为经典定义。他认为，一个人的福利寓于他自己的满足之中，这种满足可以由于对财物的占有而产生，也可以由于其他原因比如知识、情感、欲望等而产生，包括所有这些满足皆称为社会福利。可是这种包罗万象的福利不仅难以研究，而且也难以度量，因此庇古把研究主题限定在能够用货币计量的"经济福利"之内。

国民福利等于国民收入

判断一个社会的经济福利是否有所增进,庇古认为检验的标准有三个:一是国民收入是否大量增加,二是国民收入在各阶层间的分配是否平等,三是国民收入是否稳定。对如何度量国民福利,庇古认为可从个人得到的满足上看,因为个人满足由效用构成,而效用可用商品价格表示。他指出,个人福利总和等于一国总福利,所以个人福利就等于个人收入,国民福利就等于国民收入。

在此基础上,庇古提出了两个基本命题:第一,国民收入总量越大,社会福利就越大;第二,国民收入分配越均等化,社会福利就越大。他认为,经济福利在相当大的程度上取决于国民收入的数量和国民收入在社会成员之间的分配状况。因此,要增加经济福利,在生产方面必须增加国民收入总量,在分配方面必须消除国民收入分配的不均等。

庇古从第一个基本命题出发,提出要增加国民收入必须实现社会资源最优配置。庇古认为,增加一个单位生产要素所获得的纯产品,从社会角度和从个人角度衡量并不完全相等。当边际社会纯产品大于边际私人纯产品时,国家应当通过补贴扩大生产;当边际社会纯产品小于边际私人纯产品时,国家应通过征税缩小生产。只有每一生产要素在各种用途中的边际社会纯产品都相等时,资源才是最优配置,国民收入最多。

收入均等化定理

庇古从第二个基本命题出发,提出了"收入均等化定理"。他的论证是：随着人们货币收入的增加，货币的边际效用会递减，于是1英镑在穷人手里会比在富人手里的效用更大。对富人来说，多1英镑不过是锦上添花，少1英镑也无伤大雅；可对穷人来说，多1英镑是雪中送炭，少1英镑则可能影响生存。故庇古的结论是："把收入从相对富裕的人转给相对贫穷的人，一定能增加满足的总量，因为它牺牲比较微弱的欲望而使比较强烈的欲望能够得到满足。"说得更明确些，庇古认为将富人收入转移一部分给穷人，会增进整体社会福利。

平心而论，庇古说富人从同样一笔财富中得到的满足比穷人少，此判断不会错。明末清初周容曾写过一篇《芋老人传》，说的是一穷书生进京赶考，没有钱住店，有一天傍晚，饥寒交迫，在一农夫家屋檐下躲雨，农夫将他叫进屋里，给他一块芋头吃，他吃得香甜可口，对农夫千恩万谢。后来书生金榜题名，做了相国，忽然想吃当年赶考途中吃过的芋头，便找来那位农夫，请农夫煮一块芋头给他吃，结果他大失所望，扔下筷子问："何向者祝渡老人之芋之香而甘也！"农夫感慨地说："时、位之移人也。"这个故事是说，一块芋头对穷人的效用要比对富人的效用大。

马歇尔在《经济学原理》中也举过一个例子。据他观察，每当伦敦下雨，富人通常会花几个英镑坐电车上班，而穷人则为了节省几个英镑而打着雨伞走路上班。他分析说，富人用几个英镑是购买舒适，而穷人要用几个英镑去购买面包维持生存。可见，等量英镑的效用对富人与穷人是不同的。庇古是马歇尔的学生，他提出"收入均等化"应该是受了马歇尔的启发。

转移收入的措施

怎样把富人的部分收入转移给穷人，庇古提出了四条措施。一是资源转移。即富人自愿拿出一部分收入来建设教育、医疗等福利设施，或捐助慈善事业。二是强制性转移。由政府征收所得税和遗产税，然后用其中一部分收入资助穷人。三是直接转移。即举办社会保险和提供社会服务。四是间接转移。对穷人最迫切需要的食品、住宅等商品，由政府给生产者一定的补贴，从而降低售价，让穷人能够从中受益。

然而不幸的是，庇古的福利标准在提出后受到了经济学者的诸多非议，其中以他的学生罗宾逊的批评最为激烈。罗宾逊认为效用是当事人个体的心理感受，个人所体会的效用不能测量，更无法相互比较。1 000元钱对于张三效用很大，对李四恐怕微不足道。再则，穷人有烦恼，富人也有烦恼，很难说富人的烦恼就比穷人少。因此，个人的经济福利根本无法用收入进行统一测定，而以不能测定的个人福利简单相加来论述国民福利，无疑是一种谬误。因此，庇古的理论体系被动摇了，有许多经济学者开始避开效用测定，重建福利经济学体系。

思考题

福利最大化标准应该怎样确定？你怎样看待庇古提出的福利最大化标准？对"收入均等化"你有何评论？并说明理由。

第 2 节 | 帕累托最优状态

新福利经济学的奠基工作，其实是由意大利经济学家帕累托完成的。帕累托指出，由于效用无法确切计量，因此国民福利应该是全社会个人福利的集合而非总和。不过，虽然效用无法计量，但可以对消费者的选择进行排序。例如，张三对电视机的偏好胜过对录音机的偏好，李四认为衬衫比黄油能带给他更大的满足。于是帕累托认为：社会经济福利就是个人效用的排列与组合，而不同的排列与组合便构成了不同的福利状况。

最优状态的含义

按照上面的思路，帕累托考察了庇古曾经考察的问题，即如何检验国民福利是否得到增进。他避开收入分配，而从资源配置角度提出了"帕累托最优"。所谓"帕累托最优"，是指在既定资源配置状态下，任何改变都不可能使至少一个人的状况变好，而不使任何人的状况变坏。该定义取自帕累托 1896 年出版的《政治经济学讲义》，我们也可以换一个说法：所谓"帕累托最优"是指这样一种状态，在此状态下，若不减少其中一人的好处，则无法增加另外一人的好处。

实不相瞒，我最初从教科书上读到"帕累托最优"，并不觉得帕累托的观点有何过人之处。按照帕累托的意思，只要将福利一次性分尽，分配结果大家一致认可便是最优的。中国有个成语叫"各得其所"，意思是让每人都得到他所应该得到的。帕累托最优说的就是这个意思。而"各得其所"出自《周易·系辞传（下）》，比帕累托早 2 000 年。相比之下我当然更佩服我们自己的祖先。

1992 年我到中央党校任教，有一次一位省部级干部班的学员问我："福利分配怎样才能达到帕累托最优？比如在分配前，我们如何知道每个人应得到多少？分配时又用什么办法保证每人得到的正好是他所应得的部分？"我之前从未思考过这个问题，一时无言以对。

不知为不知，于是我只好承认自己答不出。

最优状态的条件

后来我找来帕累托的《政治经济学讲义》，认真研读后才发现，帕累托讲"资源配置最优"有三个条件。这三个条件是：交换的边际替代率相等、生产的边际转换率相等、交换的边际替代率与生产的边际转换率相等。帕累托说，只有同时满足这三个条件，资源配置才是最优的。为何要具备这三个条件？我来进一步解释。

先看交换的边际替代率。经济学说边际效用会递减，若一个人消费偏好不变，消费某种商品的数量越多，他从增加消费的单位商品中得到的效用就会越小。帕累托据此推定：当某商品边际效用降到一定程度时，人们就不会继续消费该商品，而转去消费其他商品。这种增加消费一单位商品与放弃另一商品的比值，即为边际替代率。

举一个例子。假设有甲、乙两个消费者，他们对商品效用的评价不同，甲认为一块面包可以代替两个苹果，乙认为一个苹果可以代替两块面包。如果甲用一个苹果换乙一块面包，则甲得到一块面包相当于两个苹果，边际替代率为2；乙得到一个苹果相当于两块面包，边际替代率也为2。对所有消费者而言，若每一对商品的边际替代率相等，便是交换的最优条件。

再看生产的边际转换率。边际转换率是指企业新增投资与新增产出的比率。帕累托说，若企业生产两种产品的边际转换率不同，企业就会减少转换率低的产品的生产，而扩大转换率高的产品的生产。比如用等量的投入，生产面包可得收益200元，生产苹果仅得100元，这样企业就会改变要素配置，多生产面包，少生产苹果。此道理也适用于企业之间，若甲企业使用等量资源可得收益100元，乙企业可得 200 元，资源就会流向乙企业。对所有企业而言，等量资源生产任何两种商品的边际转换率相等，是生产的最优条件。

帕累托认为，资源配置最优仅满足交换最优条件与生产最优条件还不够，还需要将两者结合起来，让每一对产品的边际转换率等于边际替代率。边际转换率反映的是生产效率，边际替代率反映的是消费者偏好。两者相等，说明生产结构与需求结构吻合，生产的产品符合消费者需求，既不会短缺，也不会过剩。

"帕累托最优"是分析方法

若满足了以上三个条件，资源配置确实是最优的。然而回到前面学员的提问，仍有三个难点。第一，效用是消费者主观评价，交换前怎么知道两种商品替代率是否相等？第二，由于投资的边际收益递减，增加或减少投资会随之改变转换率。转换率变化不定，企业何以让两种投资的边际转换率相等？第三，供给相对稳定，需求瞬息万变，生产者如何才能让边际转换率等于边际替代率？

在我看来，"帕累托最优"是对资源配置结果的判定。它是一种分析方法而非操作办法。事实上，真实世界里不管消费者偏好怎样，只要不存在强买强卖，商品一旦完成交换，其边际替代率必相等。同理，企业少生产甲产品而多生产乙产品，只要没有要素流动限制，边际转换率也一定相等。若商品是等价交换，企业按价格信号生产，边际转换率也必等于边际替代率。

由此来看，"帕累托最优"的核心要义就一句话：只要不对市场设限，资源配置即可达到最优。反过来理解，若资源配置未达到最优，则必然存在市场管制。帕累托说，资源配置除了"最优状态"，还有"改进状态"。当年中国农村改革就是"改进状态"，农民利益增加而城里人利益并未受损。之所以如此，说明农村之前的资源配置不是最优，原因是农产品价格与要素流动皆受到了管制。

思考题

"帕累托最优"的核心要义是什么？为何说"帕累托最优"是经济学的一种分析方法？并请你用"帕累托最优"对中国的农村改革、企业改革以及政府改革做评析。

第 3 节 ｜ 奥肯的漏桶原理

庇古提出"收入均等化"后，美国经济学家奥肯对此提出了质疑。他指出，将富人的一部分收入转移给穷人，虽然有利于促进平等，但会带来效率的损失。因为转移过程中会发生"泄漏"，结果会让富人失去的多，而穷人得到的少。这就是著名的"奥肯漏桶原理"。

税收的双重影响

假定有这样一个社会，富人和穷人分灶吃饭，富人那里人少粥多，许多粥吃不完，被白白浪费掉了；而穷人那里人多粥少，根本吃不饱，不少人得了水肿。于是政府决定，从富人的锅里打一桶粥，送给穷人吃，以减少不平等现象。奥肯认为，政府的这种愿望是好的，但不幸的是，它使用的那个桶下面有个洞，是个漏桶。因此，政府虽然把粥送到了穷人那里，但路上却漏掉不少。

将分粥推展到税收，奥肯说，若政府用税收的办法，从富人那里转移一部分收入给穷人，穷人实际得到的比富人失去的要少一些。比如富人的收入减少了1 000元，穷人可能只得到了600元，其余的400元就不翼而飞了。为何会出现这种现象呢？因为追求平等会损害效率，进而减少国民收入。奥肯有一句名言："当我们拿起刀来，试图将国民收入这块蛋糕在穷人和富人之间做平均分配时，整个蛋糕却忽然变小了。"

奥肯所说的蛋糕变小，原因是税收具有双重影响。一方面，税收会削弱富人的投资积极性。奥肯在《平等与效率：重大的抉择》一书中写道："如果税收对于储蓄和投资具有重大的和有支配的影响，那么在总量数据方面的证据将是引人注目的而且是明显的。1929年，尽管美国经济处于萧条时期，但由于当时的税率很低，投资还是占到国民收入的16%。在此之后，联邦税的税率上升了好几个百分点。到了1983年，尽管当时的经济处于复苏时期，但投资率仍没有超过14%。"

另一方面，税收还会影响劳动者的积极性。奥肯分析说，税收不仅影响富人，而且会影响穷人。比如一个失业工人，如果由于得到了一份月薪并不算高的工作，而失去了政府的所有补贴，他自然不会去热心找工作。这样，在收入分配过程中可供分配的国民收入总量会减少，其结果就如同政府的粥桶会发生"泄漏"一样，使得富人失去的多，而穷人获得的少。

学界各执一词

漏桶原理的意思是：平等和效率，是鱼和熊掌不可兼得。那么在这种情况下，两者之间到底孰轻孰重呢？围绕这个问题，经济学家、伦理学家乃至哲学家开始了旷日持久的争论。有人认为，人们之所以在平等和效率的选择上争论不休，是因为现实世界不平等。富人害怕失去既得利益而鼓吹效率，反对平等；穷人希望劫富济贫，因此支持平等而批评效率。人们都戴着"有色眼镜"，各执一词，很难得出一个符合人性本来面目的结论。

美国哲学家罗尔斯在他的《正义论》一书中做过一个假想实验。将一群人带到一个远离现代文明的荒岛上，让他们在"原始状态"下开始新的生活。每个人对自己的未来一无所知，不知道自己将来是穷还是富，是成功还是失败。现在，让他们在一起进行协商：如何建立一个他们心目中"公正"的社会。最后协商的结果是追求平等，而不是贫富分化。因为每个人都不知道自己将来的收入会处于金字塔的什么位置，如果支持效率，他们每个人都可能有忍饥挨饿的风险。罗尔斯得出结论说，在平等和效率之间，应该让平等优先。

然而也有很多学者对这个假想实验提出批评，指出"平等优先"不一定是这个实验的必然结果。在现实生活中，如果有些人天赋很高，他们却被迫获得与其他人一样的收入，这种收入的平等，恰恰是不平等的表现。美国经济学家弗里德曼说：以"公平"换取"自由"这一现代倾向，反映了我们已经多么远地偏离了合众国的缔造者的初衷。由于公平缺乏客观的标准，它完全取决于仲裁者的主观看法，因此，"当公平取代了自由的时候，我们所有的自由权利就都处于危险之中了"。

奥肯的折中方案

显然，在罗尔斯和弗里德曼之间，奥肯采用了折中方案。在他看来，效率与平等不可偏废，既要促进平等，又要减少效率损失。

比如缩小补贴范围，降低补贴标准，可以控制收入分配对穷人劳动积极性的影响；调低所得税税率，提高消费税税率，可以减小收入转移对富人的损害；等等。奥肯特别指出，贫穷的根源在于缺乏教育培训，而要打破"贫穷—不良教育—贫穷"的恶性循环，最有效的办法是向贫穷人口敞开教育大门。他强调："在走向平等的道路上，没有比提供免费公共教育更为伟大的步骤了。"

思考题

奥肯的漏桶原理对政府照顾穷人有何启示？你是否赞成奥肯的折中方案？为什么？

第 4 节 | 卡尔多 - 希克斯效率

分配政策的任何改变，都可能使一方得利而使另一方受损。即便得利的是多数，情况变糟的是少数，按照"帕累托最优"，这种改变也是不可取的。这样也就否定了通过改变分配政策增加社会福利的可能，使新福利经济学走进了死胡同。为了从死胡同中寻找出路，经济学家卡尔多和希克斯重新对福利标准进行了考察，提出了一种新的标准。

假想的补偿原则

卡尔多指出，分配政策每一次变动，都对不同的人产生不同的利害关系，有一方得益，就会有另一方受损。但如果通过税收或价格政策，使那些得益者从自己新增的收益中拿出一部分，支付给受损者作为补偿金，使后者能保持原有的社会地位，而得利者提供补偿后还有剩余，这样，前者状况变好了，后者维持原状，社会福利得到了增长，由此就可以认定这一政策是正当的。而如果是得不偿失，受益者的所得补偿不了受损者的所失，或者所得等于所失，受益者在向受损者补偿之后自己没有剩余。那么，这种分配政策变动便不可取。

举例来说，假若分配政策的改变使有些人得益 120 元，而另外一些人受损 100 元，则根据"假想的补偿原则"，得失相抵，结果全社会的福利仍增加了 20 元。那么这种分配变革是值得肯定的。相反，若前者得益 100 元，得失相互抵销后，社会福利没有增加，那这种分配是不可取的。若前者只得益了 80 元，其所得根本无法补偿后者，反而令全社会经济福利损失了 20 元，那么这种分配改革对社会就是有害的。

希克斯补偿

希克斯十分推崇卡尔多的观点，认为卡尔多的福利标准是可以成立的。但他认为卡尔多提出的"假想的补偿原则"检验社会福利的说法不够完善，有必要加以修补。在他看来，卡尔多提出的"补偿"事实上并不一定能够实现，因为实际补偿要由受益者决定，如果受益者不实际补偿受损者，补偿就只是一种"假想"。基于此，希克斯进一步发展了卡尔多的福利检验标准。

希克斯指出，每一次分配变动之后，其实不必要求受益者都要向受损者做出补偿，补偿可以自然而然地进行。这一次分配变动中的受益者，可能在下一次变动中成为受损者；反之，这一次的受损者，下一次则可能成为受益者。因此，在长时间的一系列分配变动中，人们的受益与受损可以彼此相互抵销，故不必每次都进行补偿，只要假定损失终会得到补偿就可以了。

希克斯还指出，只要一个社会分配政策是以追求效率为导向，国民收入就会不断增长，在经过一段相当长的时间后，几乎所有人的境况都会好起来，只不过是有先有后、有快有慢而已。希克斯这一观点，表面上避开了个人的价值判断，使福利经济学有了实证基础，却蕴含着一个特定的思想本质，即一种政策措施的实行，即使导致贫者更贫、富者更富，但只要使国民收入总量有所增加，也可以认为是增进了社会福利。

思考题

你是否赞成卡尔多提出的"假想的补偿原则"？你对希克斯的观点有何评论？并说明具体的理由。

第 5 节 | 负所得税方案

弗里德曼为救济穷人所设计的"负所得税方案"，可以说是所有关于政府补贴的政策中最令人耳目一新的方案。弗里德曼认为，消除贫困，对生活困难的人群给予补助是政府应尽的职责。但是，如果一个国家决定向贫困开战，那么就必须选用一种最有效而又最简洁的方法，弗里德曼对此进行了研究。

差额补贴成事不足

按照凯恩斯的福利思想，美国制订了救济支持计划。美国的救济支持计划不仅烦琐不堪,而且弊端十分明显,除了全国的标准不统一外,最大的副作用是严重降低了穷人寻找工作的动力。因为此计划的重点,是对低收入者发放差额补助,让没有工作的人与有工作的人在领取差额补助后,最终得到的可支配收入基本相同。

弗里德曼指出,虽然美国现行的救济计划体现了一定程度的公平,但妨碍了整个社会的效率。经济高效率来自高竞争,没有竞争就没有效率,给低收入者发放固定的差额补助不利于激发他们的进取心,有损于自由竞争,从而有损于效率,同时,社会还会因政府支出的增加而发生通货膨胀。所以,要想消除贫困而又不损害效率,就必须对现有的援助穷人的收入支持计划进行改革。

照顾穷人应兼顾效率

鉴于美国救济计划的弊端,弗里德曼参照正所得税体系设计了一个补助穷人的"负所得税方案",即让低收入者依据各自的收入得到政府的补贴。这种为穷人提供补贴的方法之所以称为"负所得税方案",旨在强调它与现行所得税之间,在概念与方法上的一致性。负所得税就是政府规定一个最低收入线,然后按一定的负所得税税率,根据在最低收入线以下的穷人不同的实际收入给予相应的补助。其具体办法是:

负所得税 = 最低收入指标 – 实际收入 × 负所得税税率

因此,个人最终可支配收入 = 个人实际收入 + 负所得税税额。

按上面的公式计算,在可得到救济的人群中,收入不同的人可以得到政府不同额度的补贴(负所得税),从而使有收入的人或收入较高的人在接受"负所得税"补贴后的最终可支配收入,比没有收入或收入较低的人高。这样便可激励人们努力寻找工作,增加收入,调动贫穷家庭的成员赚取更多收入的积极性，而不像差额补助那样，使人们养成依赖政府救济的习惯。

举例说明

现在假定政府已经发布规定，目前社会的最低收入保障线为1 500元，负所得税税率是50%，而现在有甲、乙、丙三个收入各不相同的家庭，甲的实际收入为0，乙的实际收入是2 000元，丙的实际收入是3 000元。那么，按上面计算负所得税的公式，甲可得到负所得税1 500元，乙可得到负所得税500元，而丙可得的负所得税是0。

如果单从这三个家庭得到的负所得税来看，似乎收入越低，得到政府的补助就越多，可是再看看这三个家庭的最终可支配收入，却是实际收入越高的家庭，最终可支配收入就越高。如甲的最终可支配收入只有1 500元，乙有2 500元，而丙是3 000元。

在这个例子中，3 000元收入被假定为收支平衡点，在这一收入点上的家庭既不必向政府缴税，也不会得到政府补助。而在这一收入点以下的家庭，可以得到政府的"负所得税"补贴。在这一收入点以上的家庭，其实际收入超过3 000元的部分，则需按一定的正所得税税率向政府交税。

好事多磨

弗里德曼指出，负所得税方案的优点在于，它解决了政府补助中公平和效率的矛盾。在负所得税计划下，穷人从政府那里拿到的收入补助——负税收，是从1 500元的基本补贴开始的，然后以一个温和的比例50%下降。不过，由于人们在自己收入增加的同时，还可以向政府"征税",因此那些收入增加的穷人,其最终可支配收入也有明显增加。所以,低收入家庭便会有寻找就业机会的强烈欲望,从而使扶贫在体现公平的同时,也能刺激经济效率。

由于"负所得税方案"是用统一的现金收入补助取代原来的医疗、食品、住房、教育、失业等一大堆令人目眩的福利计划,因此,它不仅使扶贫方式更为简洁方便,而且由于执行该方案的政府机关只是税务部门,那些累赘的、代价高昂的福利官僚机构几乎可以全部撤销。与此同时,社会所负担的费用在税务表上以更明确和更客观的方式显示出来,从而可以避免贪污和腐败。

当然,"负所得税方案"的实施也存在一些难题:比如怎样准确地对贫困家庭的生活状况进行调查;不工作的人是否有资格得到更高的经济补助;如何确定补助的最低标准;以及它对效率的刺激作用究竟有多大等。这些难题的存在,使"负所得税方案"至今仍是纸上谈兵。但不管怎么说,该方案至少为我们在公平和效率之间如何寻找平衡点提供了新思路。

思考题

费里德曼提出的"负所得税方案"可以兼顾公平与效率,你认为在实践中应如何实施这一方案?你有何建议?并举例说明。

第 6 节 | 中国的扶贫实践

2015 年 11 月中央扶贫开发工作会议强调,"十三五"时期我国脱贫攻坚的目标是"两不愁三保障"。具体地讲,到 2020 年要稳定实现农村贫困人口不愁吃、不愁穿，义务教育、基本医疗、住房安全有保障。同时，实现贫困地区农民人均可支配收入增长幅度高于全国平均水平，基本公共服务主要领域指标接近全国平均水平。总结中国的扶贫实践，有几条基本经验。

扶贫从供给侧发力

从操作上来讲，扶贫要实现"两不愁三保障"既可从需求侧发力，也可从供给侧发力，但若要建立脱贫长效机制，则应重点从供给侧发力。2015年度诺贝尔经济学奖得主安格斯·迪顿曾对扶贫做过长期研究，他得出的结论是：若不改变造成贫困的现存条件，则政府补贴消费不可能让贫困人口脱贫。

迪顿所说的"补贴消费"，其实就是指从需求侧扶贫，贫困人口缺粮食，政府就提供粮食；贫困人口缺住房，政府就帮助建住房。这种扶贫方式称为"输血型"扶贫。然而问题在于，如果贫困人口缺什么政府就提供什么，让有些人可以坐享其成，那样难免会形成新的分配不公，甚至会有人争当贫困户。

下面三个案例是真人真事，可以佐证扶贫为何要从供给侧发力。

案例一。某村东、西两头住着两户人家。村东那家男主人外出务工多年，2018年用务工收入在县城买了套房子，可没钱装修，至今未能入住。村西那家男主人这些年一直游手好闲，不务正业，2018年底他家被确定为贫困户，政府给他买了房子，还做了装修。东头的那家觉得不公平，质问县干部："扶贫到底是鼓励勤劳还是鼓励懒惰？"

案例二。某乡有两人是堂兄弟，堂兄遵守国家计生政策，只生一个孩子，加上夫妻俩勤俭持家，生活温饱无虞。而堂弟却违反国家计生政策，生了四个孩子，由于负担重，生活非常拮据。年初堂弟被确定为扶贫对象后，政府给钱给物，一下子日子过得比堂兄家还滋润。于是村里人议论："这样扶贫岂不是鼓励违反国家政策？"

案例三。某老人有三个儿子，三个儿子皆有固定收入，而且都在县城买了房。五年前，三个儿子将老人接到县城同住。可当地扶贫政策出台后，为享受扶贫政策，三个儿子又将老人送回乡下。由于乡下房子年久失修，破败不堪。有一次上面派人检查，看到老人住着破房子而未被列入扶贫对象，于是立即责令当地政府整改。有人问："这不是要鼓励人们争当贫困户吗？"

可见，从需求侧扶贫对勤奋劳动的人确实不公平。政府财政资金来自税收，假若政府少征税，这笔钱留在企业可以扩大生产，创造社会财富。如果政府用税收补贴消费，势必抑制生产和财富创造。

"三变"改革的启示

我国到2020年的扶贫目标，仍是"两不愁三保障"。而长期目标，是让贫困人口脱贫，并确保脱贫人口不再返贫。要实现这个长期目标，就必须建立稳定提高贫困人口收入的长效机制。而且中央对此已提出明确要求：贫困地区农民人均可支配收入的增长幅度，要高于全国平均水平。

现在的难题是，怎样才能让贫困人口人均收入增长幅度高于全国平均水平。讨论这个问题，我们不妨将收入分为两个大类：劳动收入与土地、资本等资产性收入。若对收入做这样的划分，提高贫困人口收入便可双管齐下：既提高劳动收入，也提高资产性收入。不过从建立脱贫长效机制的角度看，重点应提高贫困人口的资产性收入。

事实上，国内不少地区已经开展了这方面的探索。贵州六盘水市的"三变"改革，就是成功的范例。所谓"三变"，简单地说，是"资源变资产，资金变股金，农民变股东"。而其核心要义，是增加农民的资产性收入。政府主要做三件事：一是为农民资产确权；二是通过"平台公司"投资改善基础设施，推动农民资产升值；三是引导农民入股龙头企业，通过规模经营增加农民收入。

提高资产性收入

"三变"改革受到了中央的高度重视，2017—2019年，"三变"连续三年写进中央一号文件。我曾赴六盘水考察。六盘水所辖4个县、市、区，"三变"改革前全是贫困县，其中3个是国家级贫困县，1个是省级贫困县。经过4年改革，到2019年底，4个贫困县、市、区全部提前"摘帽"，累计脱贫60.37万人，农民年人均可支配收入达到11 043元。

扶贫为何要以提高贫困人口的资产性收入为重点？理由有两个。第一，马克思在《马克思恩格斯选集》中指出，消费资料的任何一种分配，都不过是生产条件本身分配的结果；第二，收入分配通行的原则是按要素贡献分配。前面讲过，按要素贡献分配是为不同要素定价。价格是由供求决定的，目前资产要素稀缺度相对高，在分配中所占的比例也高。

古往今来，农民为何一直是低收入群体？是农民不勤劳吗？当然不是，而是农民没有土地（资产）。在旧中国，地主收入高，并不是地主勤劳，而是他们拥有土地，可以取得土地收入；而且土地和劳动力相比，土地相对稀缺，故土地收入高于劳动收入。当年我们党提出"打土豪，分田地"，目的就是要消灭地主剥削，让农民享有土地（资产）收入。

新中国成立后，我国已建立社会主义制度，但马克思关于生产条件分配决定收入分配的原理并未过时。对目前扶贫来说，要想让贫困人口脱贫后不再返贫，就必须让贫困人口拥有资产，同时还得推动贫困人口的资产增值。改革开放 40 年有一个不争的事实：国内那些先富起来的群体，大多是靠拥有资产性收入致富的。

让贫困人口拥有资产，当务之急是政府要将"资源变资产"，并将资产确权给贫困户。需要强调的是，给贫困户资产确权，必须将资产"使用权、收益权、转让权"一并界定，否则贫困户的利益难免会受损。以往农村土地确权有过教训，由于农民没有完整的土地产权，不仅土地不能用于融资抵押，而且强征土地的事也时有发生。

兼顾需求侧扶贫

这里需要特别指出的是，扶贫重点从供给侧发力，但并不能完全取代从需求侧扶贫。远水解不了近渴。如果贫困人口在吃、穿方面确实有困难，政府当然可以给予消费补贴。特别是对那些丧失劳动能力的贫困人口，政府应给予悉心周到的照顾。但我们一定要清楚，对那些拥有劳动能力的贫困人口来说，补贴消费只能作为短期措施。授人以鱼不如授人以渔。从长远来看，政府还是应立足于供给侧，提高贫困人口创造收入的能力。

思考题

你认为中国政府在扶贫脱贫方面取得了哪些成功的经验？如何建立巩固脱贫成果的长效机制？

20世纪70年代,福利国家兴起,政府对公民从摇篮到坟墓都要管,而且经常遭受来自各方面的批评。富人抱怨:政府是在惩罚成功者,从他们手中拿走大量的钱,去救济那些不思进取的人。而穷人也批评政府缺乏同情心,对他们生活水平的停滞无动于衷。政府职能应该如何定位或者应发挥哪些作用?

第十一章
政府与市场
有效市场与有为政府

前面十章讲的是微观经济学原理。从本章开始，我们要再加进一个"人"（政府），进入宏观经济分析。宏观经济分析也称"宏观经济学"，目前经济学家对这个名称尚有争议。其实叫不叫"宏观经济学"无所谓，关键是我们要明白，宏观经济分析应以微观经济学原理为基础，要从微观推导宏观。

第 1 节 | 配置资源有两只手

关于政府与市场的关系，亚当·斯密在《国富论》中有一个非常形象的比喻，说资源配置有两只手：一只是看得见的政府有形之手，另一只是看不见的市场无形之手。而且斯密认为，资源配置首先要用市场无形的手进行调节，只有那些市场覆盖不到的地方，政府才需拾遗补阙，用有形的手进行第二次调节。

争论由来已久

从邓小平视察南方谈话算起,国内关于政府与市场关系的争论已有 20 多年了。不过争论归争论,中央高层推动市场化改革的取向却从未改变。党的十八届三中全会强调,要使市场在资源配置中起决定性作用。此提法前所未有,之前的提法是让市场发挥"基础性调节作用"。所谓"基础性调节",是一种"覆盖性"调节,这个提法无疑与亚当·斯密的意思一致。

从国际上看,早在 20 世纪 30 年代就发生过一场大论战。当苏联第一个计划经济体制建成后,许多学者为计划经济大唱赞歌,可奥地利经济学家米塞斯 1920 年发表文章指出,资源不可能通过"计划"实现优化配置。他的观点后来遭到兰格等经济学家的批评,而哈耶克(米塞斯的学生,1974 年诺贝尔经济学奖获得者)却坚定地捍卫米塞斯。

1937 年,科斯发表了《企业的性质》一文。我在第三章介绍交易成本时提到,该文的分析可谓独具匠心。科斯说:资源配置在企业内部是"计划",在企业外部则是"市场"。于是科斯问:如果计划一定比市场有效,那为何地球上没有哪家企业扩张成一个国家?相反,若市场一定比计划有效,那么人类社会为何会有企业存在?由此科斯得出结论:计划与市场互相不能替代,两者分工的边界,取决于交易成本。

我们已经讲过交易成本概念,科斯的意思是说,资源配置采用"计划"还是采用"市场",要看何者交易成本更低。若计划配置比市场配置交易成本低,就用计划,否则就用市场。从逻辑上看,科斯这样讲应该没错。然而困难在于,交易成本是事后才能知道的结果，事前很难预知计划与市场谁的交易成本更低。既然不知道，我们又如何在两者之间做选择呢？

公共品由政府提供

骤然听，这的确是一个棘手的问题，不过仔细想，我们对交易费用并非全然无知。至少有一点可以肯定，但凡在市场失灵的领域，计划配置的交易成本就要比市场配置低。比如公共品的配置，由于公共品消费不排他，供求规律起不了作用。经验说，此时公共品若由市场配置，交易成本会远比计划配置高。我可以举灯塔的例子来解释。

灯塔属于典型的公共品，显然，灯塔若由市场配置会有两个难题。一是难以定价。由于灯塔消费不排他（你享用不妨碍我享用），而且不论多少人同时享用也不改变建造灯塔的成本，故市场无法给灯塔服务定价。二是由于灯塔消费不排他，过往船只中谁享用或谁没享用灯塔服务无法辨别，于是给灯塔的主人收费造成了困难，若是强行收费，势必引发冲突。

可见，无论是定价还是收费，由市场配置灯塔皆会产生额外的交易费用，这也是古今中外灯塔要由政府提供的原因。与灯塔类似，诸如国家安全、社会公正、扶贫助弱等也都具有公共品属性，为节省交易费用，此类项目也应由政府提供。

由市场配置非公共品

由于公共品（服务）不同于一般竞争品，它只能由政府配置。反过来，非公共品即一般竞争性资源的配置，则要交给市场。这么做并不是市场配置不存在交易成本，交易成本仍然存在，但相对政府配置会低很多。用不着多举例，想想从前政府分配福利住房吧！今天之所以要用货币购房取代政府分房，其中重要的原因之一是以往政府分配住房的交易成本太高。

回头再说"市场决定"。对此学界有多种理解，而我认为首先是市场决定价格，准确地讲是供求决定价格。不然价格脱离了供求，资源配置必会方寸大乱。可令人遗憾的是，时下却有不少人坚持政府管控价格，认为不如此就无法照顾穷人。其实这种看法似是而非，政府照顾穷人可以增加供给或者给穷人补贴而未必要管价格，管价格只会适得其反，令短缺商品更短缺。

"市场决定"的第二层含义，是由价格调节供求。事实上，价格调节供求的过程就是结构调整的过程。比如某商品价格上涨，表明供应短缺，受价格指引企业会多生产；某商品价格下跌表明过剩，企业会减少生产。这样看来，生产什么或生产多少要由企业做主，政府不能发号施令。我们说过，政府并不知道未来怎样的结构是好结构，官员也不会比企业家更懂市场。

第三层含义是开放要素市场。让价格引导资源配置，生产要素当然要能自由流动。假若要素市场被固化，资本不能自由流动，价格就不可能引导资源配置。所以市场决定作用也就被架空了。近几年企业界呼声四起，纷纷要求放宽行业准入。中央也三令五申，可惜至今也未能落实到位。政府与其反复发文，还不如明确规定：今后除了国家安全与自然垄断行业，无论是国企还是民企，行业进入一律无须报批。

思考题

亚当·斯密说资源配置有"计划"与"市场"两只手，那么计划与市场应当如何分工？如何理解市场的决定性作用？怎样才能让市场在资源配置中起决定性作用？

第 2 节 | 市场何以失灵

在亚当·斯密 1776 年出版《国富论》后的 100 多年里，学界对自由市场经济一直推崇备至。可不承想，20 世纪初出现了第一个计划经济体，紧跟着 30 年代西方又发生了经济大萧条，这两件事不得不让人们对市场进行反思。而《通论》的出版，更是彻底动摇了人们对自由市场的信念，很少再有人相信"市场万能"的神话了。

流行的解释

市场有可能失灵，这一点已成为人们普遍的共识。目前大家的分歧在于，市场为何会失灵？我看到的教科书有三点解释：一是信息不充分，二是经济活动具有外部性，三是社会需要提供公共品（服务）。实话说，我不完全同意以上解释，至少信息不充分与外部性不是市场失灵的原因，公共品会令市场失灵，但除了公共品，市场失灵还有更深层的原因。

经济学家大费周章地证明市场失灵，无非要证明政府不可或缺，或者说市场缺陷需要政府弥补。因此我不赞成将信息不充分作为市场失灵的原因，因为信息不充分同样会导致政府失灵。我经历过计划经济时代，读大学时总听教授讲"计划经济是全国一盘棋"，可那时的重复建设却令人触目惊心。何故？对此事我请教过教授，教授说是因为政府信息不充分。

既然信息不充分政府也失灵，我们怎能指望政府为市场纠错呢？事实上，在信息不充分的情况下，资源由市场配置比计划配置的代价要小得多。恰恰是由于信息不充分，资源配置才需要通过市场（试错），若信息是充分（或者对称）的，资源就可由政府配置，用不着市场。从这个角度看，我们不能把市场失灵归咎于信息不充分。

再看经济的外部性。不能否认，许多经济活动皆具有外部性，造纸工厂排放废水、废气给周边造成污染，就是经济的负外部性。问题是，经济有负外部性市场就一定失灵吗？20世纪60年代前经济学家大多是这样看，其中最具代表性的经济学家是庇古，他对解决负外部性提出的方案是先由政府向排污企业征税，然后补偿给居民。此主张曾一度成为政府解决负外部性的经典方案。

然而也有经济学家不赞成庇古的方案。1960年，科斯发表了《社会成本问题》一文，他在该文中指出，只要产权能够明确界定，市场就能解决负外部性问题。以上面的企业污染为例，科斯说，政府若通过界定产权对企业的排放权予以限制，并将不受污染的权利赋予居民，然后再通过市场的排放权交易，一样可将污染所形成的社会成本内化，市场不会失灵。

公共品导致市场失灵

再看第三个原因，即公共品。前面第一节我以灯塔为例说公共品应由政府配置。其实，灯塔这个例子最初来自穆勒1848年出版的《政治经济学原理》，在该书中他写道："虽然海中船只都能从灯塔的指引中获益，但要向他们收费却办不到。除非政府强制收税，否则灯塔会因无利可图而无人建造。"

穆勒之后，经济学家对公共品会导致市场失灵本来没有异议。可 1974 年科斯针对穆勒的观点发表了《经济学中的灯塔》，于是争论再起。科斯说，只要授权灯塔提供者向过往船只收费，市场就会有人提供灯塔。不过他这一观点并未得到学界认同。比如萨缪尔森反驳说，即便给灯塔提供者授权，收费也照样困难。由于灯塔的消费增加而成本不增加，不存在边际成本，对灯塔服务无法定价；同时，由于消费不排他，过往船只是否消费了灯塔的服务难以判别，因而也无法收费。

我认为萨缪尔森的分析是对的。其一，假若政府真的授权灯塔提供者收费，正如萨缪尔森所说，灯塔服务没有边际成本，谁能保证灯塔提供者不会漫天要价？其二，退一步讲，即使灯塔服务能够合理定价，但如果有船主说他凭借经验就可安全通行，用不着看灯塔，灯塔提供者凭什么向他收费？这样看来，在公共品（服务）领域，市场一定会失灵。

贫富差距过大是市场失灵

事实上，市场失灵不仅因为存在公共品，除了公共品还有更深层的原因。我认为更深层的原因是市场的分配机制。这并非我的发现，当年马克思在分析资本主义积累趋势时就讲过，资本主义市场分配会形成两极分化：一极是财富积累，另一极是贫困积累。而且马克思断定，这种两极分化的结果势必发展为阶级冲突，最后剥夺者要被剥夺。读者想想，这难道不是市场失灵吗？

也许有人会说，马克思分析的是资本主义的市场分配，社会主义条件下的市场分配不会两极分化。这种看法不对。众所周知，市场分配的基本规则是"按要素分配"，只要要素占有或人们的禀赋存在差别，收入分配就一定会出现差距，若政府对过大的收入差距不加以调节，贫富差距就会越拉越大，最后必然出现两极分化。社会主义与资本主义的不同，并不在于市场会否失灵，而在于政府能否主动调节并缩小贫富差距。

我国政府为何一直致力于建立扶贫脱贫机制，不断完善社会保障体系，目的就是要通过社会收入再分配，弥补市场初次分配的缺陷，实现共同富裕。有一个事实值得我们思考，以往计划经济时期人们收入初次分配的差距并不大，可为何搞市场经济后我们的收入差距就拉大了呢？原因有很多方面。但其中一个重要原因是，与市场经济的初次分配机制有关。

思考题

导致市场失灵的原因是什么？为何说信息不充分（不对称）与外部性并不是市场失灵的原因？在你看来，"收入分配差距过大"是否属于市场失灵？为什么？

第 3 节 | 政府职能定位

因为市场会失灵，所以需要由政府调节。那么政府具有哪些职能呢？这个问题显然与政府的角色定位有关。回溯人类经济发展史，在不同的经济发展阶段，政府所扮演的角色各有不同。而我们这里需要讨论的是，在现代市场经济体制下，政府应该扮演什么样的角色，或者说在哪些领域发挥作用。

从"守夜人"到"保姆"

关于政府的角色定位,亚当·斯密的看法是政府要少管事,只需当好"守夜人"。守夜人的职责,是在别人睡觉的时候,出来打一打更,看一看门,报一报"平安无事"。可是到了凯恩斯时代,政府的责任变大了,要管的事更多了。这时,看门的"老头"变成了居委会"老太太",不仅要协助民警搞治安,遇上邻里纠纷、婆媳吵架,还得出面调解,或者是为下岗职工安排就业,或者是替生活困难的家庭争取救济等。

20世纪70年代,福利国家兴起,政府对公民从摇篮到坟墓,社会生活各个方面都要管。相比之下,这个时期的政府,更像是一个家庭"保姆",而且是一个受气的"保姆",经常遭受来自各方面的批评。富人可能会抱怨,政府是在惩罚成功者,从他们手中拿走大量的钱,去救济那些不思进取的人。与此同时,穷人也在嘟囔,批评政府缺乏同情心,允许那些富人花天酒地,一掷千金,却对他们生活水平的停滞无动于衷。

如果说福利国家的政府扮演的是保姆角色,而在改革开放以前,我们的政府承担的则是"家长"的职能。从油盐酱醋,到职工的生老病死、住房医疗、入学就业,无不在政府的职责范围之内。当然,其中有很多事情并不是政府亲自办,而是交给了企业,也就是所谓的"企业办社会"。不过当时的企业皆是国企,加上政企不分,交给国企办也就是政府办。

布坎南的告诫

美国经济学家布坎南是公共选择学派的创始人,由于他开创性地将经济学研究方法成功地运用到了公共选择领域，1986 年获得诺贝尔经济学奖。布坎南告诫人们，市场机制虽然不是完美无缺的，可是政府针对市场缺陷进行的干预，也不一定能解决所有问题，因此对政府的经济干预应当持谨慎的态度。

布坎南认为，分析政府行为，必须从个体出发。政府是一个抽象概念，它是由一个个人组成的。而这些人大多也是理性利己的人，也要追求自己的利益最大化。同时，政府官员也是普通人，并非无所不知、无所不能，而是拥有人类固有的所有弱点，也会犯这样或那样的错误。即使有的官员想把事情办好，也可能由于种种局限无功而返，甚至好心办坏事。这样看来，由人组成的政府并非神的造物，也不是无所不能的机器，不具有正确无误的天性。

布坎南强烈反对凯恩斯关于政府干预经济的主张。他指出，政府过多地干预经济，只会扰乱社会经济生活的自然秩序，加剧经济失衡，西方经济"滞胀"的局面，就是推行凯恩斯主义政策的结果。布坎南还说："政府就如同一个拙劣的保姆，有时想讨好主人，却往往把饭烧煳。更多的时候，她则是忙于自己梳洗打扮，而把主人的孩子扔到一边。"于是他得出的结论是，只有当市场调节要比政府干预付出更高代价时，才需要政府出面干预。

四项职能

关于现代市场经济的政府职能，弗里德曼在《自由选择》一书中做过讨论。他指出，现代政府的主要职能有四项：保护国家安全，维护司法公正，提供公共产品，救助穷人并保护那些不能对自己负责的社会成员。保护国家安全和维护司法公正，必须由政府承担，因为除政府外，没有任何其他组织和个人能承担起这种职责；公共品会导致市场失灵，也得由政府提供。道理不再多说，需要着重解释的是政府的第四项职能。

政府的第四项职能，是救助穷人并保护那些不能对自己负责的社会成员。在上一节分析市场失灵时我说，贫富差距过大是市场失灵，要调节贫富差距，市场无能为力，当然得靠政府。而保护那些不能对自己负责的社会成员，用法律术语来讲，就是保护那些无行为能力的人，如老弱病残等，要促进社会公平，照顾这些无行为能力的人也是政府义不容辞的职责。

讲到这里，有一点还需要特别强调，政府手中的权力是一柄"双刃剑"，可以用来为民造福，但如果被滥用，就会威胁个人自由。弗里德曼曾多次提醒人们，要警惕政府权力的滥用。他说："要把政府的活动限制在一定范围内，让政府成为我们的仆人而不让它变成我们的主人。"

宏观管理目标

从政府管理经济的角度看，以上四大职能，则体现为政府实施宏观调控的四大目标，即实现充分就业、控制通胀、维持国际收支平衡、保持适度经济增长。迄今为止，东西方经济学家对政府宏观调控的四大目标并无不同意见，不过对以上四大目标如何排序，或者说应以哪一个目标为先，大家的看法却不尽相同。

早在20世纪50年代，西方学者就对调控目标如何排序产生过争论。凯恩斯学派主张增长优先，货币学派则主张控制通胀优先。10多年前，国内有学者提出政府应优先"促进经济增长"。党的十八大提出"实施就业优先战略"。表面上看，以上只是排序不同，无碍大局。可问题是政府调控目标排序不同，最终会导致宏观调控政策的发力点与着力点不同。

从操作层面上讲,对政府调控目标排序,首先要有科学的"排序规则"。没有规则,也就无法排序。那么应该采用怎样的规则呢?对政府来说,最重要的是"稳定"。这就是说,政府调控目标排序应把"稳定"作为规则。只要规则确定了,目标排序问题也就迎刃而解了。

关于政府调控目标排序,目前争论的焦点主要集中在如何处理两组关系:一是充分就业与控制通胀的关系,二是控制通胀与经济增长的关系。若按"稳定规则"排序,"充分就业"理所当然应排在"控制通胀"之前。通胀发生后,虽然人们实际收入会普遍下降,但损失最大的却是高收入者。可是失业不同,失业者大多是低收入者,一旦出现大面积失业,必然会危及社会稳定。

同样的道理,"控制通胀"应该排在"经济增长"之前。不然把经济增长排在前面,政府为了追求增长会采用扩张性财政政策与货币政策。历史经验证明,货币"大水漫灌"会引发恶性通胀,恶性通胀也势必影响社会稳定。一个国家若失去稳定,经济也就不可能持续增长。

思考题

现代市场经济条件下的政府角色应当如何定位?其职能是什么?你认为政府宏观调控经济的目标应该怎样排序?如何认识我国目前实施的"就业优先"政策?

第 4 节 | 政府的社会责任

前面说过,政府的主要职能是保护国家安全,维护司法公正,提供公共品，以及扶贫助弱。保护国家安全，维护司法公正其实也是公共服务，若加以合并，政府职能则可分为两类，一是提供公共品（服务），二是扶贫助弱、照顾穷人。这两类职能，又可统称为政府的社会责任。

政府无须事必躬亲

毫无疑问，社会责任首先是政府的责任，但这并不等于说政府履行社会责任就得大包大揽、事必躬亲。比如照顾孤寡老人，早年的养老院皆由政府投资管理，而今天的养老院大多是由私人企业投资经营的。公共品也是如此。提供公共品是政府的职责，可经济学研究证明，提供公共品不等于直接生产公共品，"提供"与"生产"并非一回事，两者可以分离。

社会责任可由政府承担，也可让企业承担，那么社会责任在政府与企业间应该如何划分？具体哪些社会责任应由政府直接履行，而哪些社会责任可委托企业履行？照理说，需要对政府与企业履行社会责任的成本与收益做分析，而我认为只需要对比两者履行社会责任的成本即可，因为社会责任由政府履行还是由企业履行，其收益相同，所不同的是他们各自的成本。

不过从成本角度划分社会责任也有一个困难：成本种类繁多，我们应该选哪些成本作为依据呢？在我看来，与划分社会责任相关的成本主要有两种：一是沉没成本，二是交易成本。沉没成本与交易成本的概念读者已经很熟悉，我不再解释。需要重点解释的是，为何要根据这两种成本划分社会责任。

两个案例的启示

2005年我访问法国电力公司（以下简称"法电"）时，该公司一位高管说，法电承担了社会责任。法国边远山区之前有穷人用不上电，希望得到政府帮助。于是政府把此事委托给了法电，法电欣然接受。我问那位高管为什么。他回答说，若政府直接供电，需架设专线；而法电有输电网，只要政府按成本价给公司补贴，公司就既不赔钱又能履行社会责任，何乐而不为。

可见，在这件事上政府与法电能达成合作，原因有两个。第一，法电有现成的输电网，而当初建输电网的投资已经沉没。既然投资已经沉没，顺便替政府给穷人送电不过是举手之劳。第二，政府按成本价与法电结算，政府可节省（架专线）大笔投资，而法电可赢得社会声誉。各得其所，自然是一拍即合。

据此分析，企业愿意承担社会责任，是因为企业已存在相关的沉没成本，若非如此，恐怕企业就不会积极合作。这里我想到的另一个例子是"垃圾焚烧"。处理垃圾事关公共环境，当然也是政府的社会责任。可这责任该由谁承担呢？按上面的分析，若企业有焚烧设备（沉没成本），则可交给企业。但若政府与企业均无焚烧设备怎么办？

在这种情况下，我们就需再比较"交易成本"。从固定资产投资看，新建一间相同的垃圾焚烧厂，购买设备的费用政府与民企应该相同，但政府投资使用的是财政资金，所建的垃圾焚烧厂是国企，而民企则是自掏腰包。预算约束不同，未来企业运行的协调、监管等交易成本也会不同。从原则上讲：若国企的交易成本低，社会责任就由国企承担；反之，可委托民企承担。

不可加重企业负担

据我自己多年观察，民企的交易费用通常会低于国企。因此，诸如垃圾焚烧一类的社会责任可以委托给民企履行。不过要让民企接受政府委托，政府得做好两件事：一是政府要用财政资金购买民企提供的"公共服务"；二是明确界定权利，允许民企向受益人收取适当费用。两者可选其一，也可双管齐下。总的原则是要让履行社会责任的企业盈利。

在这方面我们有过教训。改革开放前，政府把社会责任都交给了企业，让企业办社会，结果企业不堪重负，大面积亏损。后来我们剥离企业办社会的职能，社会责任全由政府承担。其实，政府是可以委托企业承担社会责任的，但成本必须由政府支付，不可加重企业的负担。

思考题

政府与企业的社会责任如何划分？你认为政府应当怎样履行社会责任？在什么情况下政府可以委托企业履行社会责任？

第 5 节 | 中国政府职能转变

国内学界有一种观点认为，相较于国有企业改革，政府改革相对滞后。从改革的时间序列上看，这并不是事实。事实是，政府改革与国企改革于 20 世纪 80 年代初同步启动。当年国企改革最引人注目的举措是"扩大企业自主权"，其实就是转变政府职能。若与经济体制转轨相比,也是政府改革在先,中央提出建立社会主义市场经济体制是 1993 年,而政府改革比这差不多早了 10 年。

行政审批作祟

政府转变职能,应重点改革行政审批制。说说我自己的一件往事。20 世纪 90 年代初,我还在人民大学读博士,有一同乡在国家机关当处长。有一年春节我们一起坐火车回老家,到长沙站后我担心赶不上回乡下的长途汽车,就随人流往外挤,那位同乡拽住我说:"别跟老百姓挤。"我说:"我就是老百姓呀!"他说:"你是博士,讲点风度。"于是我只好陪他讲风度。等别人都出了站,走到出站口我看到有人举着"接国家某部某处长"的牌子,这才恍然大悟,原来他讲风度是有车接他。那天我搭他的便车,一路上感慨万千。那时我就明白了,改革行政审批制为什么难。

后来我到中央党校工作,有一次到某钢铁公司调研,又听说了一件令人啼笑皆非的事。该公司有一座炼钢高炉已过了报废年限。高管层决定自筹资金,建一座新高炉。可报告打到政府有关部门却始终得不到批准。无奈之下,他们灵机一动,重新打了一份报告,不过没说要建新高炉,只是要求对原来的高炉进行易地改造,结果很快就批下来了。

炼钢高炉是一砖一瓦砌成的,搬不动、移不走,怎能易地改造呢?易地改造其实就是建新高炉。但前者能批,后者却不能批,这不禁让我想起了"朝三暮四"的笑话。宋国有个人爱养猴,后来家里缺食物,只好"限其食"。他跟猴子说,今后给你们喂橡树果实,早上给三颗,晚上给四颗,够吗?"众狙皆起怒"。他一看不行就换了个说法:"朝四而暮三,足乎?"结果"众狙皆伏而喜"。

这两件事情,一件是养猴,另一件是办企业;一件发生在古代,另一件发生在现代。两者却有异曲同工之妙。由于政府行政审批管得很多、很死,做了很多费力不讨好的事,企业万般无奈才不得不玩文字游戏。这件事反映了一个问题,当时政府职能定位不清,不该管的事情揽了一堆,分内的事却没有做好。用一句民间俗话说:种了别人的田,荒了自己的地。

"撤庙赶和尚"

政府改革在 2012 年前,重点是改机构,初衷是想通过"撤庙赶和尚"逼政府转变职能,可效果一直不尽如人意。不仅机构未消肿,而且机构和人员不减反增。何以如此?根源在于行政审批权作祟。以往机构改革有个明显特点,有审批权与没有审批权的部门相比,有审批权部门精减人员要困难得多,因为审批权后面有利益,利益所系,当事者当然不愿被精减。

机构改革动作最大的一次是 1998 年,国务院组成部门由原有的 40 个减少到 29 个,国家机关公务员数量压缩了 51%。而且当时政府鼓励分离人员带薪留职到高校读研究生,然后再另谋职业。可是过了不到一年,机构就开始反弹,原来被降格为副部级的机构,先后又升格为正部级;本来已经分离的人员,不少又重新回到了机关。2003—2007 年,国务院还曾推动过两次"大部制"改革,结果仍是雷声大雨点小,不尽如人意。

2013 年初,有专家预测新一轮公务员"下海潮"即将来临,理由是年底前中央政治局颁布"八项规定"对官场进行整肃,享乐与奢靡之风成过街老鼠,人人喊打。随后中办、国办又对职务消费与公务接待做了严格限定。一位在部委工作的仁兄曾对我感慨,说他到南方出差苦不堪言。我问何故，他说以前出差到外地都有接待，而现在一切都要自理。我明白他的感受，前后反差太大，感觉不适应也不奇怪。

公务接待与公务消费被限制，公务员的社会地位也不如以前。据国家人社部2013年公布的数据，当年报考公务员的人数比上一年减少了36.09万人，说明人们不再像过去那样看重公务员职位。而且有人断言，从此政府机构改革将一帆风顺。可我当时却没有那样乐观。在我看来，限制公务员特权对精简机构肯定有帮助，但仅此并不够，关键还得改革行政审批制。若行政审批制不改，机构改革仍会阻力重重。

据我所知，以往人们之所以选择进机关，福利待遇相对高只是一方面，他们更看重的还是审批权。比公务员工资福利高的职业多的是，但为何千军万马要挤独木桥？原因不过是指望日后能掌握审批权，一旦审批权在手，便可"呼风唤雨"。中国自古崇尚"学而优则仕"，若是为了实现报国理想，则无可厚非，但也不排除有人是冲着"官本位"去的。"官本位"实质是"审批权"本位，要是没有审批权，皮之不存，何来"官本位"？

改革釜底抽薪

现代市场经济的政府是服务性政府，公务员本来就不应该有审批权。而照弗里德曼的说法，政府是仆人。可我们以前请的仆人却很特别，不肯帮主人家买菜做饭，却控制着"审批权"。菜还得你自己买，饭也得你自己做，但买菜做饭前你得先打报告请仆人审批。请问谁家会乐意请这样的仆人呢？

党的十八大以后，中央大力推进行政审批制改革。到2017年底，国务院部门累计取消行政审批事项618项,彻底清除非行政许可审批。据统计,中央指定地方实施行政许可事项目录清单取消269项,国务院行政审批中介服务清单取消320项,国务院部门设置的职业资格许可和认定事项削减比例在70%以上,3次修订政府核准的投资项目目录,中央层面核准的投资项目数量累计减少了90%。

行政审批权大举取消,釜底抽薪。2018年政府机构改革终于取得成功,国务院组成部门减少至26个。此次机构改革着眼于转变政府职能,破除制约经济高质量发展的体制弊端。围绕建设现代化经济体系,加强和完善政府经济调节、市场监管、社会管理、公共服务、生态环境保护职能,推进重点领域和关键环节的机构职能优化和调整,构建起了职责明确、依法行政的政府治理体系。

思考题

请你对中国政府职能转变的历程发表评述。

政府管理经济的宏观目标之一，是实现充分就业。为此，凯恩斯主张从需求侧重点刺激政府投资，供给学派力主从供给侧全面减税以刺激私人投资，萨缪尔森认为要以承受高通胀为代价。那么政府实现充分就业到底应做怎样的选择？

第十二章
就业优先
稳定经济基本盘

前一章讨论政府职能时我说过,政府宏观管理经济的目标是实现充分就业,控制通胀,维持国际收支平衡,保持适度经济增长。就业事关社会稳定,是政府必须优先考虑的头等大事,故排在四大目标之首。本章将分析政府如何实现充分就业。

第 1 节 | 凯恩斯药方

凯恩斯在西方久负盛名,是因为他那本《通论》。该书起笔于 1933 年,于 1936 年首次出版。在写这本书时,凯恩斯曾给他的朋友——著名戏剧家萧伯纳写信说:我正在撰写一部划时代的著作,此书的出版也许会对世界上关于经济问题的思考方法发生革命。果不其然,《通论》一经出版便引起轰动,并被西方国家奉为国策,史称"凯恩斯革命"。

经济萧条的产儿

经济学家普遍认为,《通论》是经济萧条的产儿。意思是说,当一国经济遇上经济萧条时,《通论》便可派上用场。的确,在20世纪70年代前,西方国家用它应对萧条屡试不爽,凯恩斯也因此成为"战后经济繁荣之父"。中国在1997年应对亚洲金融危机和2008年应对世界金融危机时,也直接或间接借鉴过凯恩斯理论,"扩大内需"的提法就是来自凯恩斯的《通论》一书。

然而也有经济学家指出,西方国家20世纪70年代陷入经济滞胀,也是凯恩斯《通论》惹的祸。此批评并非空穴来风。萨伊定律说供给能创造需求,而凯恩斯却否定萨伊定律,提出要用扩张性财政政策与货币政策刺激投资。问题就在这里,刺激投资是一把"双刃剑",通过赤字预算增加投资能扩大当前需求,但长期如此无异于饮鸩止渴,不仅会加剧过剩,而且会引发通胀。

平心而论,将"滞胀"完全归罪于凯恩斯的《通论》并不公允。要知道,凯恩斯是个经济学家,何况他本人明确说过,《通论》所提出的主张只是医治经济萧条的药方。西方国家战后走出萧条,却仍然"照方吃药",吃坏了身体怎能怪凯恩斯呢?这样讲当然不是为凯恩斯辩护。我对《通论》其实也有疑问。我的疑问是:《通论》到底是不是医治萧条的灵丹妙药?

《通论》风光不再

若站在凯恩斯写《通论》的时代来看,他的分析并没有错。当时没有错,为何后来会错?原因是时过境迁,《通论》的立论基础不存在了。在凯恩斯看来,20世纪30年代西方世界发生经济大萧条,是由于有效需求不足。而有效需求不足，则是边际消费倾向递减、投资边际收益递减、流动偏好等三个心理规律所致。因此，这三个心理规律是《通论》的立论基础。

为何说《通论》的立论基础已发生改变了呢？我们先分析边际消费倾向递减规律。所谓边际消费倾向，是指新增消费与新增收入的比例。凯恩斯发现，当人们收入增加，消费也会增加，但消费增加却赶不上收入增加，于是新增消费在新增收入中的比例不断下降。凯恩斯说这是一个规律。倘若如此，一国国内的消费需求当然会不足。

问题是，边际消费倾向递减是规律吗？在凯恩斯时代应该是，但只是阶段性的规律。战后随着消费信贷的兴起，近30年欧美国家居民储蓄率急剧下降。有数据说，20世纪40—80年代，美国居民储蓄率保持在7%~11%。1990—2000年则降至5.12%，2001年首次出现–0.2%，2005年再次降至–2.7%。储蓄负增长，说明消费增长已快于收入增长，边际消费倾向递减规律已不能成立。

由此推论，凯恩斯对投资乘数的论证也难以成立。凯恩斯主张刺激投资，理由是投资有乘数效应。凯恩斯将投资乘数定义为1减边际消费倾向的倒数，即1/（1–边际消费倾向）。举个例子，若边际消费倾向为80%，则投资乘数（1–80%）的倒数为5，意思是投资1元钱可带动5元钱的需求。在凯恩斯看来，边际消费倾向不能等于1，否则投资乘数会无穷大。可我们观察到的事实是，今天的边际消费倾向不仅等于1，甚至大于1，因此凯恩斯对投资乘数的论证也就不能成立了。

当然，凯恩斯对投资乘数的论证不成立，并不意味着投资乘数不存在。投资乘数是客观现象，只是不随着边际消费倾向递减，而是取决于产业链的长短。比如制造业对钢铁业有需求，钢铁业对采矿业有需求，采矿业对采掘机械有需求。若用1元钱投资制造业，制造企业去买钢铁，钢铁企业去买矿石，采矿企业去买采掘机械，最初1元钱的投资，最终就放大成了4元钱的需求。

关于投资需求不足，凯恩斯指出有两个原因：一是投资边际收益递减规律；二是流动偏好。若其他要素投入不变，增加投资其边际收益无疑会递减。投资边际收益递减，企业家就会减少投资。可流动偏好与投资需求是何关系呢？凯恩斯认为，由于投资边际收益递减，要刺激投资就得降低利率，可由于存在流动偏好，利率又不能过低，不然就会陷入流动性陷阱。

何为流动偏好和流动性陷阱？流动偏好是指人们有保存现金的习惯。流动性陷阱是指利率过低，人们会将现金统统保存在自己手中，而不再存入银行（储蓄）。流动偏好是不是规律呢？"二战"之前应该是。可凯恩斯绝对想不到信用卡消费会在战后悄然兴起，而且很快风靡全球。不要说西方发达国家，就连现在中国的年轻人也很少用现金交易，购物、打车一律刷卡或用手机支付等，流动偏好在今天也已经不是规律。

不能全盘否定凯恩斯

假若边际消费倾向递减与流动偏好皆不是规律，《通论》的三大立论基础，其中两个就被动摇了。基础被动摇，其"药方"当然不再灵验。尽管如此，也不能全盘否定凯恩斯。评价《通论》要讲两句话：一是它对医治萧条发挥过积极作用，对解决就业问题仍有一定的借鉴意义；二是从现实来看，由于它的立论基础已不成立，我们不能照搬凯恩斯的理论，要立足中国实际，寻找适合中国国情的解决方案。

思考题

你认为 20 世纪 70 年代西方国家"滞胀"与凯恩斯的《通论》有何关系？为什么？

第 2 节 | 充分就业的代价

今天的西方经济学教科书在讲到充分就业时，通常要提到"菲利普斯曲线"，即一个国家要实现高就业，就必须以承受高通胀为代价。将失业与通胀的关系用一条曲线表达，形象直观，这的确称得上是神来之笔。实不相瞒，当年我读大学时，对经济学家从历史数据中寻求规律的本领，可以说佩服得五体投地。

菲利普斯曲线不足为信

在中央党校任教多年，经历的事多了，我对书本上的结论也就少了许多盲从。比如对"菲利普斯曲线"，我现在就认为不足为信。此曲线说通胀率与失业率是此消彼长的关系：通胀率高，失业率会低；失业率高，通胀率会低。可事实证明并非如此：20 世纪 70 年代美国的通胀率很高，失业率并不低；近 10 年中国的通胀率很低，但失业率并不高。

这是怎么回事？难道是菲利普斯错了？其实，菲利普斯本人研究的并非通胀与失业，而是工资率与失业率。1958 年他在《经济学》杂志上发表论文，分析了英国 1861—1957 年工资与失业的数据，他发现历史上工资率上升的年份，失业率往往都相对低。因此他得出结论：名义工资率变动是失业率的递减函数。

菲利普斯的大名，今天经济学者无人不知，可让他走红的并不是他的那篇文章。1960 年，萨缪尔森与索洛在《美国经济评论》发表《关于反通货膨胀政策的分析》一文，他们以菲利普斯的研究作为基础，用美国的数据替换英国的数据，用通胀率替换工资率，论证了通胀率与失业率也是反向关系。"菲利普斯曲线"的提法正是来自该文，菲氏也因此一举成名。

萨缪尔森与索洛的文章思路清晰，所表达的政策含义是：低通胀与低失业不可同时兼得。若一个国家希望保持较低的失业率，就得承受较高的通胀率；相反，若希望保持较低的通胀率，就得承受较高的失业率。这一推论后来被写进西方的教科书，并成为新古典综合派的主流观点，不少国家也将此作为制定政策的依据。

萨缪尔森的疑点

事实上，菲利普斯本人的研究结论并没有错，历史数据不会骗人，何况菲利普斯的结论有英国近百年的数据作为支撑。不过那只是特定经济发展阶段的特殊规律，而非一般规律，因为菲利普斯所用的数据皆来自"二战"前，那时第三次工业革命尚未到来，他的研究自然具有时代的局限性。

"二战"前 100 年，机器自动化程度虽然已不低，但大多设备仍离不开人工操作。在那个年代，工资率上升表明企业对人工的需求大，而企业用工增加，失业率无疑会下降。正因如此，我同意菲利普斯的结论。然而 20 世纪 70 年代后，智能机器的出现使企业对劳动力需求不再有刚性，工资率上升后企业不仅不会多用工，反而会用机器代替人工，令失业率上升。

2018年暑期我到广东调研，看到不少企业用机器替代人工的案例。其中广州博创是一家专做门窗的港资企业，公司总经理说，由于工资水平上涨太快，公司只好逐步用先进的机器替代人工。近两年，公司的工资水平差不多上涨了30%，而替代下去的员工数量也超过了30%。

继续谈萨缪尔森与索洛。我对这两位学者的质疑，主要是他们用通胀率替换菲利普斯的工资率。如此一来，菲利普斯所探讨的工资率与失业率的关系就变成了通胀率与失业率的关系。对于做这种替换的理由，以上两位学者做过说明：第一，价格由成本加利润构成；第二，工资是企业的重要成本；第三，价格变动与成本变动的方向一致。

若不深想，以上替换似乎无可厚非，但这样处理其实是错的。我在第五章讲过，工资上升会推高成本，可成本增加却不一定推高价格，因为最终决定价格的不是成本而是供求。我还讲过，按成本加成定价只是厂商的卖价，商品短缺时卖价可以是市价。但若商品过剩，消费者不接受，卖价便不是市价。事实上，当今市场过剩是常态，通常是需求决定价格而非成本决定价格。

混淆了微观与宏观

再往深处想，商品价格的决定是微观经济行为，如商品房价格，就是由开发商与消费者讨价还价决定的。通胀率则是宏观总量指标，其高低要由货币供求决定。关于通胀我会在下一章详细讲，这里只指出一点，只要央行不向市场超量投放货币，成本就不可能推动通胀。通胀只有一个原因，就是由需求拉动。

用通胀率替换工资率，如此移花接木，显然是混淆了微观与宏观。而推出的结论当然不足为信。按菲利普斯曲线的说法，降低失业率的唯一法门，是扩大货币供应，承受高通胀。可事实上政府手里除了货币政策外，还有财政政策可用，而且财政政策对推动就业的作用，绝不会亚于货币政策的作用。

近年来我国政府一直实施积极的财政政策，而货币政策却取守势，始终保持稳健，其效果有目共睹。2010年以来，我国居民消费价格指数（CPI）稳定在3%左右；同时就业形势也大为可观，每年新增加1 000万人以上就业。权威机构的数据显示，2019年底我国城镇登记失业率为3.62%。中国低失业而未高通胀，对菲利普斯曲线是有力的反证。

思考题

菲利普斯曲线为何不足为信？"通胀率"与"工资率"是何关系？请你说说为什么萨缪尔森用"通胀率"代替"工资率"是错的。通胀率与失业率为何并不总是反方向变化？

第3节 | 奥肯定律

讲到这里，我要先做两点说明。

第一，经济学中定律与定理不同。定理是根据特定假设，运用经济学逻辑推理出的理论判断。定律是根据经验事实归纳出的结论，而且结论要受特定时空的约束，离开了特定时空，结论就不再管用，奥肯定律就是如此，也是来自对经验事实的归纳。

第二，在20世纪60年代之前，宏观经济分析是重视微观基础的，比如凯恩斯的立论依据"三大心理规律"，就是根据对个人行为分析提出来的。菲利普斯曲线也是基于企业成本与价格的分析，不过是萨缪尔森和索洛的替换出现了失误而已。而下面要讲的奥肯定律，则是直接研究两个经济总量的关系得出的结论，完全没有微观分析作支撑。人们批评宏观经济分析缺乏微观基础，指的就是这种现象。

就业与经济增长

1962年，美国经济学家阿瑟·奥肯根据对美国统计数据的研究发现，一个国家的短期失业率与经济增长率（国民生产总值增长率）之间是反向变化关系，而且比值为1：2。即失业率每上升1%，经济增长率会下降2%；若经济增长率提高2%，则失业率会下降1%。

奥肯的这一发现，被称作"奥肯定律"。后来有西方学者用其他国家的数据做过验证，据说准确得令人吃惊。于是国内也有人生搬硬套，用奥肯定律解释国内的就业与增长，有人将近几年经济增长放缓的原因归结于失业；也有人说政府要实现高就业，就必须追求经济高增长。其实这两种看法都是错的，就业与经济增长速度并无必然联系，更不存在固定的比例。

经济下行并非失业所致

一个国家出现失业的原因有很多，经济学家根据失业原因的不同，将失业分为摩擦性失业、结构性失业、工资性失业（自愿失业）、周期性失业、非自愿失业等类型。在我看来，无论是哪种类型的失业，对企业产出皆不会产生实质性影响，增长速度也不会因为失业而下降。何以见得？下面让我逐一解释。

第一，摩擦性失业。摩擦性失业是指由于信息不对称或市场组织不健全造成的失业。比如，大学生毕业后要找到合适的工作需要时间，短期内有可能失业。再如，存在季节限制的建筑业，由于冬天冰冻期不便施工而企业会减少雇员，也会出现短暂失业。为何说这种短暂失业不影响企业产出呢？理由是大学生之前本来就未就业；而冰冻期不能施工，企业不辞退员工也不会有产出。

第二，结构性失业。市场需求瞬息万变，产业结构得适时调整，而产业结构调整要求劳动力供给与之相适应，否则就会导致结构性失业。有两种情况：一是企业工艺改进，员工可能由于缺乏新工艺所要求的技术而被解雇；二是新产业发展与夕阳产业收缩，也会出现结构性失业。事实上，结构性失业不会减少企业产出，因为无论是工艺改进还是新产业替代旧产业，产出不仅不减少，而且还可能增加。

第三，工资性失业。按古典经济学的假设，在劳动力过剩时，只要工资可伸缩（比如将工资降到所有人被雇佣为止），则不会有失业。但工会的存在与最低工资法的限制，使得工资具有刚性，而且有人不愿意接受低工资，导致部分人自愿失业。此类失业也不会减少企业产出。读者想想，工资是企业雇工的边际成本，若工资高于（雇工）边际收益，企业当然不会扩大生产。企业不扩产，自愿失业也就不影响产出。

第四，周期性失业。此类失业是由经济发展的周期引起的。在经济复苏和繁荣期，企业会扩大生产，增加就业；而在经济衰退和谷底期，由于社会需求不足、市场前景黯淡，企业会压缩生产，大量裁员。周期性失业是由于压产在先，压产是失业的原因，失业是压产的结果。因此，周期性失业也不会减少企业产出。

第五，凯恩斯还提到过一种失业——非自愿失业。即人们既不挑选工种，也愿意接受较低的工资，但仍找不到就业岗位。这种失业既可能属于摩擦性失业，也可能属于结构性失业或周期性失业。上面分析过，不管非自愿失业是出于何种原因，皆不会影响企业产出。不影响企业产出，当然也就不会降低经济增长率。

奥肯定律不可照搬

经济增长下行并不是失业所致，当然也不能反过来说，要实现高就业，就必须追求经济高增长。可以肯定的是，假若真如奥肯所说，美国失业率与经济增长率的反比值是 1∶2，那也不符合中国的实际。2010 年，中国 GDP 增速为 10.3%，到 2019 年下降为 6.1%，10 年间下降了 4.2%，但同期中国的失业率却并未上升。

我不主张照搬奥肯定律，还有一层原因。多年来我们已习惯了高增长，现在一下子从"高速"降为"中高速"，很多人难免不适应，因此有人以增加就业为由追求高增长。我要指出的是，无论增速多高，摩擦性失业、结构性失业、非自愿失业等都会存在，而商业增长唯一可能会对解决周期性失业有帮助，然而失业既然是由经济周期引起的，调节经济周期就不是一蹴而就的事。

可以预见，保持中高速增长将是未来中国经济发展的常态，所以不能寄希望于通过提高 GDP 增长速度来扩大就业。在扩大就业方面，政府可以做的事情很多，包括：提供就业信息服务等公共平台，可以减少摩擦性失业；提供职业技能培训，可以减少结构性失业；为非自愿失业者提供失业救济，可以减轻社会压力。

最后我要强调的是：奥肯定律只是根据美国特定时期的经验数据归纳出的结论，我们现在所处的发展阶段与当时的美国不同，而且两国国情也有很大的差别，大可不必照搬奥肯定律而作茧自缚。

思考题

经济学中的定律与定理有何不同？为什么奥肯定律在中国并不灵验？

第4节 | 供给学派革命

20世纪70年代兴起的供给学派，主张扩大就业应该从供给侧全面减税。该学派的影响至今如日中天。然而令人奇怪的是，供给学派并没有足够分量的代表作。最初是发端于万尼斯基的《世界运转方式》和吉尔德的《财富与贫困》两本书，而这两本书早已被人遗忘了，倒是南加利福尼亚大学拉弗教授当年画在餐巾纸上的那条抛物线却流传开来，那条抛物线被称为"拉弗曲线"。

拉弗曲线

拉弗曲线之所以得以流传，一个重要原因是得到了美国前总统里根的赏识。该曲线的意思是：当税率低于一定限度时，提高税率能增加政府税收；但若超过这一限度，再提高税率就会使政府税收减少。对此拉弗的解释是：过高的税率会抑制经济增长，令税基缩小，而税基减少政府税收会随之减少；相反，当税率过高时，减税则可刺激经济增长，扩大税基，税基扩大后政府税收反而会增加。

有一则趣闻。据说里根出任总统前，拉弗曾向他推销自己的"曲线"，当拉弗说到"税率高于某一值人们将不愿工作"时，里根拍案叫绝："对，就是这样。"并且举证说："'二战'期间我在'大钱币'公司当演员，当时收入附加税高达90％。只要拍四部电影就达到这一税率，再拍第五部，收入的90％都要交给政府，我们几乎赚不到钱，所以拍完四部电影后我们就不再工作，到国外旅游去了。"

英雄所见略同。1981年美国大选，里根胜出后立即请拉弗当经济顾问，拉弗曲线也因此声名远播，并逐渐成为经济学主流理论。时下学界有一种观点，认为当年里根总统能带领美国走出"滞胀"，看家本领就是拉弗曲线。此说法虽有争议，不过从当时流行的所谓"里根经济学"看，其核心思想的确就是减税。可见拉弗曲线对推动美国减税功莫大焉！

应该说，拉弗曲线不仅成功地推动了美国减税，今天国内学者主张政府减税，其依据也是拉弗曲线。多年来，我对拉弗曲线可以说是深信不疑，而且曾多次写文章推介。可后来研究中国的结构性减税，才如梦初醒，忽然意识到拉弗曲线存在诸多疑点。比如，最佳税率到底怎么确定；税率高过最佳税率后，减税是否一定增加税收等，这些都是需要深入讨论的问题。

最佳税率难以确定

我现在的思考是：理论上，最佳税率应该存在，但在实际操作层面却难以确定。拉弗曾分析，当税率为0时，政府税收是0；而当税率为100％时，政府税收也是0。故他认为最佳税率在0与

100%之间。这个分析肯定没错，可在0与100%之间具体怎样确定他却没说。为何他不说？我认为不是他不想说，而是他也不知道。

一个国家的税负水平，是指税收总额在GDP中的占比。有关统计数据显示：目前23个发达国家的税负水平平均为27.7%，最高为47.1%，最低为14.6%；而24个发展中国家平均为22.7%，最高为37.7%，最低为16.0%。各国差异如此之大，税率到底多高为最佳，恐怕谁也说不清。问题在于，不知道最佳税率是多少，我们怎么知道该不该减税？当年美国共和党内部出现减税与增税之争，正是因为对最佳税率的认定有分歧。

退一步讲，即便已经知道了最佳税率，拉弗的推断也未必能成立。照拉弗的说法，税率向上越过最佳点就进入了税率禁区。而一旦进入税率禁区，拉弗认为政府减税即可增加企业投资，企业投资增加则可扩大税基，这样税率下降政府税收会增加。不知读者是否同意他的分析，我认为减税的结果可能有两个：政府税收增加，政府税收减少。

以所得税为例。我们知道，所得税取决于两个因素：一是应税所得额（利润），二是税率。假定某企业投资2亿元，利润率10%，则利润是2 000万元。若现行税率为25%，则政府税收为500万元。现在再假定最佳税率是20%，即现行税率超过了最佳税率。于是拉弗推断：若将现行税率从25%减至20%，企业投资会扩大，利润会增加，最后税收会超过500万元。

拉弗只说对了一半

减税确实能扩大企业利润留存，增加投资，但拉弗只讲对了一半。事实上，投资增加并不等于利润（应税所得额）增加，两者不是一回事。经济学边际收益递减规律认为：当企业投资达到一定规模后，再增加投资，边际收益会下降。由此可引申出的含义是，企业若持续扩大投资，总有一天利润率要下降。若利润率下降，企业即便增加投资，政府的税收也未必能增加。

还是用上面的例子。比如政府将税率从 25% 减至 20%，政府当年减税 100 万元，这 100 万元即变为企业的投资，由于边际收益率递减，假定利润率为 9%，则新增利润为 9 万元。于是企业总利润为 2 009 万元，若政府按 20% 的最佳税率征税，则政府税收为 401.8 万元。由此可见，减税后政府税收不仅没多过 500 万元，反而减少了 98.2 万元。

我们可以再换个角度想，一个国家何时减税的呼声最高呢？当然是经济萧条期。经济萧条意味着生产过剩，产品严重压库，这时候政府减税固然可刺激企业投资，但若供给结构不变，加大投资无疑是火上浇油。企业库存不去，利润不能增加，此时减税怎么可能增加政府税收呢？正是基于此，中央多次强调我国实施减税政策的重点是结构性减税而非全面减税。

我对拉弗曲线提出质疑，并不是反对减税。我研究经济学数十年，当然知道税负过重会挤出企业投资。我想说的是，当前中国经济稳增长绝非只有减税一个办法，推动供给侧结构性改革效果会更好。这也是我下一节要重点讲的内容。

思考题

拉弗指出最佳税率是在 0 与 100% 之间，你认为在这个区间内能否确定最佳税率？如果能，那么应该怎样确定？政府通过减税增加税收的前提是什么？为什么？

第 5 节 | 供给侧结构性改革

供给侧结构性改革是稳定就业、推动经济高质量发展的中国方案，也可简称为"供给侧改革"。从理论上看，供给侧改革既不同于凯恩斯学派的主张，也不同于西方供给学派，是经济学发展的重大理论成果。有西方学者评论：供给侧结构性改革是"中国智慧、全球方案"。

三个关键词

供给侧结构性改革有三个关键词。

第一个关键词是"结构"。解决结构失衡是供给侧改革的主攻方向。中央指出，结构性改革的近期任务是"三去一降一补"：去产能、去库存是为了调整供求关系、缓解工业品价格下行压力，同时也是为了去杠杆、防范金融风险；而降成本、补短板，则是为了提高企业竞争力、改善企业外部条件、增强经济增长能力。而结构性改革的长期目标，是建立供给结构不断适应需求变化的体制机制。

第二个关键词是"供给侧"。当前我国经济结构失衡，主要原因在供给侧。所以解决结构问题必须从生产端优化要素配置，提高全要素生产率，不断扩大有效和中高端供给，减少无效和低端供给。同时，还要不断优化现有产品（服务）功能，提升供给质量，并通过培育发展新产业、新业态，提供新的产品（服务）。通过创造新的供给，创造和引导新的需求。

第三个关键词是"改革"。毋庸讳言，以往政府调结构主要是采取行政手段。党的十八大后，习近平总书记指出："供给侧结构性改革本质是一场改革，要用改革的办法推进结构调整。"这就是要通过改革要素市场体制，化解产能过剩；改革要素价格形成机制，引导资源优化配置；改革行政审批体制与财税体制，降低企业制度性成本；改革金融体制，防范和化解金融风险；改革投融资体制，扩大有效投资补短板。

结构性矛盾凸显

从理论上讲，若一个国家生产过剩是由需求不足引起的，则可以从需求侧刺激需求。但若生产过剩是结构导致的，那么就得从供给侧调结构。毫无疑问，当前我国经济面临的突出困难是结构问题：一方面，生产成本上升，人口红利逐渐消失，劳动力、土地、能源等要素价格上涨，生态和环境承载能力已接近上限；另一方面，产业升级缓慢，过剩产能累积，需求严重外溢。

由此可见，在当前"三期叠加"的背景下，影响经济增长的突出问题有总量问题，但结构性问题更突出。问题变了，解决问题的方法当然也要变。从需求侧扩大投资虽能实现总量平衡，但解决不了结构性问题。当年美国按照供给学派主张推行全面减税，虽然一度刺激了经济增长，但也加剧了生产过剩与结构性矛盾。中国的实践证明，只有坚持供给侧改革，才能实现由低水平供需平衡向高水平供需平衡的跃升。

供给侧改革也是扩内需

说供给侧改革也是扩大内需，可从三个方面来看。

首先，改进供给可更好地满足需求。随着我国经济实力的提升，居民收入迅速增长，对优质商品的需求日益强烈，可由于供给质量无法满足市场需要，大量国内需求转向出境购物和"海淘"。比如，我们进口大量机械设备，而国内生产的机械设备却严重积压。事实上，我国并不是需求不足，而是需求变了，但供给质量没有变，当务之急是要改进和优化供给结构。

其次，改善供给可以引导需求。消费需求是可引导的。以国内新能源汽车为例，由于充电桩等服务设施不配套，几年前人们对新能源汽车并不看好。随着服务设施逐步完善，加上政策引导，近两年其销售纪录不断刷新。再则，电子商务平台和物流业迅猛发展，打破了实体店营业时间、店面位置的限制，为消费者提供了全天候、全方位、价格更优的购物体验，现在"网购"已风靡城乡。公开数据显示，2015 年中国移动购物用户为 3.64 亿户，而到 2020 年 5 月底已达到 6.59 亿户。

最后，创造新供给可创造新需求。当今时代，社会化大生产的突出特点，就是供给侧一旦实现了成功的颠覆性创新，市场就会以波澜壮阔的交易生成进行回应。事实确实如此。在工业革命之前，人们出行主要靠坐马车，而今天可以坐火车、坐飞机。40 年前手机还未问世，而自从"大哥大"出现后，新的需求和产业链被创造出来，今天偏远山区的农民也在用智能手机。

改革要着眼长远

从供给侧扩内需，要处理好近期任务与长期目标的关系。从短期来看，重点是解决当前结构性矛盾，激活国内需求潜力；从长期来看，则是建立从供给侧持续扩大国内需求的长效机制。习近平总书记强调，"要立足当前、着眼长远，从化解当前突出矛盾入手，从构建长效体制机制、重塑中长期经济增长动力着眼,既要在战略上坚持持久战,又要在战术上打好歼灭战"。

经过近几年的改革,我国的经济发展质量和效益明显提高,但并不等于已大功告成。下一步,要把改进供给质量与建立合理的供给体系结合起来,在战略上打持久战。中央的总体思路是:以完善产权制度和要素市场化配置为重点,实现产权有效激励、要素自由流动、价格反应灵活、竞争公平有序、企业优胜劣汰,并最终从体制机制上解决供求脱节问题。

落实到操作层面。一是加快要素价格市场化改革,完善市场监管体制,用市场价格信号引导资源优化配置。二是完善国有资产管理体制,改革国有资本授权经营体制,强化企业的市场需求导向。三是完善促进消费的体制机制,增强消费拉动国内需求的作用。四是深化投融资体制改革,通过优化投资结构来优化供给结构,进一步提高供给适应需求变化的灵活性。

思考题

供给侧结构性改革与供给学派的主张区别何在?为何说推动供给侧结构性改革也是扩内需?请你举例说明。

微观经济学分析证明，价格由供求决定。那么从微观推导宏观，通胀不可能由成本和结构性原因推动，而只能由需求拉动。正是在这个意义上，弗里德曼指出，"通胀始终是货币现象"。问题是政府（央行）如何控制货币供应才能避免通胀或者通缩。

第十三章
控制通胀
如何守住货币闸门

政府管理宏观经济的第二大目标是控制通胀。一个国家出现通胀，物价全面上涨，货币贬值，即便国民的名义收入不变，实际收入也会下降。若政府不加以控制，一旦衍化成恶性通胀，低收入者的生活水平必会大幅降低，最终将影响整个社会稳定。经济学家比较一致的看法是，政府应将通胀控制在适度范围内。

第 1 节 | 通货膨胀的成因

大家看西方经济学教材，通常将通货膨胀分为成本推动型通胀、结构型通胀、输入型通胀、需求拉动型通胀四种类型，这其实是说通货膨胀有四种成因。事实上，通胀的原因只有一个，即货币发行过多导致需求拉动型通胀，其他原因皆不可能造成通胀。

成本不能推动通胀

成本推动型通胀，也称工资推动型通胀。对此西方学者的解释是：工会力量过于强大，通常使工资增长超过生产率增长，而工资增长导致企业成本上升，而成本上升推高了一般价格水平，于是出现了通胀。西方学者还指出，工资与价格之间存在因果关系：工资增加会引起价格上涨，价格上涨又会引起工资增长。工资和价格所形成的这种螺旋上升现象，即"工资—价格螺旋"。

读者怎么看上面的分析？我的观点是成本不可能推动通胀。通胀是宏观经济现象，而且我说过，宏观分析需从微观分析入手，要从微观推导宏观。因此，要弄清成本与通胀之间的关系，我们得回到第五章介绍的供求原理。供求原理讲，商品价格要由供求双方共同决定。若供给短缺，则卖方可主导定价；若供给过剩，则由买方主导定价。由于市场经济常态是过剩，故价格通常是由需求决定而不是由成本决定的。

懂得了这个道理，我们再来讨论成本与通胀。有两个要点：第一，某类商品短缺，商品涨价是供求规律作用的结果，并非由成本推动；第二，按成本加利润定价只是厂商的卖价，而不是市价。若厂商卖价过高，消费者不接受，有行无市，卖价也就形同虚设。而厂商之间存在竞争，你不降价别人会降价，谁会一意孤行按成本定价呢？当商品过剩时，明智的选择是降成本，只有将成本降至市场价之下才有利润，否则就会亏损。

从微观（企业）角度看，成本不能决定价格。由此推导到宏观层面，成本当然也不可能推动通胀（价格普涨）。所以我们的结论是：一个国家出现了通胀，绝不能归咎于成本（工资）上升。

结构型通胀似是而非

结构型通胀是指从产业链的角度看,上游产品涨价会增加下游产品的生产成本,而生产成本上升会推动下游产品涨价,继而引发物价全面上涨,导致通胀。骤然听,这种分析似乎在理,但若深入思考却似是而非。其实,结构型通胀不过是成本推动型通胀的翻版。

2008年夏天,《人民日报》记者采访我,事先给我一个采访提纲,其中一个问题是:国内为何出现通胀?我知道他要问什么。2007年国内肉禽产品开始涨价,到2008年5月,居民消费价格指数上涨到7.7%。他是要问:当时的通胀是否由肉禽产品涨价推动。

2008年的涨价有三个特点:一是肉禽产品价格涨幅最大,二是食品价格涨幅超过非食品,三是消费品涨幅超过服务产品。究其原因,是2006年市场上猪肉价格低,农民养猪无利可图,2007年猪养少了,而城市居民对肉禽产品的需求却未减少。猪肉供不应求,价格自然会上涨。受其影响,消费者转向其他禽类和水产品消费,所有肉禽类产品价格也随之上涨。

后来记者当面问我:肉禽类产品涨价会不会带动下游产品涨价?比如猪肉涨价,会不会让猪肉罐头涨价?猪肉罐头涨价,会不会令全社会的工资上涨,从而推动价格普遍上涨?我回答他:通胀与肉禽产品涨价无关,肉禽产品涨价不会推动通胀。

我的理由是,当时国内肉禽产品短缺,而工业产品却普遍过剩。在市场经济下,上游产品价格由下游产品价格决定,而不是相反。若猪肉罐头过剩,肉价上涨而罐头价格不会涨,因为没有那样蠢的商家,罐头卖不出去还涨价。同理,若汽车过剩,钢材涨价,汽车不会涨价;纺织品过剩,棉花涨价,纺织品不会涨价;家具过剩,木材涨价，家具不会涨价。以此类推，上游产品涨价而下游产品不涨价，物价不普涨，通胀不会发生。

输入型通胀不能一概而论

所谓输入型通胀，是指一个国家进口国外商品或生产要素的价格上涨，引起国内物价持续上涨。西方经济学者认为，输入型通胀有三个传导途径：一是商品价格传导，二是货币供给传导，三是成本传导。对这三个传导途径他们做了如下解释。

关于商品价格传导。一方面，当国外出现通货膨胀时，由于国外商品价格上涨，出口国对外输出商品会增加；另一方面，国外商品价格上涨，又会减少本国居民对进口商品的消费，而转为增加对本国商品的消费。如此一增一减，最终会使社会总需求增加，引发通货膨胀。

关于货币供给传导。当国外存在通货膨胀时，出口国对外贸易将出现大量贸易顺差，而大量贸易顺差又会令出口国外汇储备大量增加。为维持汇率稳定，出口国必将相应地增发本国货币。国内货币供给增加，利率下降，投资需求扩大，于是需求会拉动通货膨胀。

关于成本传导。比如国际市场上的石油、原材料等价格上涨，会导致国内这些基础性产品的输入价格升高，提高国内产品的生产成本，从而引起国内价格上涨，并引发成本推动型通货膨胀。

很明显，价格传导与成本传导的解释是错的。国内价格总水平最终要由国内总需求决定，只要国内货币供应不增加，就不可能发生通胀。但对输入型通胀也不能一概而论，比如当国外发生通胀时，出口国贸易顺差形成了外汇储备，在固定汇率制下，需要相应增发本国货币。而国内货币供应增加，确实有可能出现通胀。

思考题

为何说结构型通胀是成本推动型通胀的翻版？运用供求原理，从微观与宏观两个层面说明成本和结构性原因不能推动通胀的理由。

第 2 节 | 通胀是货币现象

若一个国家发生通胀，归根结底是央行多发了货币。若货币不超发，就绝不会出现通胀。上面分析过，通胀不可能由成本和结构性原因推动，而只能由需求拉动。货币理论大师弗里德曼曾十分肯定地指出，"通胀始终是货币现象"。

货币流通公式

马克思在《资本论》第一卷分析商品价格总水平与货币需要量时，提出了著名的货币流通规律，即流通中所需要的货币量，等于同一时期的社会商品价格总额除以同名货币的流通次数。用公式表示是：

$$\frac{社会商品价格总额}{同名货币的流通次数} = 执行流通手段职能的货币量$$

若用 M 代表货币数量，V 代表同一时期的货币流通次数（速度），P 代表同期的价格水平，T 代表同期商品数量，则为：

$$P \times T/V = M$$

20 世纪初，费雪在《货币购买力》一书中，将马克思的货币流通公式改造成货币交易方程式：$M \times V = P \times T$。其经济学含义是：货币数量乘以货币流通次数，等于社会商品数量乘以价格水平。由于

V 受社会制度和习惯的影响，可以看作一个常数，社会商品数量 T 短期内也是相对稳定的，因此价格水平 P 的变动，就由货币数量 M 决定。

后来弗里德曼在 1956 年发表的《货币数量论：一个重新表述》一文中，就是用这个方程式将通胀的成因直接指向货币发行量。随着货币学派的影响越来越大，"通胀是货币现象"也渐渐深入人心，社会上那种"粮价上涨引起通胀""战争引起通胀""工人要求加工资引起通胀"等论调的声音越来越小。而且弗里德曼的这一观点，还在一定程度上遏制了西方政府的印钞冲动，至少超发货币已不再像从前那样明目张胆了。

简化的理论模型

为了证明"通胀是货币现象"，我曾提出一个简化的理论模型。

假定一个国家一年只生产两种产品：一吨大米与一台冰箱，一吨大米的价格为 2 000 元，一台冰箱的价格为 1 000 元。而该国央行当年投放的货币量也正好是 3 000 元，这样总供给等于总需求，通胀不会发生。即使物价出现结构性上涨，比如一吨大米从 2 000 元涨到了 2 500 元，也不会出现通胀。因为受货币总供应量（3 000 元）的约束，一吨大米涨价 500 元，冰箱价格就得降价 500 元，否则冰箱会卖不出去，只能压库。

可是现在奇怪的事情发生了。一吨大米涨价 500 元，而冰箱价格却不降反升，也涨了 200 元，而且都卖了出去。何以如此？也许有人会说是农产品（大米）涨价推动了工业品（冰箱）涨价。这个说法是错的。怎么可能呢？大米涨价 500 元后，冰箱也涨价 200 元，只能有一个原因，那就是央行在背后悄悄多发了 700 元的货币。所以我赞成弗里德曼的分析,通胀的推手只能是央行,除了央行,谁也不会有这么大的能量。

上面的模型虽然经过了简化处理,但揭示的理论原理却不会错。读者要是对"通胀是货币现象"仍有困惑,我建议你暂时放下书本,再好好地琢磨这个例子。这里我要提点的是,研究两类商品与研究多类商品的价格变化,道理完全一样。只要你反复思考,举一反三,相信你一定会同意弗里德曼的观点。倘若如此,说明你对通货膨胀已有了更深刻的认识。

农产品不能涨价是偏见

回头说 2008 年的国内通胀。仅从现象观察,当年确实是农产品在上半年先涨价,而工业品到下半年才涨价。于是有人认为通胀是农产品涨价推动的,希望政府打压农产品价格。现在读者应该明白,通胀的原因是央行多发了货币,而不是农产品涨价。若将通胀归罪于农产品涨价,板子无疑是打错了地方。

当时人们持这种看法,原因大概有三个:一是对通胀形成的机理不明就里,以为成本可以推动通胀;二是懂得通胀形成的机理而有意移花接木,转移公众的视线;三是传统的思维定式,认为农产品关系国计民生,不能涨价。前两点我们已经分析过,这里我要重点讨论农产品到底能不能涨价。

在我看来,说农产品不能涨价是偏见。可以理解,人们以前吃惯了便宜的大米和肉禽产品,现在陡然涨价,很多人会不适应,但这并不意味着农产品就不能涨价。只要产品供不应求,工业品可以涨价,农产品也同样可以涨价。农产品过剩,价格下跌时农民会吃亏。若农产品短缺,价格该涨不让涨,还是让农民吃亏。换位思考,站在农民的角度想,你觉得这公平吗?

其实,农产品价格适度上涨并不是坏事,至少可以增加农民收入。我们一直希望农民增收,这些年政府差不多把惠农政策用到了尽头。而农产品可以涨价,农民有了增收的机会,政府就应该顺水推舟。农产品比价低,并非农业天生弱质,更不是农民不勤劳。相反,为了保障城市居民需要,政府不仅让农民增加供应,还控制农产品的价格。

农产品价格上涨后,政府要做的并不是管制价格,而是补贴低收入者。农产品适度涨价,对中高收入者的影响微不足道,真正需要政府照顾的只是低收入者。只要低收入者生活水平不下降,农产品涨价就无伤大局。两害相权取其轻,政府大可不必为了让中高收入者能买到便宜的农产品而牺牲农民的利益。

思考题

怎样理解通胀是货币现象?从我国现实情况看,每次发生通胀前往往都是农产品先涨价,可为何不能将通胀的原因归结于农产品涨价?对肉禽类产品涨价,你认为政府是否要直接控制价格?

第 3 节 | 货币中性与非中性

若读者赞同"通胀是货币现象",那么政府控制通胀就得管住货币供应。可问题是,政府为何会默认央行向市场过多地投放货币呢?这既与政府(央行)宏观调控经济的考虑有关,也与政府(央行)对货币性质的认识有关。比如货币到底是中性还是非中性,此问题至今悬而未决。

货币非中性

最早提出货币非中性的学者,是瑞典经济学家维克塞尔。维克塞尔何许人今天知道的读者恐怕不多,不过在20世纪初,维克塞尔可是一位风云人物。熊彼特曾赞他为"瑞典的马歇尔""北欧经济学的顶峰"。维克塞尔也的确不是浪得虚名,1898年他的《利息与价格》一经出版便轰动整个欧洲。关于他对经济学的贡献,经济学家公认是他首次将价格分析与货币分析加以联结,首次将经济学静态分析引向宏观动态分析,首次提出了"累积过程原理"。

下面我简要介绍维克塞尔的观点。

从萨伊到马歇尔,大多经济学家认为货币是中性的,即价格由商品供求决定,货币增减只会影响价格总水平,而不会改变商品比价,故对经济不会产生影响。而维克塞尔的看法却相反,他认为货币不仅是交换媒介,而且具有储藏职能。若有人卖出商品后不马上消费,货币被储藏起来,商品供求就会失衡,所以他认定货币是非中性的,会对经济产生重大影响。

维克塞尔说:由于货币非中性,要想让商品供求恢复到均衡状态,就得用"利率"调节价格。为此他借用庞巴维克的"自然利率"与"实际利率"来论证自己的观点。自然利率是指不存在货币时"实物资本"的借贷利率,实际利率是指"货币资本"的借贷利率。维克塞尔指出,自然利率不同于实际利率,前者不会影响价格,而后者会影响价格。

他的推理是这样的:当实际利率低于自然利率时,企业会觉得有利可图而增加贷款、扩大投资,投资需求增加会抬高原材料、劳动力与土地等要素的价格。要素价格上涨，要素所有者的收入增加，又会继续拉动消费品价格上涨，于是价格就形成了一个向上累积的过程。反过来，若实际利率高于自然利率，价格会向相反的方向变动，出现一个向下累积的过程。

维克塞尔由此得出的结论是：利率与价格之间有某种内在的因果关系，而且由于货币的存在，实际利率往往会偏离自然利率，正因如此，要想保持价格稳定，就必须适时调控实际利率，让实际利率与自然利率保持一致。这一推论，就是"利率是政府调节经济工具"（简称"利率工具论"）的理论源头。

实际利率与自然利率

我之前对维克塞尔的分析一直深信不疑。学生时代就读过他的《利率与价格》，不过那时读书是为了应付考试，不求甚解。20年前为了写《与官员谈西方经济学名著》，重读了一遍《利率与价格》，仍觉得他的论证逻辑井然。可5年前我写《经济学反思》时再读该书，却发现他的理论存在诸多疑点。

维克塞尔说，货币出现后实际利率会偏离自然利率，而我却总也想不明白实际利率为何会偏离自然利率？举一个例子来说：假定甲有1 000斤粮食借给乙，且市场真的存在两种利率，实物借贷利率（自然利率）为5%，货币借贷利率（实际利率）为15%。此时甲会想，若按5%的实物借贷利率借出，到期连本带息收回1 050斤粮食，粮食每斤1元，仅得利息50元；可市场上的货币借贷利率为15%，若先将粮食卖出换回1 000元货币再借给乙，则连本带息收回1 150元，可多赚100元利息。可想而知，甲一定会借出货币而不会借出实物。

可是从乙的角度看，由于实物借贷利率相对低，乙会选择借贷实物而不是借贷货币。这样，双方会根据各自的"不耐"程度就利率高低讨价还价，最后达成一个新的交易利率，比如10%。而10%的利率，就不仅是实际利率，也是自然利率。实际利率与自然利率合二为一，两者怎么会偏离呢？

以上是粮价稳定的情形。若粮价不稳定，利息就会发生变化。这分为两种情况。第一种情况是粮食涨价。比如涨价前粮价每斤1元，乙为了买1 000斤粮食向甲借1 000元，按自然利率10%计算，乙将付息100元；若现在粮价从每斤1元涨到了2元，乙就得向甲借款2 000元，利息将增加到200元。第二种情况是粮价下跌。假设粮价从每斤1元降到0.5元，乙为了买粮1 000斤只需向甲借款500元，按10%的自然利率计算，则利息降至50元。可见商品价格变化会导致利息量变化，而利率并没有变。

利率与价格总水平

下面再说利率与价格。价格上涨到底是由利率推动还是货币量拉动的？我的回答是，就单个商品来说，价格是由供求决定的，价格总水平由货币供求决定。换句话说，利率既不能改变单个商品价格，也不影响价格总水平。按照维克塞尔的说法，实际利率若低于自然利率，企业就会扩大贷款规模。若银行未增加货币供应，无多余货币可贷，利率就不可能抬高要素价格。要素价格不上涨，要素所有者收入不会增加，消费品价格也不会涨。可见，决定价格总水平的是货币量而不是利率。

再换个角度想，央行调控实际利率，在现实中根本不可能找到参照标准。前面我们已经证明，货币市场的"实际利率"在量上就等于"自然利率"。即便实际利率与自然利率不相等，可在货币经济下央行怎么能知道自然利率是多少呢？问题就在这里，如果央行不知道自然利率是多少，又何以调控实际利率？所以那种"调控实际利率使之与自然利率一致"的主张，我认为不过是为央行操纵利率提供借口而已。

"利率是政策工具"的观点确实应该纠正，不然会误导政府决策。对此我要着重指出三点：第一，商品价格是微观现象，价格总水平是宏观现象，两者不可混为一谈；第二，价格总水平由货币供求决定，货币供过于求会通胀，价格总水平与利率无关；第三，利率由"不耐"程度决定，尽管通胀时期"不耐"程度有可能会加剧，但不能因此说利率是由货币供求决定的。

思考题

在货币经济条件下，实际利率与自然利率有可能发生背离吗？你认为利率可否作为央行的政策工具？请说明理由。

第 4 节 | 加息不能抑制通胀

现在我们再换个角度讨论加息能否抑制通胀。利息作为货币使用权的价格，如同其他要素商品的价格一样，都要由市场决定而不能由政府决定，因此利率不能作为央行的政策工具。若利率不是政策工具，那么央行通过加息抑制通胀的主张则不可取，而且最后也不可能达到目的。

加息与货币供应

我们已经知道，通胀是货币超量发行的结果，若说加息可以抑制通胀，无疑是说加息可以压缩流动性，减少货币供应。这里的关键是加息能否减少货币供应。很多学者认为能，而我认为不能。央行通过公开市场业务（如发行定向央票）或提高存款准备金率可以回笼货币，但加息却不能回笼货币。说得更明确些，加息只会减少货币需求，而货币供应不会变。

现在假定市场流通所需要的货币量为 2 万亿元，而央行却投放了 3 万亿元。货币供给大于需求，必会拉动物价普遍上涨，出现通胀。为了控制通胀，央行加息。利率提高，企业贷款成本增加，贷款需求会下降。可此时商业银行体系中多出 1 万亿元贷款，供给却不会减少。货币供给不变，商业银行为了不赔利息，一定会变相降息将贷款放出去。如此一来，央行抑制通胀的目的也就落空了。

加息不能减少货币供给，当然也就不能抑制通胀。困难在于"利率工具论"流传已久，而且在人们的观念里已根深蒂固，所以对"利率不是政策工具"我要再补充一点理由。按照现在教科书的解释，利率是货币的价格。可我要问，既然利率是货币的价格，利率就得由货币供求决定，央行怎么能操控利率呢？令人奇怪的是，时下人们同意一般商品价格要由市场供求决定，政府不能插手，却赞成货币价格由央行决定。这是何道理？

利率当然不是货币的价格，我上面这样讲只是为了"以错攻错"。不过只此一问，"利率工具论"便露出破绽。前面我讲过，利息是"货币使用权"的价格，而不是货币的价格。货币的价格是它的购买力。比如一把斧头的价格是 10 元，那么反过来可说 10 元货币的价格是一把斧头。作为固定充当等价物的商品，货币之价只能用所购得的商品数量去体现。

"不耐"程度决定利率

利率不是货币的价格，并不代表利率就可由央行决定。我们前面介绍过费雪的观点，利率是由社会的"不耐"程度决定的。由于人们的不耐程度有高低之分，有人很不耐，而有人稍耐些。不耐的人要即时享受，就得用期货交换稍耐人的现货，为此，不耐的一方必须给稍耐的一方贴水（支付利息）。也就是说，一个人越是不耐，所付利息就越多，利率也就越高。

生活中有大量这样的例子。比如战乱时期，人们生死难卜，社会不耐上升，利率通常被推高；反之，太平盛世，人们丰衣足食，不耐下降，利率也下降。经济繁荣期，人们急于贷款投资，利率会上升；而经济萧条期，生产过剩，投资需求下降，利率也会下降。再如，民间的高利贷，为何有人要借高利贷，原因是有人特别"不耐"。我认识一位房地产开发商，曾以高于银行 2 倍的利率借 1 000 万元高利贷，我问他为何不从银行贷？他说房子就差 1 000 万元竣工款，房子不竣工不让卖，而等银行贷款又来不及，所以只好支付高利息。

三点启示

总结上述分析，可以得到三点启示。

第一，利率是由社会的"不耐"程度决定的，与货币供应无关。在前面第九章我们讨论过，国债利率与民间利率均高于银行利率，并非货币供应有何改变，而是政府与厂商的"不耐"导致了不同利率的存在。由此推出的政策含义是：央行抬高利率，并不能减少货币供给，流动性过剩不能用加息的办法解决。

第二，影响"不耐"的因素都会影响利率。比如出现通胀后，人们预期未来物价会上涨，不耐程度加剧，于是纷纷贷款消费。寅吃卯粮，利率会被拉高。这也是通胀时美联储要加息的原因。很多人以为美联储加息是为了控制通胀，其实不然，恰恰是通胀引起了加息，加息只是通胀的结果，不是抑制通胀的手段。

第三，脱离"不耐"提高利率不可能抑制通胀。比如假定基点利率为4%，而通胀指数为2%，那么市场利率应升至6%。但如果为了抑制通胀，央行把利率提高到8%，其结果一定是贷少存多。但问题是商业银行高息吸收存款而资金不能贷出去怎么办。银行绝不会坐以待毙，一定会设法把资金贷放出去，这样货币供给没有减少，央行控制通胀也就竹篮打水一场空了。

思考题

在货币出现之前，就已经存在利率，显然利率并不是货币的价格，那么利率到底是由什么决定的？利率与通胀又是何关系？为什么说加息不可能抑制通货膨胀？

第5节 | 守住货币供应闸门

综上分析，抑制通胀最有效的办法，是守住货币供应的闸门，避免市场上流动性过剩。而且经济学家普遍认为，央行的货币政策目标首先是稳定通货（币值）。从稳定币值角度讲，央行向市场供给货币应做到恰到好处，保证既不出现通胀，也不出现通缩，为此就必须实施稳健的货币政策。

"规则"与"权变"之争

20世纪50年代，国际上围绕货币政策发生了一场"规则"与"权变"之争。以国家干预经济为基调的凯恩斯学派，倡导"相机抉择"的所谓"权变"政策。在他们看来，经济生活仿如一条有着丰枯周期的河流，而货币供应就是一道闸门，政府作为"守闸人"应时刻根据"河流"的丰枯状况，相应地关闭或开启"闸门"，以此平衡货币供求，缓解经济波动。

凯恩斯学派一直是战后西方经济学的正统或主流，因此"权变"政策在西方世界一度大行其道，成为各国货币政策的首选。可从20世纪50年代后期起，一股反对"权变"的理论旋风从美国东部刮起。高举这支反旗的领袖是货币主义学派的"掌门人"弗里德曼，他在1963年出版的《美国货币史（1867—1960年）》一书中，对凯恩斯的"权变"政策提出了尖锐的批评。

弗里德曼指出，"权变"政策不仅难以收到预期的效果，甚至会适得其反，造成经济的大起大落，令经济陷入恶性循环，"为减少失业—增加货币供应—利率下降—投资扩大—收入增加—物价上涨—利率反弹—投资收缩—失业增加"。据此，他力主政府放弃"权变"，而用一种预先制定的对货币投放有约束力的"规则"取而代之。而这个"规则"，就是下面我要介绍的"简单规则"或"单一规则"的货币政策。

"简单规则"的货币政策

弗里德曼通过对大量统计资料的研究，发现货币政策只有在经历了一个易变的、长期的"时滞期"后才会对经济产生影响。具体地说,从中央银行货币供应的变化到在经济生活中反映出这种变化之间存在着两个"时滞"期:第一个"时滞"期,货币增长率的变化平均需在6~9个月后才能引起名义收入增长率的变化;第二个"时滞"期,在名义收入和产量受到影响之后,平均要再过6~9个月价格才会受到影响。因此,货币政策生效的时间往往要经过一年或一年半。

弗里德曼说,正是由于存在这12~18个月的滞后效应,央行很难掌握实施"权变"政策所需的必要信息,无法准确预测经济的未来走向,更不用说去把握现实社会对货币政策做出反应的程度,这样,政府在扩大和收紧货币供应量时,就难免会做过头或做不到位。要么对经济刺激过度,要么紧缩过度,从而导致出现事与愿违的结果,更加促成经济的波动和不稳定。

基于以上理由,弗里德曼认为政府要当好"守闸人",与其手忙脚乱地收放,倒不如无为而治,制定出一个长期不变的货币投放增长的比例规则。他建议政府货币当局在确定货币供应量时,应牢牢盯住两个指标:一个是经济增长速度,另一个是劳动力增长率。并把货币供应的年增长率控制在这两个指标之内,如此以静制动,以不变应万变,反而可以使经济趋于稳定。

弗里德曼还指出,根据他的估算,美国每年需要增加货币1%或2%以配合人口和劳动力的增长,再加上年产量平均增长约为3%,若再考虑到劳动力的增长和货币流通速度会随着实际收入的增加而下降的趋势等因素,美国货币供应的年增长率可定在4%~5%。弗里德曼强调:这种"简单规则"的货币政策,实际上是为政府确定货币供应画出的一条稳定航线,只要货币当局始终遵循这条航线,就能避免经济的大幅度波动。

货币政策转向

由于凯恩斯主义的"权变"政策无法化解西方国家的"滞胀",大多数西方国家都先后转向实施"简单规则"的货币政策,瑞士、德国、日本被认为是由于实施稳定的货币增长政策而控制了通胀。当年以撒切尔夫人为首的英国保守党政府,更是唯"简单规则"马首是瞻。美国前总统里根上台后提出的"经济复兴计划"中,也把控制货币供给量作为主要项目。"简单规则"的货币政策所产生的深远影响,可见一斑。

毋庸讳言,在货币政策方面,我们也有过教训。1988年治理整顿、收紧银根;1990年就跟着出现了市场疲软;1992年增加货币投放,当年比上年增长了36.4%;1993年又增长了35.3%;1994年全国商品零售物价指数涨幅高达27.1%,居民消费价格指数涨幅高达24.1%。于是货币扩张政策紧急刹车,再度转向从紧,1998年又出现了通缩趋势。回头看,改革开放后几次大的经济波动,实际皆与信贷规模大幅波动有关。

有了前车之鉴,近20年来,中国政府一直实施稳健的货币政策,坚持将货币供应增长率与经济增长率挂钩,并保持在大体一致的水平上。这样,我们一方面成功地实现了经济的中高速增长;另一方面居民消费价格也相对稳定,除了2010年和2011年稍高一点(分别为3.18%和5.50%),其他年份皆保持在3%以下。国内物价能基本稳定,一个重要原因是货币供应保持了稳定。

中国经济进入新常态,未来经济增长将主要依靠创新驱动,而不是靠货币"大水漫灌",货币政策保持稳健也将成为常态。可以看看近几年国务院的《政府工作报告》，在讲到货币政策时，每次都强调要实施稳健的货币政策。2020年受新冠肺炎疫情冲击，第一季度经济负增长6.8%，外部环境的不确定性加大，国务院在《政府工作报告》中仍强调实施稳健的货币政策，要将居民消费价格涨幅控制在3.5%左右。

思考题

弗里德曼提出"简单规则"的货币政策的依据是什么？你认为我国实施的稳健的货币政策与"简单规则"的货币政策是否一致？

在经济全球化背景下，国家间交往日趋频繁，维持国际收支平衡已成为各国政府的重要目标。那么维持国际收支平衡是否一定要求国际贸易平衡？国际贸易平衡是否一定要求双边贸易平衡？如果一国国际收支出现逆差，政府应该怎样调节？

第十四章
国际收支
项目平衡与综合平衡

一个国家只要不是关门过日子，同其他国家在经济、政治、文化等方面保持交往，就一定会产生国家间的债权债务关系。在经济学里，一个国家的债权债务关系也称为"国际收支"。在经济全球化背景下，国家间的交往日趋频繁，维持国际收支平衡已成为各国政府宏观调控经济的重要目标之一。

第 1 节 | 国际收支表

分析国际收支状况，应先了解"国际收支表"。一个企业每年每月都要进行收支核算，其实一个国家也如此，也需要核算收支。不过与企业相比，国家的收支记录有所不同，需要将与其他国家的经济交往活动按一种特定的格式逐笔记录下来，形成一个账单，这个账单就叫"国际收支表"。

国家的账单

国家间在经济交往中形成的债权债务，到期要进行结算，这必然会引起国家外汇收支的变化。17 世纪之后的 200 多年，人们就是用外汇收支来定义国际收支的。第二次世界大战后，情况却发生了变化。没有外汇收支的交易（如无偿援助、补偿贸易等）在国际经济中的比重日益增大，为便于政府当局掌握对外经济的全貌，国际收支不再以支付为基础，改为以交易为基础。

以交易为基础记录国际收支，意思是只要经济活动已经发生，不管付款与否，都列入当年国际收支。若实际经济活动没有发生，即使已经预付款项，也不列入当年的国际收支。由此可见，今天的国际收支表已经不是一国的外汇支付账目，而是反映一国对外经济活动的"国家账单"。严格地讲，用国际收支来反映一国的国际经济交易并不贴切。1945 年，当时的国际联盟曾建议将其改为国际交易账户，但人们已习惯用"国际收支"，国联的建议最终并未得到采纳。

只要一项经济活动发生在本国居民和非居民之间，就应列入国际收支。但要注意，居民和公民是两个不同的概念，公民以国籍为判断依据，居民以居住地为判断标准。外国人创办的企业和团体，只要是在中国开展活动，就算中国居民；在我国逗留 1 年以上的留学生、旅游者，也是我国的居民。不过按照国际货币基金组织规定，官方外交使节、驻外军事人员一律算所在国的非居民，国际性机构如联合国、国际货币基金组织、世界银行等工作人员，则是任何国家的非居民。

收支表的结构

国际收支表看上去就像个"大杂烩",从日常的生活用品到导弹、飞机,从生猪、野兔到图书杂志,从有形的产品到无形的技术、劳务,以及资金借贷和本息偿还,只要是涉外经济活动,都可以列进国际收支表中。不过国际收支表与生物界有门、纲、目、科、属、种的划分一样,也对各类交易进行了严格而细密的分类。因此尽管里面的信息很杂,却"杂而不乱"。

按照国际货币基金组织规定,国际收支表主要由三个项目构成。

第一个是经常项目,包括进出口、各种劳务费、利息股息和利润等。如果你的外国朋友送给你一辆汽车,或者你向国外的慈善机构捐助了一批图书,作为无偿转让的交易,也应列入经常项目。经常项目下的自由兑换,是指进口外国商品、劳务所需要的外汇,以及支付国外利息、利润和对外无偿转让所需要的外汇,可凭人民币到银行自由购买;以上几个项目的外汇收入,也可兑换成人民币在国内使用。

第二个是资本项目,主要包括直接投资和资金借贷。比如外商直接投资和政府对外提供的贷款等,也都属于这个项目。按照期限长短可以分为长期资本和短期资本。20 世纪 70 年代以来,国际资本流动日趋频繁,至今资本项目已经超过经常项目,成为影响一国国际收支的首要因素。特别是其中的短期资本,如果引导不好,可能会给一个国家的国内经济造成巨大的冲击。

这并非危言耸听。当年亚洲金融危机的深刻教训就是,在金融监管不力的情况下,东南亚国家盲目开放资本项目,使投机资本恶意炒作有了可乘之机,导致亚洲各国货币大幅度贬值。受其影响,中国经济也受到了重创。1998年，有2 000多万名国企职工下岗失业。有东南亚国家的前车之鉴，中国政府对资本项目开放一直持谨慎态度。

第三个项目是外汇储备。这个项目很容易理解。简单地讲，外汇储备项目在国际收支平衡表中的作用，就是抹平经常项目和资本项目的收支差额，因此也称为"平衡项目"。

编制原则

国际收支表按照复式记账原则编制，每一笔交易都做两笔记录：一笔记作"借"，表示本国得到了什么东西；一笔记作"贷"，表示本国付出了什么代价。复式记账的好处是可以系统反映经济活动的全过程。这种记账方式，最早出现于意大利的米兰，当时米兰的金融业比较发达，金融资本家每获得一笔借款，就记为"借"，每发放一笔贷款，就记为"贷"。后来这两个词脱离了原来的意思，衍化成了单纯的记账符号。

举个例子。中国向美国出口了一批商品，反映在国际收支表中，一方面是借记资本项目，表示我们得到了美元；另一方面还得贷记商品，表示我们付出了商品。若美国政府赠予我国一批图书，不需要支付外汇，这属于单方面转移。但为了满足复式记账的要求，我们在借记商品（表示得到了图书）的同时，将单方面转记为贷，表示我们欠了美国的"人情"。这样，每一笔交易都有一个借方和贷方，而且两方的金额相等。

每一笔交易的借方和贷方相等，那么把所有交易汇总起来，借方总额等于贷方总额。也就是说，国际收支平衡表在账面上总是平衡的。如果经常项目和资本项目存在收支差额，国际收支表就会通过增减外汇储备，将其中的差额抹平。这种账面的平衡，当然仅是形式上的平衡，而不是实质性平衡。对各国政府而言，真正关心的是国际收支的实质平衡。

国际收支的实质平衡是指当年外汇收入与支出相等。收入大于支出，称为"顺差"，否则为"逆差"。而不管是顺差还是逆差，持续时间过长都会对一个国家造成不利的影响。因此，各国政府才把维持国际收支平衡与"保持适度经济增长、实现充分就业、控制通胀"一起列为宏观调控的四大目标。

思考题

为何说国际收支表在账面上总是平衡的？国际收支实质平衡的含义是指什么？

第 2 节 | 国际收支平衡

我们用了一节的篇幅介绍国际收支表，目的是为本节做铺垫，澄清人们对国际收支平衡存在的误区。很多人以为，一个国家要维持国际收支平衡，就必须保持贸易平衡。要维持贸易平衡，则必须保持双边贸易平衡。我们将分析证明，以上看法不仅在理论上站不住脚，在实践中也是有害的。

国际收支平衡并不要求贸易平衡

可以肯定地讲，国际收支平衡并不要求贸易平衡。为何这样说？只要我们看看国际收支表就清楚了。国际收支表包括经常项目、资本项目、外汇储备三个项目，而经常项目（贸易）只是其中一项。从逻辑上讲，一国对外贸易不平衡对国际收支会有影响，但不能因此断定国际收支一定会不平衡。

让我对"经常项目"与"资本项目"做进一步的解释。在经常项目下，进口是指将外国商品买入国境，出口是指将本国商品卖出国境。资本项目虽然不同于经常项目，但两者并无实质性的区别。事实上，对外投资也可看作"进口"国外商品，只是未将外国商品买入国境。引进外资也可视为"出口"商品，不过是没有将本国商品卖到国境外。

要是这样看，我们就不难明白国际收支平衡为何并不要求贸易平衡。在国际收支表中，经常项目与资本项目是互为消长的关系。比如：中国出口 100 亿元商品到国外，商品离开了国境，在经常项目贷方记 100 亿元；同时出口换取了外汇 100 亿元，于是在资本项目借方也记 100 亿元。反过来，中国将 50 亿元外国商品进口到国内，在经常项目的借方记 50 亿元，同时由于资本流出了 50 亿元，故在资本项目贷方也记 50 亿元。

在上面这个例子中，中国出口商品 100 亿元，进口商品 50 亿元，经常项目有 50 亿元的顺差；而资本流出 100 亿元，流进 50 亿元，资本项目便有 50 亿元的逆差。一个国家经常项目有顺差，资本项目就会有逆差；反之，一个国家经常项目有逆差，则资本项目就会有顺差。若将两个项目综合起来，该国的国际收支是平衡的。

双顺差或双逆差

困难在于，当一个国家的经常项目与资本项目同时出现顺差或者同时出现逆差怎么办？这种情况虽不多见，可现实中确实也出现过。如我国的经常项目与资本项目就曾出现"双顺差"。在此情况下国际收支能否平衡呢？为回答这个问题，我们再来分析国际收支表。

国际收支表包括经常项目、资本项目、外汇储备三个项目，若一个国家经常项目与资本项目同时出现顺差，外汇储备必然增加。而外汇储备通常用于国外存款，购买外国债券或者股票，而购买境外银行存单、债券、股票皆可取得收益，这样看来，外汇储备也可视为对外投资。若将三个项目结合起来，国际收支是平衡的。

"双逆差"的情形正好相反。一个国家经常项目逆差，表明该国进口大于出口，购买了较多的外国商品。资本项目逆差，表明该国资本流出大于资本流入，购买了较多的外国资产。而经常项目与资本项目同时出现逆差，则外汇储备必定会减少。将三个项目综合起来，国际收支也一定平衡。只有当一个国家外汇储备不足以弥补双逆差时，国际收支才会失衡，才需要政府出面调控。

贸易平衡并不要求双边贸易平衡

国际贸易平衡要求双边贸易平衡，是人们的另一种误解。长期以来有一种流行观点认为，一个国家对另一国家有贸易逆差，是逆差国吃了亏，顺差国占了便宜。美国提出要实现"美中贸易再平衡"，正是基于这一理由。关于国际贸易原理我将在第十七章专门介绍，这里先指出一点：国家间开展自由贸易是双赢，国际贸易平衡并不要求两国双边贸易平衡。

为何贸易平衡并不要求双边贸易平衡？道理其实很简单，随着经济发展和分工深化，今天国际贸易已不单是双边贸易，而是多个国家一起进行的多边贸易。特别是进入 21 世纪后，产业分工已经全球化，若两个国家分别处于产业分工的上下游，两国间的双边贸易就不可能平衡，而且也无须平衡。我们看下面的例子。

假定有甲、乙、丙三个国家，它们分别生产棉花、纱锭、布匹。甲将棉花卖给乙，却不购买乙的纱锭，那么甲是贸易顺差，乙是贸易逆差。乙将纱锭卖给丙，却不购买丙的布匹，则乙是贸易顺差，丙是贸易逆差。丙将布匹卖给甲，却不购买甲的棉花，于是丙是贸易顺差，甲是贸易逆差。若仅从两个国家来看，双边贸易皆不平衡，可从多边贸易上看，整体却又是平衡的。

读者也许要问：目前美国为何会对全球100多个国家存在逆差呢？我的解释是，因为美国处于国际分工的最高端，而广大发展中国家处于相对底端。同时，这也与"美元"作为国际中心货币有关。读者想想，在当今国际货币体系下，美国只要印刷美元就可在全球采购商品。其他国家要进口美国商品，首先得出口商品换回美元。这样美国当然容易出现贸易逆差了。

再往深处想，双边贸易是否平衡其实并不重要，重要的是贸易是否自由。只要贸易自由，全球贸易最终一定会自动平衡。对任何一个国家来说，出口的目的都是换取外汇用于进口，并通过进口分享国际分工的收益。如果一个国家只出口而不从国外进口等额的商品，就等于主动放弃了分享国际分工收益的机会，请问世上怎么会有愿意赔本赚吆喝的国家呢？

思考题

为何说国际收支平衡并不要求贸易平衡？而贸易平衡也不要求双边贸易平衡？

第 3 节 | 关税与国际收支

人们除了对国际收支平衡存在误区，还有一种误解，认为征收高关税可以实现贸易平衡从而维持国际收支平衡。当前国际上贸易保护主义重新抬头，关税大战愈演愈烈就与这种误解有关。在第 2 节我们分析过：国际收支平衡并不要求贸易平衡，贸易平衡也不要求双边贸易平衡。事实上，一个国家即便要保持双边贸易平衡，也不可能通过征收高关税达到目的。

高关税发端于重商主义

我现在要给读者出两个问题。第一个问题是：你是否赞成自由贸易？第二个问题是：国内产业是否需要关税保护？不知读者会怎么答。多年前我曾就这两个问题问自己的研究生，他们一方面赞成自由贸易，另一方面又认为国内产业需要关税保护。可这两个答案明显是自相矛盾的。

恐怕不只是我的研究生这么看，时下社会上也有不少人持这样的看法。顾名思义，贸易自由不单是指出口自由，同时也包括进口自由。一国的出口便是他国的进口，一国的进口则是他国的出口。古语云："己所不欲，勿施于人。"一个国家若希望别人尊重自己的出口自由，就不能限制进口而妨碍别人的出口自由，否则其他国家也会这样对待你，限制你的出口自由。

这个道理说起来大家都懂，可在对待进出口问题上人们为何会持双重标准呢？追根溯源，主张高关税的始作俑者是盛行于 15—18 世纪初的重商主义。在重商主义者看来，世上唯有金银才是财富，一个国家要增加财富，就必须多出口少进口。而要奖出限入，政府可采取的办法就是对进口他国的商品征收高关税。

在重商主义时代，货币是金银，而金银本身是商品，那时将金银作为财富尚可理解。然而今非昔比，今天纸币已经替代金银货币流通。20世纪70年代初，布雷顿森林体系解体，美元已不再与黄金挂钩，没人再相信"唯有金银是财富"。问题就在这里，大家已不再迷信金银，可为何美国还对高关税乐此不疲？几年前我在一个国际论坛上曾就此问题向美国学者发问。他们回应："高关税是为了保护美国的产业和就业。"

对此回答我当场表示不同意。我的理由是：用高关税限制进口，实质是限制国家之间的分工。当年亚当·斯密曾明确讲"交换是分工的前提"。一个国家若用高关税限制别人出口，别人出口不自由，也会用高关税限制你的出口自由。国际交换不自由，当然不可能存在国家间的分工。最后我郑重指出，推行高关税是重商主义回潮，是阻碍国际分工。

关税越高代价越大

用高关税限制进口，短期内可以保护本国就业，但从长期来看却会得不偿失。高关税是一把"双刃剑"，关税越高，代价就越大。比如中国企业生产的服装出口到美国，每件价格100美元，而美国企业生产的服装每件150美元。如果美国政府对中国的服装每件征收50美元关税，美国的服装企业确实可以高枕无忧，服装厂工人也不会失业，但美国会因此付出高昂的代价。

提高关税的代价是什么呢？首先是美国消费者的生活成本会提高。政府若不多征50美元关税，消费者就可用100美元买一件服装，而加征关税后却需 150 美元才能买到一件服装，这样会使美国消费者的购买力下降，实际生活水平降低。由此分析，提高关税会损害美国国内消费者的利益，而且是让消费者出钱，维持美国国内服装企业生存和工人就业。

从机会成本角度看，消费者出钱维持服装企业工人就业，其机会成本是放弃购买其他企业商品可能创造的就业。假如消费者不多花 50 美元买服装，而用这 50 美元去买电脑软件，软件销售量增加，软件产业就业也会增加。就扩大就业而言，两者并无分别。只是服装企业的就业看得见，而增加软件产业的就业看不见而已。

从国家层面来看，增加服装企业就业与增加软件企业就业对美国是一回事。区别在于，提高进口服装的关税，在保护国内服装企业的同时，其他企业的发展会受到限制。因为在一定时期内，社会资源是有限的，而那些需要关税保护的企业，往往是生产率较低的企业，这些企业被保护，资源就会向这类低效率企业流动。这不仅对生产率高的企业不公平，而且还会降低整个社会资源的配置效率。

出口是为了进口

一个国家开展对外贸易，目的是要分享参与国际分工的红利。若用高关税挡住进口，那么就意味着自己主动放弃了分享国际分工红利的机会。问题在于，出口的商品是一个国家实实在在的资源，而外汇只是进口国给出口国开具的"借条"，若不用于进口就是一堆纸（或者数字）。再说，一个国家若总是"奖出限入"，对方国家换不来外汇，总有一天你也无法出口。

这里我要说说"出口补贴"。不论补贴方式为何，政府补贴外贸都是为了鼓励商品出口。要知道，补贴出口是用国内财政资金补贴国外消费者，其补贴部分等于白送。所以经济学认为：一个国家与其补贴企业出口，倒不如补贴企业技术创新。只要企业有竞争力，出口就用不着补贴。古往今来，靠给人送"补贴"致富的国家一个也不曾出现。5年前中国政府提出实施"积极进口政策"，读者要认真领会其中的深意。

思考题

高关税对本国经济发展可能会产生哪些不利影响？你怎样看待出口补贴？并说明理由。

第4节 | 汇率与国际收支

汇率对一个国家进出口会产生影响。一国货币对外升值，汇率上升，本国商品用外国货币标识的价格上升，而外国商品用本国货币标识的价格下降，这样会限制本国商品出口，鼓励进口，贸易收支会出现逆差；相反，若一国货币对外贬值，汇率下降，则有利于出口，限制进口，贸易收支会出现顺差。正因如此，人们认为汇率也是维持国际收支平衡的手段。

人民币汇率成为焦点

2007年5月举行第二次中美战略经济对话时，美国提出让人民币对外升值。美国要求人民币升值，公开的理由是要平衡美国对中国的贸易逆差。而中国政府认为，人民币大幅升值会对中国国内经济带来负面冲击。双方各有各的道理，相持不下，此问题只好暂时搁置。但我认为人民币汇率日后一定还会成为中美之间的焦点问题。

中国不同意让人民币大幅升值，因为有日元升值的教训在先。1985 年，美国邀请英、德、日、法四国财长到纽约广场饭店开会，中心议题是敦促日元升值。而日本迫于美国的政治军事压力，最后只能就范。会议前，美元对日元的比价是 1∶240，1988 年升至 1∶120，而到 1995 年又升至 1∶79，短短 10 年，日元升了 3 倍。

日元升值的后果有目共睹，出口急剧萎缩。国内企业为避开升值打击纷纷转向境外，导致产业空心化。自此，日本经济开始了 20 年的衰退。更严重的是，日元大幅升值还在汇市上给了美国可乘之机。比如美国财团在 1985 年用 1 亿美元兑换了 240 亿日元，等到 1988 年，日元升值 1 倍，那么用 240 亿日元就可换回 2 亿美元。不计利息，仅在汇市一个来回，3 年就赚了 1 倍，而日本只能眼巴巴地看着财富被美国掠走。

诺贝尔经济学奖得主蒙代尔曾经提醒说："美国要求人民币大幅升值是灾难性想法，那是让中国经济自杀。"他细数人民币升值之弊达 12 条之多。蒙代尔是经济学大师，他的研判当然值得重视。问题是汇率与贸易收支平衡到底是什么关系？或者说中美贸易是否必须通过人民币升值才能平衡？这个问题的确需要在理论层面搞清楚。只有从理论上搞清楚，才能保持足够的定力。

对话夏尊恩

2009 年 11 月底，我率团赴华盛顿参加应对全球金融危机研讨会。开会前一天，我们代表团一行应邀拜访了美国贸易代表处。那天和我们见面的是代表处副代表夏尊恩博士及代表处的另外两位助理代表。夏尊恩驻华多年，是个"中国通"。这次见面本来只是礼节性拜访，不过近两小时的交谈，让我对彼此的分歧又多了些了解。

宾主见面客套话不多，夏尊恩单刀直入。他表示次贷危机已经让100万名美国人失去了工作，100万个家庭失去了房子，而原因与美国对中国贸易的持续逆差有关。于是他一方面抱怨中国人过于节俭，喜欢存钱，对美出口太多，买美国商品太少；另一方面又批评中国政府管制人民币汇率。他提出：要恢复美中贸易收支平衡，中国政府应该让人民币汇率大幅度升值。

夏尊恩提出的批评，早在我意料之中，而且我们也是有备而来。我回应说："美中贸易存在逆差是事实，但不能把美国次贷危机的责任归咎于中国，而且人民币汇率升值也解决不了中美贸易逆差问题。"当时我用一个例子向他解释。我举例说："假如你经常去某家你喜欢的饭店用餐，你与饭店之间，你一定是逆差，饭店是顺差，因为饭店的老板不会去你家用餐。可你会因为自己有逆差而指责饭店或要求饭店将饭菜提价吗？"

夏尊恩笑着回答："我不希望饭店提价。"

于是我追问："若将你与饭店之间的贸易看作国际贸易，而在上面的例子中你就是美国，中国就是那家饭店，美国（进口）消费了中国的商品和服务，给我们中国的是美元（开具的借条），请问你们美国凭什么说自己吃了亏？再有，你个人对饭店有逆差却不希望饭店提价，可美国有贸易逆差为何要让中国的人民币升值（提价）呢？"

夏尊恩反问："关键是美中贸易逆差如何平衡？"

我回答说："中美贸易不必平衡，若一定要平衡，对美国也是易如反掌。中国政府一直希望扩大对美国高新技术商品的进口，可美国却不肯卖，只要你们愿意卖，中美贸易很快就可以平衡。"

夏尊恩后来又提到中国人太聪明，并说："高新技术产品卖给你们，你们很快就会生产出来。"他后来提到的多是知识产权保护，显然是转换了话题，与前面研讨的"汇率"无关。

稳定汇率是大局

汇率是两个国家货币兑换的比价。汇率变动，不仅会对一个国家的进出口产生影响，对国内经济也会产生一系列的连锁反应。经济学认为，一个国家汇率是否稳定，既是衡量其投资环境优劣的一个重要标志，也是国内经济实现持续稳定增长的关键性前提。

问题是怎样才能稳定汇率？前面我提到过蒙代尔，他在1963年发表的《资本流动与固定汇率及浮动汇率下的稳定政策》一文中，提出了著名的"不可能三角"理论，即资本自由流动、货币发行权和汇率稳定，三者只能取其二。假如一国要有货币发行权，又要保持汇率稳定，就得限制资本自由流动。反之选择了汇率稳定，又允许资本自由流动，就得放弃货币发行权。

中国作为独立的主权国家，我们当然不能放弃货币发行权，而要保持人民币汇率基本稳定（有管理的浮动），可取的选择是对资本账户实行"有管理的流动"。对中国来说，资本账户完全开放是大方向，但要一步步走，切不可按照一些学者说的"毕其功于一役"。

思考题

分析汇率变化对经济的影响，你认为应该怎样稳定人民币汇率？有何具体建议？

附　录｜香港金融保卫战

（作者注：此文是我 1998 年 12 月底撰写的一篇旧文，今天对读者仍有启发。转录如下。）

1997 年 7 月 1 日，香港回到祖国怀抱。谁能料到，一场金融风暴正席卷而来。7 月 2 日，泰国金融崩溃，一日之间泰铢贬值 20%。8 月 14 日，印尼盾被迫与美元脱钩，两个月内缩水 50%。11 月，马来西亚外汇储备消耗殆尽，吉隆坡证券指数下跌 76%。东南亚风云突变，江河倒流，香港能否渡过此劫成为举世关注的焦点。

国际游资暗流涌动

20 世纪七八十年代，国际油价两次飙升，石油生产国积累了大量资金。恰逢此时，西方大搞金融自由化，巨额资金如鱼得水，纷纷外流。90 年代，跨国公司迅速膨胀，资本周转流动，时刻寻找盈利良机。金融衍生工具层出不穷，更为心怀叵测者提供了作案"利器"。他们四处出击，低买高卖，牟取暴利。国际游资并非散兵游勇，而是联手操作。据测算，其总额多达 7 万多亿美元。它们来如洪水，去如退潮，又被称为"热钱"，对国际金融市场冲击巨大。1987 年全球股灾，1992 年英镑、里拉狂跌，1994—1995 年墨西哥金融危机，都是国际游资在兴风作浪。

当然，国际游资光顾亚洲频频得手，与其金融方面的缺失有直接关系。东南亚这些新兴工业国，为了与西方一争高低，金融全盘自由化以吸引外资，尽快提升国力。金融市场之门大开，监管措施却未跟上，埋下了金融安全隐患。外资涌入，泥沙俱下，良莠难分。少部分置业办厂，多数却涌入汇市、股市、期市，以及房地产市场，搅出泡沫经济的繁荣假象。

国际游资，特点就在"游"，它们飘忽不定，打一枪换一个地方。这些投机者倚仗雄厚的资金实力，在金融市场轮番坐庄，杀低买进，拉高放空，赚得盆满钵满，然后扬长而去。对此，东南亚诸国也曾入市干预，却是有心杀贼，无力回天。原来长期泡沫经济，导致出口竞争力下降，对外贸易持续逆差，而这些国家的货币大都与美元挂钩，如此一来，本国货币便被高估。为了维持二者之间的固定比价，央行不得不抛出外汇，外汇储备渐渐掏空。国际游资掩杀过来，央行拿有限的外汇储备去拼，几个回合下来，便弹尽粮绝，不得不弃城而降。

联系汇率制是一道防线

值得回味的是，国际游资四处点火，可为何不敢贸然对中国香港下手？因为其对香港的"联系汇率制"心存忌惮。该制度于1983年再度启用，时值中英香港问题谈判受挫，岛内纷纷抛售港元，换取美元，以防日后生变。为恢复公众信心，特区政府宣布，港元与美元挂钩，从当年10月起，实行1美元对7.8港元的联系汇率。发钞银行增发港元，须有100%的外汇准备，按照1∶7.8的固定比率向外汇基金缴纳美元。港元回流后，可按相同比例，再将美元赎回。

香港地区的联系汇率，与周边的固定汇率不同，内部有两个自动平衡机制：港元若受到冲击，或者资本外逃，将使外汇（主要是美元）减少，发钞行就得向外汇基金交回港元，赎出美元，这将减少港元供应量，港元和美元比率重新趋向平衡；如果投机者在汇市抛售港元，港元汇率低于1∶7.8，发钞银行会从外汇基金兑出美元，到汇市套利，美元供给增加，港元汇率相应提升。除此之外，还有一点至关重要。香港区区600万人口，却坐拥900多亿美元，外汇储备位居全球第三，普通投机者翻不起大浪，冲击港元无异于蚍蜉撼树。

以索罗斯为首的国际大炒家，干惯了刀头舔血的营生，吃柿子先挑软的，将东南亚诸国扰乱后，开始积蓄力量，寻找时机，准备到香港地区虎口拔牙。索罗斯并非等闲之辈，1992年他曾只身大战英伦，狙击英镑，狂赚10亿美元，英镑全线溃败，退出欧洲汇率体系。有人为索罗斯算过一笔账，他的量子基金创建30年内，年均回报率达35%。也就是说，1969年向该基金投入1 000美元，30年后再取，本息将超过200万美元。

索罗斯投石问路

索罗斯对香港不敢小视，于是投石问路，先到外汇市场小试牛刀，以探虚实。1997年10月21日，众炒家登陆伦敦汇市，抛出价值近60亿美元的港元，将港元对美元的汇率压过了1∶7.75的警戒线。次日，香港恒生指数下跌10.4%，10月28日再度狂跌13.4%，恒生股市总值减少2.1万亿港元，香港人均财产减少35万港元。

香港特别行政区政府洞若观火，很快摸清了投机者的底细：他们使用的伎俩是从香港银行拆借港元，再到海外市场上抛售。香港特别行政区政府略施小计，提高拆借港元的利息，一举切断炒家粮草，使其赔上巨额利息，仓皇而逃。

偷鸡不成蚀把米，国际投机者岂能善罢甘休。他们一计不成，又生一计，布下一个连环套。第一步，短时间内大量抛售港元，迫使特区政府提高利息,香港股市必将出现几天狂跌。第二步,在香港股票期货市场,提前买下恒生指数看跌单,只要时间掐算准确,期指跌一个百分点,一张单就可赚 50 港元。

1998 年 5 月,国际游资大肆反扑,兵分三路,高卖低买、拉长补短,向香港汇、股、期三市同时发难。从香港银行拆借巨资打压汇市;尽数抛出股票,将股市放低;在期市预订大批指数看跌单,只等特区政府乖乖就范,束手就擒。联系汇率制上中下三路同时接招,渐感不支。港股如"过山车"急转直下,金融大鳄计谋得逞,不义之财滚滚而来,喜极之下,口出狂言,要把香港当作"超级提款机"。

香港绝地反击

财富流失、经济下滑、社会震荡,刚满周岁的特区政府,面临严峻考验。检点联系汇率制度,尽管还未尽善尽美,却事关香港金融稳定,不可轻言废止。国际游资为所欲为,无非是因为料定崇尚金融自由的香港地区绝不会改弦易辙,进行金融干预和管制。然而,世易时移,变法宜矣。面对炒家的猖狂进攻,香港特别行政区政府下定决心干预市场,捍卫港元,保护港人利益。

1998 年 8 月 14 日,特区政府调动巨资,突然出击,与金融大鳄短兵相接。此时,恒生指数已在半月内下跌近 1 万点,政府放开买进,大手托盘,恒指一洗颓势,5 天内飙升 1 292 点。8 月 28 日,是恒升期指交割日,也是双方决战的时刻,胜负成败,在此一举。开市 5 分钟,易手股票超过 30 亿港元,半小时内成交量突破 100 亿港元。

尽管金融大鳄孤注一掷,恒生股票和期指还是岿然不降,到下午4点收盘，恒指在"7829"上稳稳打住。炒家兵败如山倒，最终铩羽而归。为了救市，香港特别行政区政府动用了资金1 180亿港元。国际炒家机关算尽，结果反误了卿卿性命。据称，仅索罗斯就赔了8亿美元。

思考题

香港金融保卫战给了我们哪些启示？

凯恩斯在《通论》中只是研究投资、消费与经济增长的关系,后来有学者将凯恩斯的研究做了进一步扩展,提出投资、消费、出口是拉动经济的"三驾马车"。后来丹尼森研究发现美国历史上的经济增长,技术创新的贡献高达39%。从"三驾马车"到创新驱动,经济增长动力转换是如何发生的?

第十五章
经济增长
动力转换的秘密

保持适度经济增长，是政府宏观调控的第四大目标。本章将在分析经济增长均衡条件的基础上，讨论政府如何推动经济适度增长。研究经济增长的文献很多，而且经济学家的观点不尽相同。我将介绍其中主要观点，同时也结合我自己的研究做分析评述。

第 1 节 | 经济增长的均衡条件

在第十二章讲就业时，我介绍过凯恩斯的《通论》。关于如何稳定经济增长，《通论》曾提出一个著名的等式：储蓄＝投资。意思是说：一个国家要保持经济稳定增长，总供给与总需求必须平衡；总供给与总需求要平衡，必须让储蓄全部转化为投资。上面这个恒等式，今天已成为宏观经济学的基石。

两部门国民收入决定模型

我们知道，凯恩斯革命就是否定萨伊定律。凯恩斯认为，物物交换时代供给可以自动创造需求，而当货币特别是纸币出现后，供求已不可能自动平衡。他的根据就是边际消费倾向递减规律。即随着人们的收入增加，消费也会增加，但消费增加却跟不上收入增加，令消费在收入中的比重下降而储蓄增加。若储蓄不能转化为投资，总供给与总需求就会失衡。

为了简化论证过程，凯恩斯假设一个国家只有"企业"与"居民"两个部门，而且不存在税收，也没有政府支出和进出口。这样从收入（供给侧）角度看：

国民收入 = 工资 + 利润 + 利息 + 地租 = 消费 + 储蓄

而从支出（需求侧）角度看：

国民收入 = 投资 + 消费

总供求平衡，意味着总收入等于总支出。即，

消费 + 储蓄 = 投资 + 消费

等式两边都含有消费，故经济增长的均衡条件是："储蓄"必等于"投资"。

看上去，上面的论证天衣无缝，而我认为这个恒等式有诸多疑点。至少有三个问题值得我们追问：第一，储蓄的含义究竟为何？是单指居民存款还是包括其他项目？第二，储蓄等于投资是指"事实上相等"还是指"应该相等"？第三，总供求平衡是否必须将储蓄全部转化为投资？我读过无数遍《通论》，总觉得凯恩斯讲得不够清晰，而且前后矛盾。

储蓄也是投资

按照凯恩斯的说法，收入减消费的余额为储蓄。显然，他所讲的储蓄就不只是存款。比如你有 10 000 元收入，3 000 元用于消费，余下 7 000 元为储蓄。假如 7 000 元储蓄中，你用 5 000 元买了字画收藏，用 1 000 元买了股票，剩下 1 000 元存入银行。这样看来，在凯恩斯那里，"储蓄"是一个比银行存款更宽泛的概念，我们不妨称之为"广义储蓄"。

于是问题就来了，若广义储蓄不单指银行存款，那么储蓄大于存款的部分是什么呢？当然不可能是消费，只能是投资。如上例中居民购买字画收藏与购买股票都是投资行为。这一点凯恩斯其实也注意到了。问题是储蓄本身包括投资，说储蓄转化为投资岂不是同义反复？可见，凯恩斯讲"储蓄转化为投资"时的"储蓄"并不是广义储蓄，而是狭义储蓄，即居民存款。

进一步想，如果凯恩斯讲的储蓄是广义储蓄，而广义储蓄包括投资与存款，这样问题又来了：供给侧的国民收入 = 消费 + 储蓄 = 消费 + 投资 + 存款。居民存款是为了从银行取得利息，故存款对居民来讲也是投资。换句话说，居民不仅仅是消费者，同时也是投资者。既然存款也是投资，供给侧的国民收入也就是消费加投资了。

储蓄可转化为消费

对第二个问题我的看法是：若在年底时，对当年国民收入存量进行核算，广义储蓄肯定等于投资，两者是"事实上相等"。但若储蓄是指狭义储蓄（存款），则储蓄与投资是"应该相等"。因为存款虽然是居民投资,但却不是企业投资。存款若不转为企业投资,总供求同样会失衡。

不过上面是总量分析,若经济总量失衡是由结构性原因引起的,那么从国民收入预算角度看,狭义储蓄就不一定需要全部转化为投资。前面说过,供给侧的国民收入 = 消费 + 投资 + 存款,需求侧的国民收入 = 消费 + 投资。所以,要保持总求平衡,储蓄可以向两个方向转化:若社会上投资不足,则储蓄可转化为投资;若投资(产能)过剩,则储蓄可转化为消费。

中外实践证明,储蓄转化为投资可以扩内需,储蓄转化为消费也可扩内需。消费信贷肇始于欧美,今天风靡世界。就是对储蓄转化为消费的有力佐证。凯恩斯自己当年说,他主张储蓄转化为投资,是因为投资有乘数效应。可事实上,投资有乘数效应,消费也有加速效应,而且迄今为止经济学并不能证明,在拉动需求方面,扩投资就一定胜于扩消费。

需要指出的是,后来凯恩斯的追随者将"两部门国民收入决定模型"扩展为"四部门"(加入了政府与进出口部门),但并未改变凯恩斯提出的经济增长的均衡条件。而我们以上分析证明,"储蓄等于投资"并不是铁律,当然也不是总供给与总需求保持均衡的唯一条件。

思考题

请你对凯恩斯提出的两部门国民收入决定模型做出评论。你认为在什么情况下储蓄应当转化为消费?保持经济增长的均衡条件到底是什么?为什么?

第 2 节 | 有保证的增长率

把经济增长作为独立的研究领域，是从英国经济学家哈罗德和美国经济学家多马开始的。经济增长虽然早为人们所关注，但增长理论的确立却一波三折。从 19 世纪下半叶到 20 世纪 30 年代，人们恪守萨伊定律，相信生产过剩危机永远都不会出现，故经济学家仅着重研究微观领域的资源配置问题。这一时期的经济学称为"新古典经济学"。

哈罗德 – 多马模型

新古典经济学的乐观情绪，被 1929—1933 年的大萧条一扫而光。面对空前严重的失业，经济学家不得不放弃"萨伊教条"，寻找解决危机的新经济理论。凯恩斯提出过一套克服萧条的理论，但他的分析却假定人口、资本和技术都不能变动。可事实上这些因素都是可变的。因此，凯恩斯理论虽然可以解释短期的经济萧条，但对说明长期经济增长却无能为力。

凯恩斯理论的这个缺憾，后来由他的学生哈罗德做了弥补。哈罗德早年毕业于牛津大学，后转入剑桥大学，在凯恩斯指导下从事经济研究，并成为凯恩斯的得意门生。哈罗德不愧是一位出色的学生，他继承了老师的衣钵，又发展了老师的理论，把凯恩斯的分析长期化、动态化，从而开创了经济增长理论的先河。1939 年，哈罗德发表了《论动态理论》一文，对长期经济增长进行了考察，并在 1948 年出版的《动态经济学导论》一书中，将理论进一步系统化。

几乎与此同时，美国经济学家多马也进行了这方面的研究，并建立了一个与哈罗德非常相似的模型，后人将他们的模型合二为一，称为"哈罗德-多马经济增长模型"。

三种"增长率"

哈罗德和多马的经济增长模型，分别利用不同的假设，试图说明一个共同的问题，即在什么条件下的经济增长既能保证充分就业，又不会导致通货膨胀，还能够长期、稳定地持续增长。为此，他们使用了以下三种"增长率"概念。

第一种，实际增长率。实际增长率是经济运行的客观结果，是两个因素的乘积：一个是储蓄率，另一个是投资效果系数。一个国家的国民产出，可以分为两部分，一部分被当前消费掉，另一部分被节省下来。被节省下来的部分，称为"储蓄"。储蓄在国民产出中的比重，就是储蓄率。投资效率系数代表着投资效果，在一个相当长的时期内，可以认为是一个稳定的常数。假设一国的储蓄率是20%，投资效率系数为0.25，则可预计该国经济的实际增长率是5%。

第二种，有保证的增长率。这一增长率显然是从凯恩斯的理论引申而来的。在凯恩斯的理论中，经济要实现稳定增长，需要满足一个重要的条件，就是储蓄等于投资。理由是，若储蓄过多，企业产品必然会出现积压，企业就会压缩生产，致使经济走向萧条；反之，若储蓄过少，需求旺盛，企业产品就会供不应求，企业就会扩大生产，从而使经济走向高涨。所以只有储蓄等于投资，企业生产才既不扩大，也不缩小，经济稳定才有保证。在这种情况下的经济增长率，就是有保证的增长率。

第三种，自然增长率。有保证的增长率强调储蓄和投资相等，实际上这是突出了资本对经济增长的作用，并没有考虑就业和技进步的作用。所谓自然增长率是指"在人口增长和技术进步的范围内所允许达到的增长率",或者说是适应人口增长和技术进步,实现充分就业需要达到的增长率。假如一国的人口按 1% 的速度增长,技术进步使劳动生产率按 2% 的速度增长,则该国经济的自然增长率就是 3%。

刀刃上的增长

有了上面三个增长率,哈罗德进一步分析了经济稳定增长的条件。首先,实际增长率必须等于有保证的增长率。如果不等,经济必然会不稳定。比如,若实际增长率低于有保证的增长率,此时企业投资动力减弱,经济就会走向萧条。而且经济越萧条,企业的投资越少,从而引起连锁反应,导致实际增长率不断降低。这很像一辆汽车在沙地上行驶,如果低于某一特定的速度,车轮就会陷入沙土中,而且车速越慢,就陷得越深。反过来,如果实际增长率高于有保证的增长率,经济就会走向持续高涨,两个增长率之间的差距会越来越大。

从长期来看,哈罗德认为,考虑到人口增长和技术进步,仅要求实际增长率等于有保证的增长率并不足够,还必须使实际增长率等于自然增长率。理由是,如果实际增长率低于自然增长率,说明投资的增长低于人口的增长和技术进步的速度,从而会造成失业。反之,如果高于自然增长率,就会造成劳动力短缺,机器设备不能充分利用,致使生产能力过剩。因此,经济增长要保持长期稳定,就必须同时满足以下条件:

实际增长率 = 有保证的增长率 = 自然增长率

若经济增长满足上面这个条件,就既不会出现失业,也不会出现通货膨胀。而且储蓄全部转换成投资，又保证了资本积累恰好与人口增长和技术进步的步调相一致。哈罗德认为如果这样的情况果真出现了，那将是经济增长的"黄金时代"。

哈罗德为长期稳定的经济增长提出了一个十分苛刻的条件。然而问题在于，满足这个条件的增长路线真的存在吗？如果存在，经济真正沿着这条路线增长的可能性又有多大呢？哈罗德-多马经济增长模型问世后，人们纷纷提出质疑。罗宾逊指出，哈罗德的理论所描述的世界"是一个没有历史的世界，也是一个没有政治的世界。在这个世界中，没有利益的冲突"。

哈罗德本人后来也承认，以上三个增长率之间并没有内在联系，它们往往是不相等的，相等的情况只是一种"侥幸的偶然"。而且，这种偶然根本不可能稳定下来，一旦出现了细微的背离，与均衡状态的差距就会越来越大。这样看来，经济长期稳定增长的路线是如此狭窄，以至于有经济学家称此为"刀刃上的增长"。

思考题

哈罗德提出经济增长要保持长期稳定，必须满足的条件是"实际增长率＝有保证的增长率＝自然增长率"，对这个恒等式你怎么看？并说明理由。

第 3 节 | 经济增长的三驾马车

凯恩斯在《通论》中只是研究投资、消费与经济增长（就业）之间的关系。后来有学者将凯恩斯的研究做了进一步的扩展，提出投资、消费、出口是拉动经济的"三驾马车"。其言下之意是：一个国家拉动经济增长可以从投资、消费、出口等方面同时发力。

消费是马，投资是车

"三驾马车"的说法流传甚广，而且已有不少经济学者将其作为研究经济增长的理论框架。我这里要指出的是，投资、消费、出口并非三驾马车，三者合起来才是一驾。其中消费是"马"，投资是"车"，出口是车后面的"货厢"。车和货厢本身并不是马车，它们要靠马在前面拉动才行。

当然，这只是一种形象的解释。从经济学逻辑来讲，说消费是"马"，投资是"车"，原因是投资需要以消费为牵引。好比一驾马车，若没有马在前面拉动，后面的车就不可能行走。同理，若没有消费需求作为牵引，投资也就没有动力和方向。要知道，投资（生产）的目的归根结底是要满足消费，若是消费需求不足，扩大投资无疑是为生产而生产，为生产而生产怎能是长久之计呢？

凯恩斯说，投资有"乘数"效应，扩大投资可以带动更多的投资需求。没错，扩大投资确实可以创造更多的投资。可从整个需求链条看，投资需求只是中间需求，消费需求才是最终需求。若没有消费需求，用扩大投资带动投资无异于饮鸩止渴，对生产过剩是火上浇油。若产品长期压库，投资无法回收，企业资金链迟早要断裂。资金链断裂，再生产必将难以为继。

另有观点认为，国内消费需求不足可用扩大出口弥补，将"出口"看作拉动经济的马车就是基于这种认识。事实上，这种看法是错的。亚当·斯密认为，"在存在国际分工的前提下，一个国家出口是为了进口他国商品，并通过进出口贸易互通有无，分享国际分工的收益"。若如此，一国出口多少也进口多少，就不可能用出口弥补国内需求不足。

投资乘数与加速原理

我们不能否认投资有乘数效应。比如某发电厂投资100万元，其中80%用于买煤，20%用于消费，煤矿厂把煤卖给电厂，便得到80万元收入。假定煤矿厂再用这80万元的80%买机械，20%发工资，则机械厂可得到64万元的收入。机械厂用64万元的80%买钢铁，20%发工资，钢铁厂又可得到51.2万元的收入。以此类推，当初电厂100万元的投资，最后可能会给社会创造出500万元总收入，投资乘数为5倍。

就在凯恩斯《通论》首次出版的同一年（1936年），哈罗德也出版了《商业周期》一书，在该书中他证明，扩大消费也能引致投资加速增长，故称"加速原理"。比如消费者拿100万元买私人轿车，汽车厂可得到100万元的收入。汽车厂有了这100万元，可再用80万元买钢铁，20万元发工资，则钢铁厂可得到80万元的收入。接着推下去，100万元的消费带动的总需求，可能同样也是500万元。可见，用"投资乘数"证明扩大投资是拉动经济增长的重点，显然缺乏说服力。

进一步分析，扩大投资与扩大消费不同。扩大消费能减少过剩，扩大投资却会导致产能过剩或增加库存。凯恩斯当然明白这个道理，所以他提出要重点投资公共基础设施，基础设施既不形成新的产能，还能带动私人投资，可以一石二鸟、一箭双雕。

问题在于，投资基础设施虽不会增加产能，也不会出现产品"压库"，可若基础设施投资过度，基础设施利用率过低实际也是一种"过剩"。在特定的经济发展阶段，基础设施是存在适度规模的，如北京至天津建两条高速路足够，就没必要再建新的高速路。所以，那种试图通过持续投资基础设施拉动投资，甚至将基础设施投资当作拉动经济的"永动机"的想法，只是一种不切实际的幻想。

扩大消费的机理

投资要以消费为牵引，那么怎样扩大消费需求呢？经济学认为，消费要由收入决定。从亚当·斯密到马歇尔，大多经济学家也都这么看。然而马歇尔之后，经济学家的看法却有了改变。费雪认为收入可分为两种：狭义收入等于消费，广义收入则大于消费。凯恩斯认为收入对消费有决定作用，但同时又认为消费不会随收入同比例增长。

莫迪利安尼根据他的"生命周期假说"指出：在人生的不同阶段，消费与收入会有不同的安排。通常的情形是：年轻时消费会大于收入，有负债；中年时收入会大于消费，有储蓄；老年时，消费会大于收入，用储蓄弥补缺口。前后算总账，一个人一生的消费仍取决于其一生的收入。

弗里德曼则将收入分为现期收入与持久收入，持久收入是指三年以上相对稳定的收入。根据这一划分，他认为决定消费的主要是持久收入而非现期收入。对此，弗里德曼的解释是：现期收入对消费会有影响，但不是唯一的影响因素。一个人现期收入不高，但若持久收入高，他就可以从银行贷款增加自己的消费。

可是这又带来了一个问题，持久收入是预期收入，若收入预期不稳定，消费也不会稳定。而要稳定人们的收入预期，首先当然是要稳定就业。社会上大多数人都是工薪阶层，只有就业稳，收入才能稳。不过莫迪利安尼与弗里德曼的分析同时给了我们一个重要启示。那就是可以用消费信贷将人们的持久收入转化为现期消费,但信贷杠杆率要适度,以防出现信贷风险。

思考题

为何说投资、消费、出口并不是三驾马车,而只是一驾马车?消费需求由哪些因素决定?你认为当前我国应该采取哪些措施扩大国内消费需求?

第 4 节 | 创新驱动经济增长

20 世纪 50 年代,美国经济增速远远低于西欧和日本,这引起了美国的极大不安,并成了美国紧迫的"政治问题"。50 年代末期,美国一批经济学家开始分析美国经济增长低下的原因。在这方面,丹尼森做出了突出贡献,被学界公认是对经济增长"最有卓见"的经济学家。

丹尼森的发现

丹尼森研究经济增长问题,与他的个人经历有关。1941 年,他获得哲学博士学位后进入美国商务部工作,曾任商业经济学室助理主任。他在商务部工作了 21 年,接触了国内外大量的经济资料。1962 年,丹尼森出版了第一本专著《美国经济增长因素和我们面临的选择》,破天荒地提出了增长核算的问题。同年,丹尼森离开政府部门,到华盛顿布鲁金斯研究所任高级研究员。

所谓增长核算，就是研究影响经济增长的因素，并确定它们对经济增长的贡献。《美国经济增长因素和我们面临的选择》就是丹尼森根据历史资料，对美国经济增长进行核算的结果。在核算的过程中，丹尼森有一个重大发现，即国民产出的增长，有很大一部分不能用资本和劳动的增长来解释。也就是说，经济的实际增长幅度，在扣除了资本的贡献和劳动的贡献之后，还存在很大一部分剩余找不到出处。

以美国为例，1929—1948年的19年间，美国国民收入的年平均增长率是2.9%，其中，只有48%是资本和劳动增长的贡献，其他52%的增长是如何发生的来源不明，这被称为经济增长的残差。由于这个残差最早是由丹尼森做出比较完整的解释，故经济学界称此为"丹尼森残差"。

对残差的解释

残差是怎么产生的？丹尼森通过研究后指出，残差的背后有三个因素，即规模经济、资源配置和知识进展。这三个因素作用的结果，是提高劳动和资本的生产率，使原来相同的投入，能够带来更多的产出，并由此推动了经济的持续增长。

在论述规模经济的贡献时，丹尼森继承了斯密的观点，认为经济规模的扩大，最终要受到市场范围的制约。由于经济规模和市场范围之间存在着某种对应关系，因此可以用市场范围的扩大来表示规模经济的效益。市场可能是全球性的、全国性的，也可能是地区性的，但不论是哪一种情况，经济增长皆意味着产品市场的扩大，推动了企业提高社会分工的专业化程度和规模。

扩大产品的专业化生产规模，可以使包括零售和批发在内的几乎所有行业，在销售和运输方面进行更大批量的交易，所有这些行业都会因此而降低成本、增加产出。因此规模经济的效益是经济增长的一个重要因素。丹尼森测算，在美国历史上总产量的增长中，规模经济的贡献占 10%~15%。

资源配置效率的改进，是指资源从低效率行业转入高效率行业。丹尼森起初研究改进劳动力配置效率，主要包括两种情况：一是劳动力从农业部门转移到非农业部门，二是个体经营者从自己的企业转移到其他行业中就业。这些劳动力在原来行业中生产效率低、收入少，转移到其他行业就提高了生产率和收入，使国民收入增加。

出于研究西欧经济增长的需要，丹尼森又计算了降低国际贸易壁垒的影响。他在《经济增长因素》一书中指出，关税和进口限额为了保护落后的行业少受外来竞争威胁，使本来应转移的资源无法流动，得不到有效的利用，结果影响了资源配置效率，降低了经济增长速度。西欧共同市场建立后，由于成员国之间逐步取消了关税和进口限额，资源配置效率得到了改善，此举对西欧的经济增长有不小的贡献。

关于知识进展，丹尼森说，知识进展是一个综合概念，既包括技术进步，又包括管理改进。技术进步是指产品制造方法和工艺的创新，而管理则泛指企业的组织技术和管理技术，这方面的改进同样可以降低成本，提高效率。在推动经济增长的因素中，知识进展的作用最大。根据丹尼森的测算，美国历史上的经济增长，知识进展的贡献高达 39%，这是任何其他因素都无法与之相比的。丹尼森指出："对于单位投入产出量的持续长期增长来说，知识进展是最大的和最基本的原因。"

舒尔茨高度评价

丹尼森关于经济核算的研究,开创了以因素分析寻求经济增长对策的先河,并且取得了空前的成功。他所创立的分析方法,曾被应用于许多国家:富国和穷国、资本主义国家和社会主义国家。特别是丹尼森对残差的解释,使20世纪60年代美国政府对教育的支出剧增。尼克松政府内阁成员、著名经济学家舒尔茨曾对此给予高度评价。

舒尔茨说:"从长远来看,科学知识,以及将它转化为新的更先进的产品和生产方式,的确是推动经济增长的最重要的力量。如果世界主要工业国家在过去两个世纪只是积累资本,而仍然使用18世纪的科学和技术,那么,今天的产出、收入和生活水平,恐怕只能是现在实际情况的一个零头。我们将只能靠马匹、驳船进行运输,只能从水力驱动的工厂得到少量的动力。我们将没有任何冷冻食品和电力照明,没有人造材料、炼油厂,或者铝合金冶炼厂,没有抗生素、X光设备或者无菌生产设备,没有杂交水稻和农业机械。确实,如果没有科学知识方面的进展,本来能够进行的有效益的投资,可能很早就萎缩了;本来能够达到的产出,我们根本就无法获得。"

舒尔茨的这番评价,对今天我们理解中央提出的转换经济发展动力,实施创新驱动战略,通过动力变革实现经济发展质量变革与效率变革等重要论断,会有一定的启发。中国已成为全球第二大经济体,依靠创新推动经济增长是我国未来的必然选择。

思考题

如何理解科学技术是第一生产力?推动经济高质量发展为何需

要转换发展动力？结合当前中国实际谈谈应该如何推动技术创新。

第 5 节 ｜ 经济发展阶段

德国作家托马斯·曼在《布登勃洛克一家》中讲过一个故事：19 世纪中期，布登勃洛克一家迁到卢卑克城，第一代人通过艰苦创业，终于从社会底层成为地方富户；第二代人不再对追求金钱感兴趣，而去追求社会地位，后来当上了议员；第三代人出生于既有钱又有社会地位的家庭，既不对金钱感兴趣，也不对社会地位感兴趣，整天陶醉于音乐和艺术。结果望族盛极转衰，走向了没落。

布登勃洛克式动力

托马斯·曼绝不会想到，他在小说中安排的故事以及所使用的心理分析方法，竟会在 70 多年后出现在经济学的教科书里。由书中主人翁演变而来的"布登勃洛克式动力"，竟成为一个广为人知的经济学术语；而由该术语所说明和解释的"经济成长阶段论"和"经济起飞论"，也曾风靡一时。而这个首创者，就是美国经济学家罗斯托。

罗斯托把托马斯·曼所讲的故事引入自己的研究，是为了说明促进经济成长的动力。基于这一想法，罗斯托按照生产力标准把人类社会划分为六个阶段：传统社会阶段，为"起飞"创造前提条件阶段，"起飞"阶段，向成熟推进阶段，高额群众消费阶段和对生活质量追求阶段。罗斯托指出，在上述六个阶段中，"起飞"与"对生活质量追求"是人类社会发展中两个重要的"突变"，而"对生活质量追求"是一切国家最终将会达到的目标。

从历史演变过程来看，人类社会的确是在这六个不同的经济状态中依次由低级向高级阶段过渡。罗斯托认为，这种过渡具有必然性，而造成这种必然性的正是"布登勃洛克式动力"。在布登勃洛克家中，前后几代人由于生活环境不同，因而追求的目标各异，欲望不断更迭，满足各自欲望的方式也不一样。罗斯托由此引申出一个结论：一个家庭的变化过程是这个"动力"作用的结果，而一个社会的变化过程也是如此。

主导部门更替

罗斯托分析指出，在人类社会每一个成长阶段，都会有一个与之相适应的主导部门，而每个主导部门的出现又与"新的人物"及其利益、兴趣和要求联系在一起，因此成长阶段的更替、主导部门的变化、"中心人物"的置换，这三者实际上是密不可分的。

他举证说，历史上那些为"起飞"创造前提条件阶段的新教徒，"起飞"阶段的企业家，向成熟推进阶段的钢铁大王、石油大王、铁路大王，直到成熟推进阶段完成后管理企业的专业经理人员，都是与他们各自所处时代相适应的"中心人物"。正是他们的欲望更替导致了主导部门序列的改变，从而导致成长阶段的依次更迭，并最终形成了各个经济成长阶段的不同特征。

罗斯托以牛顿发明蒸汽机为标志，把近代科技产生以前的社会称为传统社会阶段，其基本特点是生产力发展缓慢，生产方式落后，生产水平低下，家庭和氏族关系在社会组织中起很大作用，社会观念以宿命论为基础，农业占据了社会的主导位置。他指出，从传统社会阶段向"起飞"阶段发展的过程中，必须经历一个过渡期，这个过渡期是为"起飞"创造前提条件的阶段。在这个阶段，社会将发生一系列变化：以农业为主转变到以工业、交通、商业和服务业为主，自给自足的社会转变到开放的社会，农业和采掘业生产效率的提高为企业家提供了大量的资本来源，公路、铁路、学校和工厂成为新的投资方向，投资业与农矿业并肩成为该阶段的主导产业。

"起飞"阶段，是经济成长的关键阶段。按照罗斯托的解释，所谓"起飞"，就是突破传统经济的停滞状态。就像飞机一样，一旦升空，就能高速航行。而经济"起飞"的必要条件有三个：第一，要有较高的资金积累率，使净投资占到国民收入的 10% 以上；第二，建立和发展一种或多种主要的制造业部门，从而培育和发展社会的主导部门，使它能够吸收新技术，降低成本，有高增长率，并将利润转化为积累，扩大对其他一系列经济部门的产品需求，进而带动整个经济的发展；第三，进行制度改革，建立一个能保证实现"起飞"的有效的政治、社会和经济制度结构。

追求生活质量

罗斯托认为，一个国家具备了上述条件，经济就可以"起飞"，而一旦"起飞"，经济自动持续的增长便成为社会的正常现象。经济"起飞"后，社会开始进入向成熟推进阶段。所谓"成熟"，是指技术上的成熟，向成熟推进阶段，是一个社会已经把当时的科学技术有效地应用于它的资源配置之中。在这个阶段，工业将朝着多样化的方向发展，主导部门交替重复，经济全面增长，社会对于工业化的奇迹开始感到厌倦。

当社会快达到成熟阶段，高额群众消费阶段便正式拉开序幕。在这个阶段中，社会注意力从生产转到了消费，主导部门由制造业转移到耐用消费品和服务业。在罗斯托看来，从 20 世纪 40 年代起，美国开始进入这一阶段，加拿大和澳大利亚在第二次世界大战后进入这一阶段，西欧和日本到 50 年代才进入这一阶段。他进一步指出，到 50 年代中期，"高额群众消费"已达到它的逻辑终点，呈现减速的趋势。

由"高额群众消费"向"对生活质量追求"的过渡，罗斯托认为是"工业社会中人们生活的一个真正突变"。在这个阶段，主导部门不再是以汽车为主的耐用消费品工业，而是以服务业为代表的提高居民生活品质的部门，它们主要是提供劳务，而不是提供有形产品。而这些部门的发展除了起到带动经济成长的作用外，还可保持社会均衡、缓和冲突，让人们的才能都有恰当的表现机会。

思考题

怎样评价罗斯托的经济发展阶段理论？为何说我国目前已经进入高质量发展阶段？

宏观经济政策可分为财政政策、货币政策、收入政策三类。这三类政策应当如何配合，才能确保政府宏观调控预期目标的实现？而中国政府实施的积极财政政策、稳健货币政策，与西方国家实施的扩张性财政政策、紧缩性货币政策有什么区别？

第十六章
宏观政策
政府调控对症下药

政府实现宏观调控经济的四大目标，必须借助于相应的调控工具，而这些调控工具就是宏观经济政策。政府掌握的宏观经济政策，大体可分为财政政策、货币政策、收入政策三类。本章的重点就是分析政府如何运用这三类政策，以及运用这些政策会对一个国家经济发展产生怎样的效果。

第 1 节 | 财政政策流变

在第十一章中我讲过，不同时代的经济学家对政府角色有不同的定位。亚当·斯密认为政府是"守夜人"。到凯恩斯时代，守夜的"老头"变成了居委会的"老太太"。后来福利国家兴起，政府从摇篮到坟墓都要管，此时政府更像一个保姆。政府要履行职能必须得有钱，而要有钱就得借助一定的财政手段。

健全财政原则

资本主义初期，经济发展可谓一路阳光，当时古典经济学家威廉·配第和亚当·斯密皆认为，政府的职责只是在生产之外，财政也仅仅局限于维持政府运转，因此对政府的财政支出要有严格限制，使其成为"廉价政府"。同时他们还指出，只有平衡预算才是稳健财政，因为赤字预算会使政府公共活动扩大，导致私人经济部门萎缩，并引起通货膨胀。为此，他们主张政府一方面要减少开支，另一方面要尽可能地减少税收，使每年的收支大致相抵，预算保持平衡。古典经济学家所主张的这一套政府理财方针，被称为"健全财政原则"。

扩张性财政政策

1929—1933年，西方世界爆发了经济大危机。坚持平衡预算国家的政府对此束手无策。1936年，凯恩斯出版了《通论》，提出政府应摈弃平衡预算的束缚，大胆实行赤字财政。凯恩斯认为，对20世纪30年代的大危机，平衡预算政策不仅没有发挥正面的作用，反而推波助澜，使危机雪上加霜。

凯恩斯分析说，当经济出现衰退时，税收必然会因收入下降而减少，此时政府若仍坚持预算平衡，势必要提高税收或者减少政府支出。若税收增加，人们可支配收入会减少，支出也会减少，若此时政府也压减支出，那么整个社会支出下降，无疑会加深经济衰退。反之，当存在通货膨胀时，税收会因收入上升而上升。为保持预算平衡，政府只能减少税收，或增加支出，前者会使人们可支配收入增加，支出相应扩大，再加上政府开支增加，社会总支出进一步扩大，导致通胀加剧。

补偿性财政政策

凯恩斯的赤字理论大行其道,美国经济学家汉森虽是凯恩斯的忠实追随者,可他认为凯恩斯的理论只是大危机特殊时期的产物,而资本主义经济并不总是处于危机中,而是时而繁荣,时而萧条。因此,财政政策不能以扩张为基调,而应根据经济繁荣与萧条的更替,交替地实行紧缩与扩张的财政政策,发挥财政的经济内在稳定器作用。汉森的这一主张,在经济学里称为"补偿性财政政策"。

汉森分析说,在具体操作上财政政策应该相机抉择,实行逆周期调节。在经济萧条时期,实行扩张性财政政策,政府可通过预算赤字增加开支,降低税率,以扩大社会总需求。在经济繁荣时期,政府要压缩开支,提高税率,使预算盈余,以减少社会过度需求。按照这种政策,财政预算无须年年平衡,在萧条时期可实行赤字预算,而在繁荣时期有财政盈余。这样在一个经济周期内仍可盈亏相抵,保持预算平衡。

财政政策瑕瑜互见

健全财政原则在大萧条面前无能为力,而长期实施扩张性财政政策却又令西方经济陷入了"滞胀",同时还使欧洲一些国家患上了"福利病"。以英国为例:一个小孩一出生,就可享受儿童福利金,上学可以领教育津贴,看病几乎免费,老人有养老金,失业有失业津贴,还有生育补助、住房补贴、困难补助等。英国福利体系可说是包罗万象,无微不至。

然而羊毛出在羊身上,为建设福利国家,政府的职能无限扩大,开支有增无减。要消除高额财政赤字,最终的出路只能是增税。故英国人在享受高福利的同时，也承受了高税收。1976年的统计数字显示，英国企业税后利润仅为8.5%，比北美国家低了7个百分点。实行超额累进个人所得税，虽使英国人收入更加均等化，但那些具有创新能力的人才和投资者却纷纷离开英国。到撒切尔执政时期，福利财政已经步履维艰。由此可见，任何一种财政政策皆非完美无缺。平衡预算政策救不了大危机。福利财政无法跳出税收、支出交替上升的怪圈；汉森的补偿性财政政策，在风光了几十年后也已黯然失色。应该说，一项财政政策出台，当时都不乏可圈可点之处，而同时也给后来者留下了许多改革余地。经济学家和政府决策者应该从中汲取教训，立足实际，制定出适应本国国情的财政政策。

思考题

健全财政原则与扩张性财政政策各有何利弊？

第2节｜积极财政政策

积极财政政策是1998年由中国政府提出的，西方经济学教科书里没有这个概念。一个时期以来，不少人认为积极财政政策就是西方国家的扩张性财政政策，甚至也有人将中国的结构性减税等同于美国里根时代的减税。事实上，我国实施的积极财政政策与迄今为止的西方财政政策存在原则性的区别。

着力点在供给侧

西方国家推行扩张性财政政策，重点在需求侧，而我国实施积极财政政策，着力点却在供给侧。读者可能要问，1998 年我国开始实施积极财政政策，当时发行 1 000 亿元特别国债和 1 000 亿元配套贷款，投资的也是基础设施，这与罗斯福新政时期投资基础设施有何不同。重要的一点是，20 世纪 30 年代美国基础设施并不落后，他们投资基础设施是锦上添花。1998 年，我国的基础设施是国民经济的瓶颈，投资基础设施是补短板。请问读者：补短板是供给管理还是需求管理？当然是供给管理。

再看 2019 年中央提出的财政政策举措：适度提高赤字率，加大政府调控力度；更大规模减税，坚持普惠性减税与结构性减税并举；优化财政支出结构，进一步调整供给结构；有效发挥地方政府债券作用，积极防范化解地方债务风险。以上举措无疑都是从供给侧改善结构。不过，我国实施积极财政政策，客观上也有扩大国内需求的效果，但其目标取向却是针对结构问题，是通过改善结构更好地满足需求，拉动需求。

主要手段是减税

我国实施积极财政政策是为了从供给侧支持结构调整。而对扩大政府投资来说，至少有三个手段：一是赤字预算（发行国债），二是加税，三是减税。我国积极财政政策的主要手段既不是赤字预算，更不是加税，而是减税。关于政府应选择发债还是加税，经济学家进行过一场大争论，让我们先来说一说这桩历史公案。

19 世纪初，拿破仑挥师南北，横扫欧洲。为了对抗法国，英国组建了第四次反法联盟。为支持反法联盟，英国每年需对外援助巨额军费。围绕如何筹措军费，当时英国国会展开了激烈的辩论。焦点在于，军费是通过加税筹措还是通过发债筹措。以马尔萨斯为代表的一派力主发债，而以李嘉图为代表的另一派则主张加税。

马尔萨斯分析说，每年军援若需 2 000 万英镑，英国平均每人需捐纳 100 英镑。若采用加税方式，居民每人就得从自己收入中节约 100 英镑，这无疑会减少国内消费，导致经济紧缩。但如果选择发债，由于国债当年无须还本，居民每人只需支付这 100 英镑的利息，若年利率为 5%，则政府只需向每人增加 5 英镑的税收。如此，居民消费可大体保持不变。

李嘉图认为，发行公债与加税的区别，仅在于公债要偿付利息。政府若不选择加税，居民当年虽不必缴 100 英镑的税，但政府就得发行 2 000 万英镑的国债，而国债最终要靠征税偿还，那么来年就得多征 2 000 万英镑的税。正因为今天的国债是明天的税，于是李嘉图推论说，为了应付日后要加征的税收，人们不得不提前储蓄，结果也会令居民消费减少。

对李嘉图的分析，也有不少经济学家不赞成。有学者反驳说，假若政府发行的不是短期国债而是长期国债，居民当前消费就不可能减少。因为长期国债偿还有相对长的延付期，而每个人都不会长生不老，要是人们意识到死亡可以逃避将来的税负，他们怎么会压缩当前的消费呢？

1974 年，美国经济学家巴罗发表《政府债券是净财富吗？》一文为李嘉图的观点辩护。他指出：由于人类具有关怀后代的动机，所以在通常的情况下，人们对将来的税负往往宁愿自己承担也不会推给后代，即便有人知道自己活不到偿还国债的那一天，也会减少自己的开支而为后代先将 100 英镑储蓄起来。因此，发债与加税并无实质区别，两者皆会减少现期消费。

李嘉图与巴罗的推论，称为"巴罗－李嘉图等价定理"。根据此定理，政府要扩大投资，加税与发债效果相同。若再想多一层，比如把企业投资加进来考虑情况会怎样？可以肯定，政府发债或者加税都会挤占企业投资，而减税却在增加企业投资的同时减少政府投资。也就是说，政府投资与企业投资会互为消长。在这种情况下，政府在发债、加税、减税之间又该如何取舍呢？

从经济学的角度看，作为市场主体的企业与政府相比，对市场信号反应更敏感。这对结构调整来讲，扩大政府投资就不如扩大企业投资。而要扩大企业投资，政府就必须减税。将此引申到政策层面可得出的结论是：政府加税和发债皆不如减税。

重点是结构性减税

积极财政政策主要手段是减税，但又不同于美国里根时期的减税。里根执政时期推行的是全面减税，而我国实施积极财政政策的重点则是结构性减税。全面减税虽可扩大企业投资，但却无助于解决结构性问题，因为企业减税呼声最高往往是在经济萧条期。经济萧条表明生产已经过剩，此时减税对生产过剩不仅无济于事，而且还会进一步加剧结构性矛盾。

从现实观察，2009 年为应对国际金融危机，我国政府开始减税，近 10 年一直坚持结构性减税。比如 2019 年国务院公布的减税方案是：制造业等行业的增值税税率从 16% 降至 13%，交通运输业、建筑业等行业的增值税税率从 10% 降至 9%，生活性服务业保持 6% 的税率不变。可见，我国减税对同一行业是普惠性的，而对不同行业却是结构性的。

思考题

积极财政政策与扩张性财政政策有何不同？你认为我国当前为何要重点实行结构性减税？

第 3 节 | 货币政策

我在前面讲控制通胀时讲过货币政策的相关内容。与财政政策对应，货币政策也分为扩张性、紧缩性和中性（稳健）三类。财政政策有发债、加税、减税三种手段。货币政策也有三种工具：存款准备金率、再贴现率、公开市场业务。

货币流动性的差异

若说货币是现代经济社会的血液，不可或缺，那么中央银行则好比心脏，举足轻重。央行并不以营利为目的，也不经营普通银行业务，其主要职能就是运用各类政策工具控制货币供应量，调节信贷总规模，为经济发展创造良好的金融环境。

提起货币供给，人们很容易想到"发票子"。其实，中央银行控制货币供应量，不仅指流通中的现金，而且包括存款。不同的货币资产，流动性存在差异。活期存款比定期存款提现方便，用现金进行交易，又比活期存款少了许多麻烦。各国根据货币资产的流动性不同，将货币供给划分为不同的层次。

在经济学里，流通中的现金称为 M0，它与消费物价水平变动密切相关，流动性最强。M0 加上企事业单位活期存款，通称 M1，也叫"狭义货币供应量"。狭义货币供应量的数量变化反映企业资金松紧状况。在 M1 的基础上，加上企事业单位定期存款和居民储蓄存款，构成了广义货币供应量，通称 M2。它的流动性最弱，但反映社会总需求的变化，是宏观调控的重要参考指标。当经济萧条时，央行实行扩张性货币政策，增加货币供给，刺激经济复苏；当经济过热时，央行实行紧缩性货币政策，减少货币供给，保持经济平稳运行。

货币政策工具箱

世界各国法律都规定，商业银行必须将吸纳存款的一部分存到央行，这部分资金与存款总额的比率，则为存款准备金率。提高存款准备金率，流通中的货币会成倍缩减。这里的道理不难理解：商业银行存入央行的准备金越多，自己可支配的资金就减少；而银行对企业贷款减少，企业在银行的存款也会相应减少，"存款—贷款"级级递减，整个社会货币总量会大幅降低。反之，若央行调低存款准备金率，流通中的货币量便会成倍增加。

央行作为"银行的银行"，充当的是最后贷款人角色。商业银行缺钱时，往往要向中央银行借。但借钱不能空手套白狼，得有所付出。如同企业向商业银行借贷时，通常会将未到期的商业票据转让给银行，此为贴现。而商业银行将手中的商业票据转让给央行，被称为再贴现。央行接受商业银行的票据，要在原价的基础上打折，其折扣率即为再贴现率。央行改变再贴现率，相当于增加或减少商业银行的贷款成本，对其信用扩张的积极性或抑或扬，货币供应量便也相应地收缩或膨胀。

存款准备金率和再贴现率有一个共同的特点，就是力度大，显效强。但药"猛"往往容易伤身，正由于存款准备金率和再贴现率对经济影响至深。所以，不到重要关头中央银行并不轻易动用。央行"三大法宝"中，使用最多的还是公开市场业务。

公开市场业务是指央行在金融市场买卖有价证券（如国债）。当央行买进有价证券时，向出卖者支付货币，可增加流通中的货币量。反之，则减少货币量。公开市场业务的优点，是央行可经常性地用它对经济微调，操作灵活方便，对经济的震动小。从20世纪50年代起，美联储90%的货币吞吐皆通过公开市场业务，德、法等国也大量采用公开市场业务。不过公开市场业务要有效发挥作用也要有前提：央行要有雄厚的实力，利率要市场化，国内金融市场要相对发达，可供操作的证券种类要比较齐全等。

选择性工具和补充性工具

上面三大货币政策工具，是央行的常规工具。除此之外，还有非常规性的工具：选择性工具和补充性工具。前者针对特殊领域进行调控。比如为防止房地产投机，央行对金融机构不动产贷款做出专门规定。通胀时期，限制耐用消费品信贷可以抑制消费需求，缓解物价上扬。通过提高证券保证金率等措施，可以遏制证券市场的过度投机。要求进口商预缴进口商品总值一定比例的存款，能够控制进口过快增长。对国家重点发展的产业部门，实行优惠利率政策，也为多数国家所采用。

补充性政策工具，大致可分为直接信用控制与间接信用指导两类。1980年以前，美国曾有一个Q条例，对商业银行存贷款最高利率做出限制性规定，目的是防止银行抬高利率吸储，从事高风险融资活动。同时Q条例还规定了商业银行流动资产与存款的比率，以限制信用的盲目扩张。另外，信用配额、直接干预商业银行信贷业务等办法虽仅在特殊情况下使用，但其直接、强制性的信用控制，效果立竿见影，收效神速。

中央银行选择直接信用控制，就像一位严厉的父亲管教不听话的孩子。而间接信用指导，则像慈母苦口婆心、循循善诱。道义劝告也是各国央行经常使用的方法之一。央行行长与金融巨子见面恳谈，共进晚餐，在握手举杯之间，点明央行货币政策的意图，求得理解与合作。比如当国际收支出现赤字时，央行会劝告金融机构减少海外贷款。房地产与证券市场过热时，又会要求商业银行缩减对这些市场的信贷。战后的日本，长期盛行窗口指导。

中央银行根据产业发展、物价走势和金融动向，规定商业银行的利率、贷款额。若商业银行不听招呼，央行会削减给该行的贷款额度甚至停止提供信用支持。从"二战"后到1974年，日本通过严格规范和高度管制等窗口指导，维持了较高的经济增长。不过，间接信用指导毕竟没有法律约束力。若这种工具要发挥作用，央行就要有较强控制力，否则商业银行会为一己之利而自行其是。

思考题

中央银行有哪些常规的货币政策工具？为何同时还需要选择性工具和补充性工具？

第 4 节 | 收入政策

收入政策又称"工资与价格管制"，是政府为了抑制通胀所采取的一种政策措施。由于控制的重点是工资收入，故简称"收入政策"。与财政政策、货币政策相比，收入政策具有更强的约束力，是一种行政色彩非常浓厚的管制办法。具体内容有三项：工资指导线，税收刺激计划，冻结工资与物价。

工资指导线是政府规定的工资上涨限度，企业要按照这一限度确定工资增长率。若超出这一规定，政府会以税收或法律手段予以惩罚。比如对高工资收入者征收较高的累计所得税，同时对所在企业也课以重税。反之，对遵守规定的企业，则予以减税。若这一招仍不见效，就直接冻结工资和物价。

尼克松政府试验

收入政策最早出现于"二战"后的荷兰和瑞典。此后，美国、英国、加拿大、意大利都先后实行过该政策。实践证明，政府实施收入政策，短期内对抑制通胀有一定的效果，但长期效果却事与愿违，政府一旦解除冻结，通胀往往会以更猛的势头卷土重来。

1968年，也就是尼克松当选总统的第一年，美国消费物价指数上涨了6.1%。起初，尼克松政府试图用财政政策和货币政策抑制通胀，但收效甚微。1971年8月15日，美国政府宣布从当天起全面冻结工资、物价、租金90天，并由政府设立的生活费用委员会强制执行。此举虽然有效地控制了通胀率，但同时也抑制了市场机制的正常作用，结果导致资源配置失调，经济反而陷入了更加困难的境地。

回头来看，西方国家的收入政策之所以失灵，原因是此项政策的理论基础是"成本推动通货膨胀"。我在第十三章讲控制通货膨胀时分析过，通胀始终是货币现象，成本不可能推动通胀。理论基础错了，建立在这个基础上的政策当然会失灵。鉴于此，美国经济学家弗里德曼提出了一种对付通货膨胀的新方案。

收入指数化方案

所谓"收入指数化",通俗地讲就是指将工资、利息、政府债券收益以及其他收入与物价指数挂钩,使其与物价指数变动保持一致。弗里德曼分析说,通货膨胀既然是由货币供应过多引起的,那么就不能靠"收入政策"应对通胀问题,而应采用收入指数化方案。一个国家出现通货膨胀后,实行收入指数化方案不仅可以抵消通胀对收入的影响,让人们免受损失;同时还可以防止政府从通胀中捞取好处,消除政府推行通胀的动机。

收入指数化的重点,是工资指数化。弗里德曼指出,发生通货膨胀后,如果工人的名义工资不变,其实际工资就会下降。这种变动会引起对企业主有利而对工人不利的收入再分配。为了保证工人的实际工资水平不降低,政府应要求企业在用工合同中确定某些条款,承诺在一定时期内按消费物价上涨指数及时调整名义工资。比如,若不发生通胀,企业下一年准备给工人加2%的工资;而通胀发生后,假若物价上涨了10%,那么企业在原来增加2%的基础上,应再增加10%的工资。

利息收入指数化,是指要按物价上涨指数为存款人或债券持有人支付相应的利息。这样做的理由与工资指数化一样。我这里要重点解释"税收指数化"。税收指数化的含义,是指政府要按照通胀指数,适时调整税收起征点和税率等级。

读者要注意,税收指数化方案大有玄机。按照收入指数化要求,通胀发生时名义收入会增加。人们通常以为,名义收入增加可弥补通胀造成的损失。可人们想不到,名义收入增加后,纳税起征点实际上就降低了。举个例子,假定个税起征点是5 000元,税率为20%。再假定某人通胀前的收入是4 900元，不用纳税；可通胀后实际收入不变，而按通胀指数名义收入增加到6 000元，那么他就得缴纳200元的税，纳税后名义收入为5 800元，扣除通胀因素，实际收入却比通胀前还低，因为现在5 800元的购买力，已不及通胀前的5 000元。

这还只是一方面。在累进所得税制度下，纳税人名义收入提高，有可能使他进入比原来更高的税率等级，从而让他缴纳比之前更多的税。在这种情况下，若不实行税收指数化，结果会将纳税人的个人收入更多地转化为政府的税收，使纳税人实际收入更低。而且更大的麻烦在于，若政府能从通胀中获益，政府就会有进一步加剧通货膨胀的动力。显然，发生通货膨胀后，只有按照通胀指数相应提高税收起征点、调整税率等级，才能避免上面种种弊端。

两种不同评价

从西方国家实践来看，收入指数化方案的确发挥了一定的积极作用。有学者认为，收入指数化的积极作用主要体现在三个方面：一是有效地弥补了"冻结工资与物价政策"存在的缺陷，减轻了对市场价格体系的扭曲；二是抵销了通胀给人们造成的收入损失，缓解了人们对通胀的恐惧心理；三是消除了通胀带来的收入分配不公平，有效地抑制了政府推行通胀的动机。

与此同时，西方学者对收入指数化方案也有反对的声音。反对者认为，收入指数化未必能遏制通胀，相反还可能引起工资、物价轮番上涨，从而加速通胀。还有学者指出，政府根本无法提供实施收入指数化所需要的技术条件。一方面，各种商品价格千变万化，政府很难找到一个准确反映物价变动的指教；另一方面，从编制物价指数到按物价指数调整，收入有一个较长的时间间隔，收入调整往往会滞后于物价指数上升。这样，也就很难避免人们的收入不会因为通货膨胀而受损。

思考题

收入指数化方案是否有助于抑制通胀？在实际操作过程中对收入指数化方案应该如何加以完善？

第 5 节 | 财政政策与货币政策组合

政府要在宏观经济调控中有所作为，必须运用好各种政策工具。在政府的工具箱里，财政政策和货币政策是两个最主要的常规武器。政府通过改变税收和公共开支，扩大或收缩社会总供求；中央银行通过调节流通中的货币供应量，影响投资和消费，使总需求和总供给趋于平衡。当经济出现波动时，政府便一手用财政政策，一手用货币政策，对过热或过冷的经济进行调节，维持经济的正常运转。

财政政策拳法

如果我们把财政政策和货币政策比作政府调节经济的左拳和右拳，那么左拳的套路主要有两个：一是政府支出，二是税收。财政政策就是通过这两个方面的变动来影响社会总需求，从而影响产量、价格和国民收入水平。

当经济持续衰退、失业率上升时，政府会先使用左拳，即通过扩大政府支出，如扩大公共工程投资、政府购买和其他开支，直接刺激社会总需求。而政府投资扩大，通过乘数效应可进一步扩大产量和就业,使经济衰退得以减轻。政府也可通过降低企业和个人税收刺激民间投资与消费,间接扩大社会总需求。扩大财政支出,称为扩张性财政政策。政府扩大财政支出与减税可以分别进行,也可以两者同时进行。

当财政政策运用于应对通货膨胀时,其拳法则正好与上面相反,即采取紧缩性财政政策:削减政府支出,提高税率。一方面,由于政府支出减少,对产量和就业量的减少也存在乘数效应,可以成倍地直接减少社会总需求,以收到抑制通货膨胀的效果。另一方面,政府通过增加税收减少人们的可支配收入,可以减少消费和投资,减少过度社会需求,使物价趋于稳定。如前所述,削减政府开支与增税可以分别进行,也可以同时采用。

货币政策拳法

前面说过,货币政策常规工具有三个:存款准备金率、再贴现率、公开市场业务。货币政策与财政政策一样,皆是逆向出拳。

商业银行为了获取最大利润,一般会倾向于按中央银行规定的下限来保留准备金,而中央银行可以在法定的范围内改变商业银行的准备金,以调节货币和信用供给。当经济衰退、失业增加时,央行会逆向降低准备金率,必要时甚至可以将准备金率降低至法定的下限。准备金率的下降,可大幅度地扩张商业银行货币和信用供给的基础,增大贷款规模和市场流动性。

用再贴现率调节经济也是逆向出拳。当经济处于衰退期时,中央银行会降低贴现率,扩大贴现的数量,鼓励商业银行发放贷款,刺激投资与消费。当经济处于繁荣期时,中央银行就会提高再贴现率,收缩商业银行的贷款规模,防止社会总需求膨胀而导致出现通货膨胀。很明显，公开市场业务也是逆向操作。当经济出现投资需求不足时，中央银行会在公开市场买进政府债券，使债券价格上涨，利息率相应下降。同时，商业银行、保险公司、大商行、债券经纪人等把售卖政府债券的票款再存入商业银行，使商业银行的准备金增加，活期存款多倍放大。市场上货币供应量扩大，又会使利息率下降。利息率下降会引起投资上升，从而引起收入、价格水平和就业上升。

央行调低法定准备金率、降低贴现率、在公开市场上买进政府债券都是用于应对经济衰退，此套拳法称为"扩张性货币政策"。

如果经济出现通货膨胀趋势，中央银行就会采用"紧缩性货币政策"，其套路正好与扩张性货币政策相反。中央银行会在公开市场卖出政府债券，商业银行和其他机构买进政府债券便会向中央银行付款。这样，商业银行的准备金减少，活期存款多倍收缩，社会上货币供应量的减少以及债券价格的下降会使利息率上升，从而引起收入和价格水平下降。

同时，中央银行也会提高贴现率以收缩贴现的数量，限制商业银行发行贷款，抑制投资。甚至可以提高银行准备金率，直至法定的上限。准备金率的提高，使商业银行按照较低的倍数来扩大贷款，缩小商业银行扩张货币和信用的基础，减小其贷款规模。

四种组合

如同拳击手在比赛中既可以单拳出击，又可以双拳进攻，或是一手出击，一手抵挡一样，政府在运用财政政策和货币政策对经济进行调节和干预时，也可根据不同的经济状况，相机抉择，将左、右两套拳法配合起来使用，以便达到更好的效果。

西方经济学者指出，财政政策和货币政策的组合拳具体有三种，而我认为应该加上中国的政策组合，所以有下面四种组合。

组合一："双松"。即当经济处于萧条期时，政府可以同时采用扩张性财政政策和扩张性货币政策，双管齐下，对经济进行强刺激，尽快让经济转入复苏阶段，避免出现更严重的生产过剩和大规模的失业。

组合二："双紧"。即当经济处于高涨期时，政府可同时采用紧缩性财政政策和紧缩性货币政策，使经济紧缩程度更为强烈，以防出现通货膨胀。

组合三："一松一紧"或"一紧一松"，即财政政策和货币政策松紧搭配，使两种政策的副作用能相互抵消。比如用减税、扩大政府支出等"松"的财政政策鼓励投资，同时结合"紧"的货币政策，防止出现通货膨胀。或者是用增加货币供给量、降低利率和扩大信贷规模等"松"的货币政策刺激投资，同时配合以"紧"的财政政策，以减轻总需求对市场的压力，稳定物价总水平。

组合四："积极财政政策与稳健货币政策搭配"。这是一种具有中国特色的政策组合。近年来我国经济面临较大的下行压力，为贯彻中央提出的稳中求进工作总基调，政府创造了这样一种新的政策组合。显然，我国的宏观政策组合不同于上面介绍的三种组合。我国的积极财政政策并非扩张性财政政策，而稳健货币政策也不是紧缩性货币政策。中央对实施稳健货币政策提出的要求是：稳健的货币政策要更加灵活适度，保持流动性合理充裕。

思考题

谈谈你对积极财政政策与稳健货币政策搭配的看法，当前应注意哪些问题？

回顾"二战"后的经济史,有一个不争的事实:战后迅速致富的德国、日本、"亚洲四小龙"以及改革开放后的中国,无一不是世界市场的受益者。可成功的经验并不可能一劳永逸,面对国际环境不确定性因素增多,一个国家应该怎样构建国内国际双循环的发展格局?

第十七章
国际经济循环
全球化新趋势

到目前为止,我们讲的都是一个国家国内经济运行的规律。第一章至第十章重点介绍的是微观经济学的理论原理。第十一章至第十六章是用微观经济学理论原理分析宏观经济问题。第十七章至第二十章,将主要介绍开放经济理论。从本章起,我要再加进来一个"人",即国外部门。

第 1 节 | 国际循环的理论逻辑

人类从农耕社会进入工业社会后,西方工业国家就开始对外输出商品,国内经济循环率先转向国际循环。随着商品流动与资本流动规模日益扩大,一些欠发达国家也逐步被带入国际经济循环的洪流之中。时至今日,经济全球化已成为一个不可逆转的趋势。

起因是生产过剩

一个国家经济要持续增长，首先必须畅通国内经济循环。关于国内经济循环，马克思在《资本论》中曾以产业资本为对象做过精辟分析，并提出了产业资本循环的总公式：$G—W \cdots P \cdots W'—G'$。根据此总公式，马克思把资本循环分为三个阶段。

第一阶段，购买生产资料与劳动力，即货币转化为商品（$G—W$）。马克思认为，"这是货币资本转化为生产资本的一个具有特征性质的因素"。

第二阶段，将购买的生产要素投入生产，并生产出高于所投入生产要素价值的新商品（$W \cdots P \cdots W'$）。

第三阶段，商品再转化为货币，资本实现增值（$W'—G'$）。马克思指出，这一阶段"是商品的惊险的跳跃，这个跳跃如果不成功，摔坏的不是商品，而是商品所有者"。

马克思分析的虽然是资本主义的生产过程，但揭示的却是产业资本运动的一般规律。在市场经济条件下，企业要追求利润最大化，资本都必须依次通过以上三个阶段，变换三种形式，实现生产过程与流通过程的有机统一。马克思还特别指出，一个国家国内资本循环要顺利进行，关键是要完成从商品到货币的惊险跳跃，否则产品过剩，再生产过程就将中断。

纵观人类经济发展史，其完全印证了马克思的分析。18世纪中叶第一次工业革命后，西方国家之所以大规模地对外输出商品，是因为资本主义生产无限扩大趋势与劳动人民需求相对缩小的矛盾，导致资本不能在国内实现从商品到货币的惊险跳跃，才不得不寻找国外市场。再往前追溯，盛行于16—18世纪的欧洲重商主义，主张政府"奖出限入",目的其实也是向海外输出商品,转移国内生产过剩。

1929—1933年,西方世界发生了经济大萧条,凯恩斯1936年出版的《通论》,为西方国家应对经济萧条立下了汗马功劳。可是到20世纪70年代,西方工业国家却纷纷陷入"滞胀",凯恩斯理论不攻自破,并受到了众多指责与批评。为挽救凯恩斯理论,凯恩斯的追随者将视野从其国内市场转向国外市场。

我们知道,凯恩斯本人只是研究其国内企业、居民、政府三个部门的循环,由于政府刺激需求不能完全解决过剩问题,他的追随者将"国外部门"引入凯恩斯的分析框架,指出当一国商品出现过剩时,可通过扩大出口化解过剩。如此一来,凯恩斯的理论体系就从国内循环变成了国际循环。目前流行的投资、消费、出口是拉动经济"三驾马车"的说法,也是由此而来。

凯恩斯追随者提出的"三驾马车说",为西方发达资本主义国家向国际市场转移过剩提供了理论支撑。"二战"期间,美国大规模发展工业,导致战后制造业产能严重过剩。从1947年起,美国启动实施"马歇尔计划",以对外援助的名义向欧洲各国大量输出工业品。在此期间,美国通过大规模出口不仅成功消化了国内过剩,而且大大加速了经济增长。时至今日,以美国为首的西方国家贸易保护主义重新抬头,不断制造贸易摩擦,归根结底也都是为了对外转嫁国内危机。

国际合作可以共赢

以上分析表明,发达工业国家参与国际经济循环,动机是转移国内生产过剩。然而从国际分工理论看,国家间开展经济合作有

"1+1>2"的效果,并非所有国家都转移过剩。比如,中国作为发展中国家参与国际经济合作,是为了合作共赢,共同分享国际分工给人类创造的福祉。这种判断的理由很简单,因为改革开放之初中国经济尚处于全面短缺状态,并不存在生产过剩问题。

关于中国对外开放的目标取向,习近平总书记讲得很清楚。他在2018年11月5日首届中国国际进口博览会开幕式上指出:"追求幸福生活是各国人民共同愿望。人类社会要持续进步,各国就应该坚持要开放不要封闭,要合作不要对抗,要共赢不要独占。"在第二届中国国际进口博览会开幕式上他又指出:"从历史的长镜头来看,中国发展是属于全人类进步的伟大事业。中国将张开双臂,为各国提供更多市场机遇、投资机遇、增长机遇,实现共同发展。"

国际分工可以增进人类福祉,这一点亚当·斯密和李嘉图早就证明过。斯密在《国富论》中指出,两个国家若按绝对优势分工,通过交换可以双赢。他用下面简单的理论模型做过分析。假如英国和葡萄牙生产10尺(约为3.3米)毛呢与一桶葡萄酒,英国的单位成本分别是100小时与120小时,葡萄牙的单位成本分别是120小时与100小时。两相比较,英国的绝对优势是生产毛呢,葡萄牙的绝对优势是生产葡萄酒。若两国按绝对优势分工然后彼此进行交换,则双方皆可节省成本20小时。

欠发达国家应参与国际分工

对斯密的分工理论,后来李嘉图又做了拓展。假定10尺毛呢可换1桶葡萄酒,英国生产10尺毛呢需要100小时,酿造1桶葡萄酒需要120小时,而葡萄牙生产同量的毛呢与葡萄酒分别只需要90小时、80小时。这样葡萄牙在两种产品的生产上都占绝对优势，英国皆处于劣势。在这种情况下，英国与葡萄牙是否应该分工呢？李嘉图的回答是，一个国家与他国比虽无绝对优势，但也可根据自己的比较优势参与国际分工。

关于上面这个结论，李嘉图的解释是，若葡萄牙专门生产葡萄酒，就能用 80 小时生产的葡萄酒，换取自己用 90 小时才能生产的毛呢，可节约成本 10 小时；若英国专门生产毛呢，则可用 100 小时生产的毛呢，换取自己用 120 小时才能生产的葡萄酒，可节约成本 20 小时。可见，当一个国家不具有绝对优势时，也应参与国际分工。因为比较优势是一个国家自己与自己比的优势。既然是自己与自己比，这种优势就总会存在。由此推理，无论是发达国家还是发展中国家，只要按照各自比较优势参与国际分工，就都可以分享国际分工带来的收益。

中国的改革开放实践证明，参与国际经济循环确实可以提升一个国家的综合实力。改革开放 40 多年来，中国国内生产总值从 1978 年的 3 645 亿元增加到 2019 年的 99 万亿元；2010 年 GDP 总量超过日本，成为全球第二大经济体；对外货物贸易增长了近 200 倍；2019 年底外汇储备达到 31 079 亿美元，资产规模居全球第一。而且中国对世界经济的贡献率，已连续五年保持在 30% 以上，成为带动全球经济增长的重要引擎。

思考题

为何说各个国家参与国际经济循环可实现共赢？怎样看待当前出现的"逆全球化"现象？你认为中国应该怎样应对？为什么？

第 2 节 | 贸易自由化探索

尽管亚当·斯密和李嘉图论证了国际分工可以增进人类福祉，可每个国家都有一本难念的"经"。或者说，迄今为止贸易自由化仍然只是个梦想。当然，也有不少国家在推动贸易自由化方面做过一些探索，它们试图在贸易保护的大海中建立起一座自由贸易的小岛，以便在享有自由贸易收益的同时，也能避免过度开放的危险。作为一种制度安排，关税同盟就是这样一座小岛。

关税同盟内外有别

关税同盟的特点是：各成员国之间取消一切贸易限制，允许同盟内部开展自由贸易；各成员国对同盟以外的其他国家，使用一个共同的关税或限额。历史上著名的关税同盟有两个。1789 年，美国宪法规定，取消 13 个州各自的关税，形成了统一的关税同盟。1834 年德意志各邦之间也建立了关税同盟，并为 1870 年俾斯麦统一德国奠定了基础。

1994 年建立的东非共同市场，是比较典型的关税同盟。东南亚国家联盟，目前只是对成员国之间贸易有某些互惠安排，并未完全实现自由贸易，对外也未使用共同关税，是一种比较松散的一体化形式，严格地说还不是关税同盟，只能算"特惠贸易区"。欧洲经济共同体超越了关税同盟的阶段，除了包括关税同盟的内容外，还允许生产要素自由流动，各成员国在某些经济和社会政策方面相互协调，故称"经济共同体"。

贸易创造

关税同盟理论,最早可以追溯到德国经济学家李斯特。李斯特的贸易思想曾为德意志各邦统一关税,进而实现政治统一,最后走上富民强国之路起到了重要作用。关于李斯特的贸易理论我将在第十八章详细讲,这里先只说一点,李斯特认为,关税同盟具有贸易创造的功能。

李斯特的这一观点受到众多经济学家的推崇。第二次世界大战后,全球经济一体化的浪潮此起彼伏。这种情况使李斯特的关税同盟理论得到初步验证。有学者解释说,关税同盟之所以具有贸易创造功能,是因为同盟内部实现贸易自由化后,可以加深专业化分工,本国一些没有优势的产品,被成员国成本更低的产品所取代,从而可以将生产要素配置到效率较高的部门,提高资源的使用效率;同时本国居民还可以用更低的价格买到同样的产品,这就等于提高了国民的福利。

另外,关税同盟也可让出口国有机会扩大产出,增加收入。社会化大生产具有规模节约的特点,在一个很大的产量范围内,随着产出的增加,单位产品的成本会下降,从而可以赢得贸易优势。而且规模节约与市场容量有很大关系,如果一个国家有着广阔的国内市场,制造业就能大规模生产,其产品在国际市场上也就具有竞争能力。换句话讲,由于关税同盟取消了成员国之间的贸易限制,实现了自由贸易,也就扩大了市场容量,各国在享有规模节约好处的同时,对外也取得了贸易优势。

贸易转移

1950 年，美国经济学家维纳出版了《关税同盟问题》一书，其中有一个重要观点：关税同盟的效益取决于成员国的构成。而维纳所说的"构成"，是指成员国之间产品的重叠程度。在同盟成立前，维纳称产品系列比较接近的国家为"相互竞争国家"，称产品系列不相同的国家为"相互补充国家"。维纳指出，由于相互补充国家对非竞争性产品的关税比较低，而相互竞争国家之间关税比较高，因此，由相互竞争国家所建立的关税同盟，其效果往往会更显著。

维纳还指出，关税同盟不仅具有贸易创造功能，还有贸易转移的功能。所谓"贸易转移"，是指关税同盟成立后对内实行自由贸易，对外统一征收关税，这样必然形成对非成员国的贸易歧视。通常的情形是，原先从非成员国进口的产品，在建立关税同盟后可能会被成员国成本更高的产品所取代，这样难免会给社会造成一定的损失。

举个例子。假如日本原来从澳大利亚进口羊毛，后来日本和新西兰成立了关税同盟，尽管新西兰的羊毛价格比澳大利亚高，但由于同盟内部取消了关税，相比之下，澳大利亚羊毛的含税价格可能变得比新西兰高。于是，日本与澳大利亚羊毛的贸易渠道中断，转而从新西兰进口羊毛。从全球范围来看，羊毛的生产效率实际是降低了，这就是贸易转移的损失。贸易创造收益减去贸易转移损失，其差额才是关税同盟的收益。

维纳的意思很清楚。关税同盟虽然在成员国之间可以自由贸易，实现贸易创造，但给关税同盟以外国家的贸易带来了更加严重的不公平。这对整个人类社会来说，是有得有失，而且很可能是得不偿失。由此可见，关税同盟只是局部性的贸易自由化，推动全球贸易自由化仍将任重道远。

思考题

何为贸易创造与贸易转移？谈谈你对关税同盟的看法。

第 3 节 | 世界经济变局

维纳的分析提醒我们，贸易自由化是一个方向，它将是一个非常漫长的过程，短期内不可能实现。因此，一个国家参与国际经济循环，仍应坚持以国内循环为主体。当今世界国际经济竞争日趋激烈，贸易摩擦此起彼伏。之所以如此，目的都是保护国内市场，占领对方市场，这种现象在今后相当长一个时期都不可能扭转。

战后欧洲、日本崛起

回顾"二战"后的经济史，有一个不争的事实：所有在战后迅速致富的国家，无一不是世界市场的受益者。1945 年的欧洲，弹痕累累、满目疮痍，重建家园需要从美国购置大量的设备，相应的资金从哪里来？"马歇尔计划"是个开端，但也仅仅是个开端，源源不断的后续资金，靠的是欧洲对美国的贸易顺差。美国张开温暖的怀抱，给战后欧洲带来极大的抚慰。

与欧洲同样幸运的还有日本。日本是一个资源匮乏的国家，面积狭小，国内市场容量有限。70 年前，它并不发达。但日本的成功之处，就在于把握住了世界市场的每一次机会，从中东进口石油，向世界倾泻产品。不到 40 年的时间，曾经的战败国就一跃成了世界第一大债权国。其他的像"亚洲四小龙"，以及后来的"亚洲四小虎"，也都是靠出口导向型战略起家的。

但是，真理再往前走一步，则可能是谬误。如果有谁认为成功的经验可以一劳永逸，就大错特错了。1997 年以前，几乎所有人都众口一词，说 21 世纪是亚洲的世纪。然而，历史却开了一个近乎残酷的玩笑，亚洲的世纪还没有来临，金融危机却抢先到来。东南亚国家等来的不是进一步的经济繁荣和兴旺，而是破产、失业以及收入的下降和生计的窘迫！

任何成功的模式，都有其成功的土壤。战后的世界格局，是一个"冷战"的格局。为了对抗社会主义的阵营，为了让其盟友尽快富裕起来，以分担日益庞大的军费开支，美国慷慨地对其盟友开放了市场。那个时候的美国太强大了，强大得不需要附加任何条件，欧洲、日本和"亚洲四小龙"都是因此而取得成功的。

美国策略转变

欧洲与日本的成功却带来了新的问题，美国人很快发现，那些曾经依偎在它翅膀下面的小鸟，在羽翼丰满之后不再需要保护，而要与美国分庭抗礼。于是美国的策略开始转变，对市场准入提出了越来越多的附加条件。苏联解体，共同的敌人不存在了，大家抱团的愿望也就不再迫切，于是又加速了这一转变的进程。欧洲通过加快共同市场的建设，努力缓解了这一转变的冲击，而当时亚洲并没有做出有效的反应，不得不面对越来越压抑的市场空间。昔日的土壤不存在了，曾经成功的模式也就不再熠熠生辉了。

就在进入 21 世纪的前几天，我曾撰文推断美国经济会有大麻烦。

我推断的根据是，当时世界最大的两个经济体都在亚太，而亚太地区的贸易结构却是畸形的。畸形结构的一极是日本，另一极是美国，前者长期保持着巨额的贸易顺差，而后者则是巨额的贸易逆差。位于两极之间的国家，几乎全都是通过美国的逆差来获得美元支付给日本，以不断扩大日本的顺差。

问题在于，任何一个国家承受逆差和顺差的能力都有一定的限度，美国和日本也不会例外。可以设想，如果把一个人上半身所有的静脉血管都堵住，心脏只能通过动脉向大脑输血，而大脑的血液却不能往心脏回流，将会产生什么后果？用不了多长时间心脏就会衰竭，大脑就会爆炸！国际贸易也是如此，到了美国无力承担巨额逆差的时候，就一定会出事。果然，2007年美国爆发了金融危机。

事实上，当年东南亚金融危机就已经向国际社会敲响了警钟。20世纪90年代初，伴随着大量的资金流入，这个地区实现了奇迹般的经济增长。可美国迫于越来越大的赤字压力，再也不能同比例地增加进口。日本虽然保持着巨额的贸易顺差，却又不放开国内市场。前后受阻，东南亚的产品卖给谁？产品卖不出去，债主追上门来，金融危机当然不可避免。

畅通国内循环

亚当·斯密曾经讲："如果其他国家提供的某种商品比我们自己生产更便宜，那么与其我们自己生产它，还不如输出我们最擅长生产的商品，去跟外国交换。"不过斯密讲上面这番话有一个重要前提，那就是国际贸易自由。如果贸易不自由，进口或者出口受到限制，国家间就不可能按照斯密的分工原理进行分工。

当前贸易保护主义盛行，美国也已转变策略，在此背景下，一个国家要稳定经济增长必须首先畅通国内经济循环，并坚持以国内循环为主体。要摒弃那种向国外市场转移过剩的观念，树立优势互补、合作共赢的理念。我们在第十四章"国际收支平衡"中讲过，维持国际收支平衡是所有国家政府共同追求的目标，出口国需要国际收支平衡，进口国也需要国际收支平衡。

怎样畅通国内经济循环？我认为要把握以下三个重点。

第一个重点，用消费需求带动投资需求。投资只是中间需求，消费才是最终需求。若国内消费不足，扩大投资只会加剧产能过剩。而用消费带动投资，不仅可以让供给更好地满足国内需求，还可避免结构失衡。

第二个重点，用下游投资带动上游投资。任何一个国家的产业链都存在上游产业与下游产业。比如钢铁业是制造业的上游产业，而制造业则是钢铁业的下游产业。若增加制造业（下游产业）投资，无疑可扩大钢铁业（上游产业）的投资需求。

第三个重点，用进口带动出口。以国内循环为主，并不是要闭关锁国，同时也应积极参与国际经济循环。总的原则是，用进口带动出口。前面说过，一个国家出口的目的是进口，若不进口则是对分享国际分工收益的放弃。事实上，扩大进口国外高生产率的产品，可以降低国内生产的成本，而且引进外资也是增加出口，只是商品没有离开国境而已。

思考题

贸易自由化与国际分工有何关系？在当前贸易保护主义抬头的背景下，你认为如何畅通国内经济循环？

第 4 节 | 中国的选择

2010 年，我国经济总量超过日本，成为全球第二大经济体，然而树大招风，西方主要国家皆将中国视为对手，国际环境变得复杂严峻。特别是 2020 年新冠肺炎疫情重挫全球，欧美经济大衰退，国内产业链、供应链也遭遇到前所未有的冲击。基于此，中国政府明确提出实施扩大内需战略，构建以国内大循环为主体、国内国际双循环相互促进的新发展格局。

顺势而为

事实表明，今天的美国已经无力独撑天下，欧洲经济也前景难卜，通过"出口导向战略"再造成功的土壤已经不存在了。而且经过 40 多年改革开放，目前我国已具备以国内经济大循环为主体的基础条件，应该顺势而为。从生产供给看，我国已具有极为完整、规模极大的工业供应体系，拥有 39 个工业大类，191 个中类，525 个小类，是全球唯一拥有联合国产业分类中全部工业门类的国家。从消费需求来看，我国有 14 亿多人口，人均 GDP 达到了 1 万美元，中等收入群体已超过 4 亿人，规模居全球第一。

在经济全球化时代，市场是最重要的战略资源。谁掌握了市场，谁就拥有制定市场规则的权力。今天国际上许多产品标准之所以由欧美国家制定的一个重要原因，就是这些国家是相关产品的最大买主。事实上，我国的市场潜力巨大，在外人眼里就是个"金饭碗"，而且几乎所有的国家都对中国市场垂涎三尺。既然如此，我们与其捧着"金饭碗"去云游四方，到处寻找市场，倒不如立足扩内需，先端稳自己的"金饭碗"。

推动关键核心技术攻关

当然我们也有短板。最大的难题是目前我们尚处于全球产业链、供应链的中低端位置,一些关键核心技术产品仍高度依赖进口,如高端数控机床、芯片、光刻机、操作系统、医疗器械、发动机、高端传感器等,皆存在"卡脖子"的问题。以往的经验告诉我们:关键核心技术要不来、买不来、讨不来,特别是在当前特殊形势下,我国企业不仅难以引进国外先进技术产品,就连以前能够引进的现在也变得困难重重,甚至出现了"断供"。

基于这种现实,当务之急是要加快推动我国产业向全球产业链的高端延伸,进入研发设计、供应链管理、营销服务等高端环节,不断提升产业竞争力,重新构建并主导全球创新链。因此,一方面要加大财政投入,强化基础研究,集中力量补短板;另一方面,要通过完善体制机制,加大对关键核心技术的科研攻关,化解"卡脖子"技术问题。同时要建立健全多层次资本市场体系,以科创板为龙头激活全流程创新链条,为"卡脖子"技术、关键核心技术的产业化注入资本动能。

坚定扩大开放

无论遇到多大的阻力,我们都要扩大开放。总的原则是坚持优势互补、合作共赢。而在具体操作层面应体现三个原则。

原则一:积极进口国外的绝对优势产品。习近平总书记在2018年博鳌亚洲论坛上指出,"我们将努力增加人民群众需求比较集中的特色优势产品进口"。这里的特色优势产品,就是其他国家具有绝对优势的产品。扩大进口具有绝对优势的产品，可以充分利用他国的绝对优势，降低国内消费成本，提升国民福利。同时，通过扩大绝对优势产品进口，替代和淘汰国内落后产能，有利于推进国内结构调整。

原则二：扩大出口我国具有绝对优势的产品。对一个国家来说，对他国具有绝对优势的产品，也是自己具有比较优势的产品。这是说，要参与国际经济循环，我国应优先出口具有绝对优势的产品。20世纪 90 年代以来，我国的贸易对象主要是欧美国家。可是相对欧美国家，我国具有绝对优势的产品并不多，而且近年来欧美国家纷纷设立各种技术壁垒，令我国纺织品、服装等具有绝对优势的产品出口受到了诸多限制。面对越来越多的出口限制，必须尽快调整出口方向。

原则三：将我国比较优势产品变为绝对优势产品出口。事实上，一国的绝对优势总是相对的，我国某些产品对欧美国家并不具有绝对优势，可对有些发展中国家却有绝对优势。因此，在出口国的选择上，我们不能局限于欧美市场，而应根据不同国家的具体情况选择出口对象，应重点依托"一带一路"沿线国家，主动加强经贸合作，变比较优势为绝对优势，积极开拓新的国际市场。

思考题

你对我国畅通国内经济大循环，构建国内国际双循环相互促进的新发展格局有何具体建议？

附　录 | 对中美贸易摩擦的冷思考

（作者注：此文刊发在 2019 年 7 月 24 日《学习时报》上。读者注意，我作此文时尚未发生新冠肺炎疫情。最近再读，觉得这十个问题仍值得思考。特此转录，仅供参考。)

自2018年以来，美国不断制造贸易摩擦，中国坚决反击，两国经贸前景引起全球关注。2019年6月底，习近平总书记与特朗普总统在大阪会晤，再次打破僵局。美国表示不再对中国加征新关税，并且双方同意重启经贸磋商。最后会磋商出什么结果尚未可知，不过无论结果如何，我们都有必要对以下十个问题进行冷静思考。

第一，关于生产目的。1978年国内理论界曾开展社会主义生产目的大讨论，通过讨论大家达成了共识：发展社会主义生产，目的是满足人民群众日益增长的物质文化需要。在党的十九大报告中，习近平总书记提出坚持以人民为中心的发展思想。坚持以人民为中心发展经济，当然不能为生产而生产，也不能为出口而生产。这场贸易摩擦提醒我们，企业生产应优先满足国内消费者需要。

第二，关于鼓励出口。出口的目的是进口，无须进口也就无须出口。可时下有一个流行观点，说出口是为了转移国内过剩，用外需弥补内需不足。这个观点显然不对。马克思说过，商品是用于交换的产品。用于交换的产品当然要能满足他人需要，但满足他人需要的产品未必就是过剩产品。而且经济学证明，一个国家只有进出口平衡，才能对等分享国际分工收益。请问，如果进出口保持平衡，怎可能用外需弥补内需不足呢？

第三，关于贸易顺差。一国出口大于进口，贸易会出现顺差。人们通常以为中国对美贸易有顺差是好事，且多多益善。实则不然，中国对美贸易顺差表示国内资源净流出增加，外汇储备增加。可是要知道，外汇不过是美国给我们打的一张借条，相当于我们将商品赊销给了美国。美国享受了我们价廉物美的商品，而我们却未对等享受美国的商品。这样看来，贸易顺差并非越大越好。

第四，关于关税壁垒。关税作为价外税由进口方承担，也就是说，美国征收高关税在限制中国出口的同时，也会增加美国国内的生产成本或消费成本。可见，高关税本身是一把"双刃剑"，一个国家不可能用高关税保护本国产业，也不可能用高关税维持贸易平衡，古今中外没有一个成功的先例。由此推定，美国加征关税只是向中国要价的筹码，不可能长期维持高关税。面对美国施压，我们必须反制，否则对方会得寸进尺。

第五，关于非关税壁垒。前些年美国为了围堵中国经济一直逼人民币升值，而近年来又不断加征关税，同时限制将高科技产品出口给中国。亚当·斯密当年论证过：自由贸易是国际分工的前提。意思是：如果国际贸易不自由，国家间就不能按各自优势分工。由此推论：假若美国限制高科技产品对中国出口，我们就不能拘泥于国际分工原理，应变被动为主动，坚持自主创新。核心技术不能完全靠进口，这也是贸易摩擦带给我们的启示。

第六，关于国际收支平衡。国际收支包括贸易、资本、外储三个项目，贸易只是其中之一。这就是说，国际收支平衡并不等于贸易一定要平衡；而且今天已进入经济全球化时代，对外贸易已不单是双边贸易，更多的是多边贸易，故贸易平衡也不等于双边贸易要平衡。美国以"贸易平衡"为借口发动贸易摩擦，显然是醉翁之意不在酒，为此我们要调整出口导向战略，转变发展方式，着力提振国内消费。

第七，关于美国优先和美元霸权。美国发动贸易摩擦，说到底是要维护美国优先和美元霸权。20世纪80年代初日本经济崛起，日元挑战美元霸权，结果在美国的操纵下，一纸"广场协议"将日元打入冷宫。欧元与美元抗衡，2009年却遭遇主权债务危机，至今仍一蹶不振。2010年中国已成为全球第二大经济体，美国自然要把中国当成对手。日本是前车之鉴，我们必须保持人民币币值稳定，防止重蹈覆辙。

第八，关于扩大对外开放。我国对外开放不能受美国发动贸易战的影响。从开放效果来看，扩大资本开放和扩大对外贸易没有本质区别。事实上，引进外资也是出口，只是卖给外国企业的商品未离开国境；对外投资也是进口，不过是未将外国商品买进国境。在当前贸易保护主义盛行的背景下，为避开贸易壁垒，我们应以"一带一路"建设为依托，进一步加大对外投资和引进外资，推动形成海陆内外联动、东西双向互济的开放新格局。

第九，关于稳中求进的工作总基调。针对美国极限施压，习近平总书记强调，"最重要的是要做好我们自己的事情"。贯彻中央稳中求进工作总基调，必须进一步稳就业、稳金融、稳外贸、稳外资、稳投资、稳预期，其中关键的是稳就业。而要优先稳就业，必须坚持以供给侧结构性改革为主线，用改革的办法加快完善资源配置的体制机制，让供给结构适应需求结构变化，不断释放国内需求潜力。

第十，关于中美经贸前景。中美两国经济具有很强的互补性，谁也离不开谁。习近平总书记讲，中美两国合则两利，斗则俱伤。从长远来看，中美经贸合作是必然的，也是大势。但也不排除美国今后仍会制造出各种麻烦。中国是人口大国，经济韧性强，回旋余地大，只要美国挑衅，我们就奉陪，打持久战中国一定是赢家。

亚当·斯密和李嘉图论证了自由贸易可以增进人类福利、实现共赢。可李斯特认为穷国与富国的自由贸易并不对等，提出穷国应该保护幼稚工业。普雷维什也认为由于落后国家的贸易条件持续恶化，应实施"进口替代"与"出口替代"战略。难道是亚当·斯密和李嘉图的国际贸易理论错了吗？

第十八章
国际贸易理论
经济学家众说纷纭

国际贸易最基本的原理,是亚当·斯密和李嘉图的国际分工理论,萨缪尔森称其为"国际贸易不可动摇的基础"。前一章我介绍过斯密和李嘉图的分工理论,为避免重复,本章将重点介绍李斯特、约翰·穆勒、俄林、列昂惕夫、普雷维什五位经济学家的国际贸易理论。

第 1 节 | 相互需求原理

李嘉图说,若两个国家分别生产自己具有比较优势的产品,并进行交换,则双方皆可受益。可是这一原理也有缺憾,比如并未回答双方如何分享贸易收益。这个缺憾最终是由李嘉图的学生约翰·穆勒做了弥补。穆勒是位天才般的人物,他 3 岁学习希腊文,7 岁熟读"柏拉图的对话",次年学习拉丁语,13 岁就对经济学有了一定的建树。

他一生著作等身，其中《政治经济学原理》使他流芳百世。

取决于贸易条件

为弥补李嘉图分工理论的不足，穆勒在《政治经济学原理》中提出了"相互需求原理"，第一次从理论上解决了两国之间贸易利益分享比例如何确定的问题。在介绍穆勒的理论之前，我给大家讲一则古埃及的传说。

在尼罗河的下游，居住着两个农夫，一个叫安第斯，另一个叫布阿吉。安第斯擅长育种，不喜欢种地吃苦。布阿吉则勤劳肯干，是把种地的好手。为了发挥各自的优势，两人决定分工合作，由安第斯专门为布阿吉提供良种，秋收以后，布阿吉按一定的比例偿还稻谷。安第斯每消耗100斤稻谷，能选育出10斤良种，这些良种交给布阿吉种下，可以比一般的种子增产200斤。那么这增产的200斤稻谷应该如何分配呢？

显然，这要取决于布阿吉的偿还比率。1∶10是安第斯能够容忍的下限，低于这个比率，安第斯的育种所得，不足以弥补他的消耗；1∶20是布阿吉愿意承受的上限，高于这个比率，增产的稻谷全都被安第斯拿走，布阿吉就无利可图。因此，偿还比率必定在1∶10和1∶20之间。在这个范围之内，具体比例由他们两人商定，如果布阿吉特别需要安第斯的种子，他就会支付较高的代价；如果安第斯非常愿意与布阿吉合作，他将索取较少的稻谷。不管怎样，偿还比率越是靠近布阿吉的上限，利益分配越是对安第斯有利；反之，分配的天平将向布阿吉倾斜。

上面这则传说，正好暗合了穆勒的相互需求原理。穆勒认为，贸易利益的分配取决于贸易双方的商品交换比率，也就是"贸易条件"。如果一国既定数量的出口品，可以换回更多的进口品，这意味着该国贸易条件的改善，可以从国际贸易中获得更大的利益。反过来，如果出口换回的进口品减少，则意味着贸易条件的恶化。

贸易条件的决定

贸易条件如何决定？我还是结合例子分析。假定中国和日本都生产茶壶和茶杯，在中国 1 个茶壶的生产成本相当于 2 个茶杯，也就是说茶壶和茶杯的交换比率是 1∶2，而在日本的比率却是 1∶5。如果中、日两国开展贸易，贸易条件就应该在 1∶2 和 1∶5 之间。比如按照 1∶3 的比率，中国出口茶壶，日本出口茶杯。此时中国可用 1 个茶壶换取比国内更多的茶杯，日本可用较少的茶杯换取 1 个茶壶。这样，两国都可分享国际贸易的利益。

进一步分析，中国与日本的贸易条件都有自己的红线。中国不可能允许贸易条件低于 1∶2，低于这个比率，与其进口茶杯，不如自己生产更为合算，因为中国无法从国际贸易中得到任何好处，所有的贸易利益都会被日本独占。反过来，日本也不可能允许贸易条件高于 1∶5，否则会将所有贸易利益都拱手让给中国。因此，商品的国内交换比率，决定了贸易条件的上限和下限。而在这个限度内，贸易条件取决于两国的需求。

继续用上面的例子。比如中、日两国原来按照 1∶3 的比率交换茶壶和茶杯，后来日本对茶壶的需求增加，只好用较多的茶杯来交换茶壶，贸易条件就有可能变成 1∶4。按照这个比率，双方仍能分享贸易利益，不过是中国分享的份额增大了。同样的道理，如果中国对日本茶杯的需求增加，中国的贸易条件就会恶化，会牺牲掉一部分贸易利益。

在《政治经济学原理》一书中，穆勒用一段非常简练的话对贸易条件如何决定做了总结。他说："可以提出的唯一的一般法则不外乎这样：一个国家以它的产品和外国相交换的交换比率（贸易条件）取决于……它对这些国家的产品的需求和外国对它的产品需求的数量和需求的增加程度的比较……外国对它的商品需求越是超过它对外国商品的需求……贸易条件对它越是有利。这就是说，它的一定数量的商品将会换回更多的外国商品，它从国际贸易中获得了更大的利益。"

穆勒也有局限性

穆勒用商品的国内交换比率，解释了贸易双方获利的范围；用相互需求原理，解释了贸易条件的决定；利用贸易条件，说明了贸易利益在贸易双方的分配。所有这些，都是对李嘉图国际分工理论的重大发展。然而穆勒的相互需求原理也有局限性。这个原理只能适用于经济规模相当、相互需求对市场价格有显著影响的两个国家。如果两国经济规模悬殊，小国的需求相对于大国来说微不足道，两国间的贸易条件则由大国的国内交换比率决定，而不会由相互需求决定。

我想到的可用于证伪的例子是，在石油输出国组织成立以前，委内瑞拉和美国在汽车和石油方面的贸易。委内瑞拉是个小国，在美国市场所占的份额很小，它从美国进口汽车，对汽车的需求并不能因此而增加多少，它向美国出口石油，对美国石油市场的影响也不会很大。因此，委内瑞拉和美国进行贸易，只能按照美国的价格购买汽车、出售石油，两国之间的贸易条件，实际上是美国国内汽车与石油的交换比率。

思考题

贸易条件是由什么决定的？为何说穆勒的相互需求原理存在一定的局限性？请你用现实例子作分析。

第 2 节 | 幼稚工业保护论

前文中我提到过李斯特。这里再做专门介绍，是因为李斯特的国际贸易理论具有鲜明的德国立场。当英国工业化的车轮滚滚向前时，德国仍是个农业国，停留在中世纪田园生活时代。当时德国政治家和有识之士最大的愿望，就是使德国进入工业国家行列，能与英国分庭抗礼。他们热切希望德国有自己的经济学，没有别的理由，只因德国是个后进的国家。李斯特不负众望，提出了今天人们耳熟能详的"幼稚工业保护论"。

矛头直指亚当·斯密

在经济学界，李斯特是亚当·斯密贸易理论最激烈的批判者。不过，他对抽象的纯理论不感兴趣，而是将大部分精力都集中在经济政策，特别是外贸政策的研究上。李斯特认为，斯密和李嘉图自由贸易的主张，代表的是英国资产阶级的利益，他们不仅要求在国内，而且在国际上也开展自由竞争，这无疑是有利于英国发展致富的，但会牺牲落后国家的经济发展。

他指出："在这种情况（自由贸易）下，整个英国就会发展成一个庞大的工业城市……上等的美酒就得供应英国，只有下等的劣酒才能留给自己，法国至多只能做些小型女帽业那样的营生。德国看来对英国世界没有什么别的可以贡献，只有一些儿童玩具、木制钟、哲学书籍等。或者可以有一支补充队伍，他们为了替英国人服务，扩大英国的工商优势，传播英国文化，牺牲自己，长途跋涉到亚洲或非洲的沙漠地带，就在那里沦落一生。"李斯特为德意志民族发出抗议的呼声："德国人为英国砍伐木材、生产扫帚和牧羊已经够久了。"

生产力比财富重要

1841年，李斯特出版了他一生最重要的著作之一——《政治经济学的国民体系》。该书着重分析了德国的历史和现实，系统地阐述了贸易保护的思想。作为贸易保护的立论基础，李斯特首先提出了"经济发展阶段说"，将人类社会的发展阶段划分为五个时期，即未开化时期、畜牧时期、农业时期、农工时期和农工商时期。不同的时期，应当采取不同的贸易政策。

李斯特说，前三个时期属于贸易政策的第一阶段，对比较先进的国家实行自由贸易，并以此为手段，使自己脱离未开化状态，在农业上求得发展。第二阶段，是用商业限制政策，促进和保护工业、渔业、海运事业和国外贸易的发展。最后一个阶段，当财富和力量已经达到了一定高度以后，再逐步恢复自由贸易原则，在国内外市场进行无限制的竞争，使从事农工商业的人们在精神上不致松懈，并且鼓励他们不断努力去保护既得的优势地位。

根据李斯特的判断，当时处于第一阶段的国家主要是西班牙、葡萄牙和那不勒斯王国，处于第二阶段的是德国和美国，法国只是紧紧地靠在最后一个阶段的边缘，只有英国是实际达到了最后阶段的国家。按照斯密的国际贸易理论，如果一种商品在别国的生产费用较低，就无须在本国生产，因为花钱向别国购买更为合算和有利，而李斯特坚决反对斯密的这一主张。

李斯特分析指出，经济落后国家参与国际分工和交换，最根本的目的是发展本国生产力。古典贸易理论只是强调落后国家可以花钱买到更便宜的商品，只是着眼于眼前使用价值的增加，而没有考虑到一个国家，尤其是经济落后国家生产力的进步。他说，财富和财富的生产力完全不是一回事，"财富的生产力比之财富本身，不晓得重要多少倍，它不但可以使已有的和已经增加的财富获得保障，而且可以使已经消失的财富获得补偿"。

李斯特认为，财富就好比果实，而生产力则是果树，财富是生产力的结果，唯有生产力才是财富的源泉。向别国购买廉价商品，虽然从表面上看要合算一些，但是这样做的结果是，德国等落后国家的生产力就不能获得发展，德国将永远处于落后和从属于外国的地位。而保护性关税，起初虽然会使工业品的价格提高，但经过一定阶段，生产力提高了，商品价格和生产费用就会跌落下来，甚至会跌到外国商品以下。因此，"保护性关税如果会使价值有所牺牲的话，它却使生产力有了增长，足以抵偿损失而有余"。在他看来，为了生产力的发展，即使暂时牺牲一些使用价值也是值得的。

力主保护幼稚产业

李斯特认为，一个国家所具有的一切生产力中，没有一种比得上工业，唯有工业才是资本和劳动岗位的创造者。一个国家如果只从事农业，就好比一个人只用一只手进行工作。他写道："一个国家所经营的假使仅仅是原始状态下的农业，在那里普遍存在的现象就必然是感觉迟钝，笨手笨脚，对于旧有的观念、风俗、习惯、方式方法顽固不化，缺乏文化、繁荣和自由。"

他列举了工业的两大优势：第一，工业比农业能更好地利用国家的物质资源，水利、风力、矿产和燃料都能得到更好的节约；第二，工业能有力地促进农业的发展，因为农场主可以从农产品需求的增加中，获得较高的地租和利润，甚至比工厂主的收入更为丰厚。他指出，在自由竞争条件下，一个落后国家若不保护工业，要想成为新兴工业国家是不可能的。因为这些国家的工业很多都是幼稚工业，还没有走向成熟，羽翼未丰，经不起先进国家廉价商品的冲击。只有对其中一些有前途的工业进行保护，才能使它们尽快地成熟起来，参与国际市场的激烈竞争，带动整个国家经济的发展。这就好比一只雏鹰，必须经过精心的哺育，才能展翅高飞，搏击风雨。

讲到这里，我想作三点说明。第一，李斯特主张用关税保护幼稚产业，不同于目前西方国家推行的贸易保护主义。西方国家用高关税保护的并不是幼稚产业，而是他们的落后产业。第二，李斯特反对亚当·斯密的分工理论，并不代表他反对自由贸易，他提出关税保护只是阶段性措施。前面讲过，李斯特是关税同盟理论的奠基者，对推动自由贸易居功至伟。第三，亚当·斯密的分工原理并没有错，若从机会成本角度看分工，用斯密和李嘉图的分工原理也可推出"保护幼稚产业"的结论。

李斯特是一位赤诚的爱国者，30年前我读他的著作，对他充满敬意。他虽屡遭当局迫害而流亡他乡，但一生都在思念祖国，思念那块四分五裂、贫穷落后的土地，并为德国的强盛奔走呼号。在他的贸易理论指导下，后来德国实现了工业化，跃进世界发达国家的行列。可令人遗憾的是，李斯特并没有看到这一天，由于极度的绝望和贫病交加，他留下"幼稚工业保护论"这个当时被多数人误解的理论,于 1846 年冬开枪自杀了。

思考题

李斯特根据财富生产力与财富的不同,提出了保护幼稚工业理论,你认为"幼稚工业保护论"与斯密的分工理论是否存在冲突?它与当前贸易保护主义有何区别?

第 3 节 | 要素禀赋说

20 世纪 30 年代,瑞典经济学家俄林又提出了一个轰动一时的国际贸易理论——要素禀赋说。俄林不仅是经济学家,也是出色的政治家。他曾长期担任国会议员和自由党领袖,并一度出任瑞典商业大臣。俄林在 1933 年出版的《区际贸易和国际贸易》,被认为是现代国际贸易理论最重要的著作之一。1977 年俄林被授予诺贝尔经济学奖。

出口品与进口品

要素禀赋说包含两层含义:一是国际贸易的起因;二是国际贸易的影响。俄林认为:"贸易的首要条件是有些商品在某一地区比在其他地区能够更便宜地生产出来。"如果英国和法国都生产葡萄酒和毛呢两种商品,毛呢在英国的价格比较便宜,而葡萄酒在法国的价格更为低廉,那么,就会发生英国向法国出口毛呢,并向法国进口葡萄酒的贸易行为。

俄林分析说:在不同国家生产同一种商品之所以会出现不同的价格,原因是资本、土地和劳动等生产要素的价格存在差异,而这一点又主要是由于这些生产要素的丰裕程度不同，即由生产要素的禀赋差异引起的。因此，如果有一种产品在生产中较多地使用了本国比较丰富的生产要素，其价格必定比较便宜，因而会成为出口品；反之，进口品则是那些较多地使用了本国比较稀缺的生产要素的产品。

因为各种生产要素彼此之间不能完全替代，所以在生产不同的商品时，必须使用不同的生产要素。根据产品所包含的要素密集程度的不同，俄林将国际贸易商品大致分成以下五类：劳动密集型、资本密集型、土地密集型、资源密集型和技术密集型。

根据上面的分类，俄林推断说，国际贸易的流向，应该是劳动力丰富的国家集中生产劳动密集型产品，出口到劳动力相对缺乏的西欧；20世纪二三十年代日本蚕丝业的发展以及日本丝织品的大量出口就是典型的例子。加拿大、澳大利亚和阿根廷等地广人稀的国家，应集中生产谷物、畜产品等土地密集型产品，出口到西欧、日本等国。而美国则应集中生产资本密集型产品，如机器设备等，出口到资本相对缺乏的国家。

要素价格均等化

关于国际贸易的影响，俄林认为国际交换不仅可以消除不同国家商品的价格差异，而且可以消除生产要素的价格差异。比如一个劳动力丰富而资本相对短缺的国家，在闭关自守的情况下，肯定是劳动力的价格低，资本的价格高，但如果该国按照要素禀赋开展国际贸易，大量出口劳动密集型的产品，就会增加对劳动力的需求，从而提高了它的价格；另外，却减少了对比较稀缺的资本的需求，进而降低了它的报酬。因此，国际商品流动，可以在很大程度上弥补生产要素难以流通的缺陷，逐步消除生产要素价格差异，最终令要素价格均等化。

不过俄林也指出，要素价格均等化仅是一种趋势，1949年萨缪尔森发表《再论国际要素价格均等化》一文，通过严格的数学推导，也证明国际要素价格均等的确是一种必然。正是基于此，俄林认为按照要素禀赋进行分工，可以使各种生产要素得到更有效的利用，逐步提高丰裕要素的利用效率，减轻稀缺要素的瓶颈制约，并进一步提高生产率，促进经济发展和产量增加。

由此，俄林最后得出的结论是，依靠市场的自动调节机制，让商品和生产要素自由流动，会给所有国家带来最大的福利。因此，各国应放宽贸易限制，推行贸易自由化，否则若存在贸易壁垒，国际分工的利益将无法实现。

赫克歇尔 – 俄林定理

"二战"以后，国际金融和贸易秩序紊乱，西方各国都迫切需要一个调整国际经济关系、恢复自由贸易的理论，而要素禀赋说正好迎合了这一要求。同时，俄林关于生产要素在国际优化配置的思想，对论证西欧经济共同体的发展也具有极强的说服力。1977年瑞典皇家科学院在评价俄林的贡献时表示，"其理论的深广和重要，直到战后数十年世界贸易获得了迅速增长后，才被人们认识清楚"。

这里要顺便指出的是，要素禀赋说并不是俄林首创，早在1919年，俄林在瑞典商学院读书的时候，他的老师赫克歇尔就发表了《对外贸易对国民收入之影响》一文，提出了有关的一些基本思想。后来的要素禀赋说，就是俄林在继承这些思想的基础上发展起来的。因此，在西方经济学的文献中，人们往往将要素禀赋说称作"赫克歇尔－俄林定理"，此定理的核心内容是：一国应该出口运用本国丰饶的生产要素所生产的产品，进口运用本国短缺的生产要素所生产的产品。

思考题

斯密主张一个国家应按本国的绝对优势参与国际分工，而俄林提出应按本国的要素禀赋参与国际分工，你认为俄林的要素禀赋理论与斯密的分工理论有何异同？

第 4 节 | 列昂惕夫之谜

俄林的要素禀赋说得到了西方学者的普遍认同，而经济学家列昂惕夫却对此提出了质疑。列昂惕夫出生于俄国，在 15 岁上大学的时候，就读遍了列宁格勒各大图书馆的所有经济学著作，成为"优秀经济学家"。1927 年，他被指控"参加反政府的阴谋活动"而被迫离开苏联，辗转到美国担任哈佛大学经济学教授。

意外的发现

按照俄林的贸易理论，若一个国家某种生产要素比较丰富，在生产中密集使用这种要素的产品就应成为出口品。进口品则是那些比较密集地使用了本国比较稀缺的生产要素的产品。依照这一原理，像美国这样资本比较丰富的国家，在生产机器、设备等资本密集型产品方面有较大的优势，应该出口资本密集型产品，进口劳动密集型产品。可列昂惕夫对美国贸易结构的研究，得出的结论却完全相反。

起初，列昂惕夫对俄林的理论是深信不疑的。20世纪50年代初，他利用1947年美国对外贸易的统计资料，分别计算了每100万美元出口品和进口品中包含的资本和劳动，本意是想为这个理论提供佐证，可计算的结果却让他大吃一惊：美国出口品中的资本含量比进口品少30%，这意味着美国出口的产品竟多是劳动密集型产品，进口的却多是资本密集型产品。用列昂惕夫的话说："美国参加国际分工，是建立在劳动密集型生产专业化基础之上的。换言之，这个国家是利用对外贸易节约资本和安置剩余劳动力，而不是相反。"

这个研究结果公布后，立即引起了轩然大波，有人指责列昂惕夫使用的1947年的贸易数据不够典型，因为当时"二战"刚结束不久，贸易格局极可能被歪曲。于是，列昂惕夫又使用1951年的贸易数据重新计算了一次，结论仍然相同。后来另一位经济学家鲍德温再用1958年和1962年的数据检验，结论还是相同。不仅如此，其他经济学家又纷纷检验别国的贸易结构，结果有的符合要素禀赋说，而有的仍符合列昂惕夫的推断。

破解"列昂惕夫之谜"

有学者将列昂惕夫的意外发现称为"列昂惕夫之谜"。怎样解开这个谜团，西方经济学界为此大伤脑筋，并开始了长达20多年的探讨和辩论。最早，列昂惕夫本人做了尝试。他认为，这可能是由美国的劳动生产率较高造成的。根据他的计算，美国工人的劳动生产率约为外国工人的3倍，运用同样数量的资本，美国工人的产出比较多。虽然从表面上看，美国资本丰富，劳动力短缺，但由于美国工人的劳动生产率高，经过换算以后，实际上美国的劳动力丰富，资本相对短缺。因此，它应出口劳动密集型产品，进口资本密集型产品。

对列昂惕夫的这个解释，大多经济学家都不接受。1965 年，克雷宁研究了跨国公司在美国本土和欧洲的劳动生产率，结果显示，美国工人的劳动生产率比欧洲同行高 1.2~1.25 倍，而按照这样一个比例来测算，"列昂惕夫之谜"仍然存在。

另两位经济学家凯伍斯和琼斯另辟蹊径，用人力资本的理论解释这一问题。他们研究发现，美国出口部门中熟练劳动的比例大于进口部门，而非熟练劳动转化为熟练劳动，需要投入大量的教育和培训费用，这种投入也是一种资本投入。比如出钱让工人培训 6 个月，同样的钱也可以用来买机器、买设备、建厂房。而且，机器厂房等有形资本一旦形成，就可以重复取得收益，技术熟练的劳动者也能不断得到较高的收入，与有形资本完全类似，因此劳动者技能也是一种资本，称为"人力资本"。

他们分析说，若在总资本中加入人力资本因素，再来比较美国出口品和进口品的资本含量，"列昂惕夫之谜"就会消失。为什么会这样？原来，凯伍斯和琼斯其实是对俄林的"要素禀赋说"做了扩展，将劳动技能当作一种新生产要素引入了俄林的分析框架。于是就可得出这样的结论：凡是人力资本比较丰富的国家，劳动技能也具有相对优势，因此就应出口劳动密集型的产品。

技术进展理论

受人力资本理论的启发，经济学家基杰宁提出了第三种解释——技术进展理论。他认为，技术和人力资本一样，能够改变土地、劳动和资本在生产中的相对比例关系。人力资本能够提高劳动生产率，而技术可以提高土地、劳动和资本三者的生产率，或者提高三者作为一个整体的全要素生产率。人力资本是过去对教育和培训事业投资的结果，而技术是对研究和开发投资的结果。因此，技术和人力资本一样，可以认为是一种资本或一种独立的生产要素。

基杰宁通过研究发现，美国运输、电器、工具、化学和机器制造五个重点出口产业，同时又是推出科研成果、推出新产品的重点产业，在产品的设计、生产和销售等过程都投入了高水平的技术力量。这就是说，如果把技术看作一个生产要素，那些注重科研和发展的行业的科技密集型产品就具有高度的出口优势，由于技术创新来自对科研和发明创造的投资，因而出口科技密集型产品的国家，一般都是资本相对丰裕的国家。

我认为，出现"列昂惕夫之谜"，原因是在20世纪50年代，生产中投入的要素主要是土地、劳动力和机器设备。所以，列昂惕夫在研究时未将"科学技术、劳动技能"等当作生产要素来对待。若将科学技术、劳动技能也看作生产要素，"列昂惕夫之谜"便可迎刃而解，俄林的"要素禀赋说"仍可成立。

思考题

谈谈你对"列昂惕夫之谜"的看法。你是否赞成基杰宁用技术进展理论所做的解释？并说明理由。

第 5 节 ｜ 中心—外围论

前面我说李斯特批评过亚当·斯密和李嘉图的贸易理论，其实不只是李斯特，阿根廷经济学家普雷维什也对亚当·斯密和李嘉图的贸易理论提出过质疑。普雷维什的观点是：虽然在理论上国际贸易能让双方获益，但实际上富国比穷国的获益更多。由于穷国处于相对不利地位，故穷国应实施贸易保护政策。

进口替代战略

1950年，普雷维什递交了一份题为"拉丁美洲的经济发展及其主要问题"的报告，提出了著名的"中心—外围论"。他将国家分为两类：一类是位居国际贸易中心的发达国家，另一类则是处于外围的落后国家。普雷维什说，国际贸易的利益大多被中心国家享有；外围国家的利益很少，甚至是负数。落后国家若仍按比较优势参与国际贸易，将永远无法改变贫穷落后状态。

普雷维什并非信口开河，他是根据英国60多年的进出口数据，计算初级品与制成品比价变动得出的判断。外围国家出口的主要是初级品，进口的却是制成品，而初级品与制成品的比价，则是外围国家的贸易条件。普雷维什研究发现，到1938年，过去60年中心国家的贸易条件上升了64%；外围国家的贸易条件下降了36%。说明当初一定数量的初级产品可换100个工业品，而现在却只能换到64个，外围国家贸易条件是明显恶化了。

于是普雷维什认为，如果落后国要避免在国际贸易中吃亏，就应改变过去那种将全部资源用于出口的做法，应利用国内资源优势，加快实现本国的工业化。为此他根据拉丁美洲国家的实际，提出了"进口替代型"工业发展战略，即鼓励本国生产工业品，限制工业品进口，使工业品逐步达到自给自足，彻底扭转工业品完全依赖从中心国家进口的局面。

在此基础上，普雷维什又进一步提出"出口替代型"工业发展战略，即大力推动本国工业品的出口，改变出口产品的结构，由以初级产品出口为主，转变为以出口工业品为主。如此一来，外围国家的工业品不仅可以满足本国的需要，而且可以向中心国家出口。这样借助于国际贸易，可以使自己的工业发展更趋成熟。

逻辑难以自洽

普雷维什提出"进口替代型"与"出口替代型"工业发展战略，一方面主张限制他国出口，另一方面主张推动本国出口，逻辑上自相矛盾，在现实中不可能成功。他提出这两大战略的依据是"中心—外围论"，即落后国家在与发达国家的贸易中是吃亏的一方，此推断也与事实不符。相反，我们观察到的事实是，战后迅速致富的经济体大都得益于与发达国家的贸易。韩国、新加坡等"亚洲四小龙"经济体如此，中国也如此。中国能成为全球第二大经济体，出口的功劳极大，而中国以前的出口地主要是欧美市场。

问题出在哪里呢？我查阅过相关资料，普雷维什的数据与计算都没有错。可这种现象怎么解释？我想还是应回到斯密与李嘉图的分工理论上来。

前面说，斯密是从绝对优势角度研究分工，李嘉图则从比较优势角度研究。虽然角度不同，但他们都主张国际分工要扬长避短，发挥自己的优势。研究穷国与富国之间的贸易，恰好与李嘉图比较优势原理相吻合。第十七章我们曾用李嘉图假定的例子推导"比较优势分工原理"，李嘉图举的这个例子非常经典，我们再次用它来讨论贸易双方的利益分配问题。

假定英国与葡萄牙均生产毛呢与葡萄酒，英国生产 10 尺毛呢需 100 小时，酿 1 桶葡萄酒需 120 小时；而葡萄牙生产同量的毛呢与葡萄酒，分别只需 90 小时和 80 小时。由此看来，这两种商品的生产率英国皆不及葡萄牙，两国似乎没有贸易的可能。然而李嘉图指出，只要两国按各自的比较优势分工，贸易仍能让双方获益。

上例中，英国的比较优势是生产毛呢，葡萄牙的比较优势是生产葡萄酒。假如 10 尺毛呢可换 1 桶葡萄酒，则英国用 100 小时生产的毛呢，便可换得自己需要 120 小时才能生产出的葡萄酒，可节约 20 小时成本；葡萄牙用 80 小时生产的葡萄酒，可换到自己需要 90 小时才能生产出的毛呢，也节约了 10 小时成本。

细心的读者会问，英国生产率低于葡萄牙，但在贸易中英国得到的好处反而更多，这是否意味着国际贸易对低生产率国家更有利？当然不是。试想，如果葡萄牙生产 10 尺毛呢的成本不是 90 小时而是 100 小时，葡萄牙用 1 桶葡萄酒换 10 尺毛呢不也是节约 20 小时成本吗？

可见，两个国家进行贸易谁会获益更多，与两个国家的贫富状况无关，而是取决于商品的交换比价。贸易双方贫富的差距，只决定分工的选择；而分工格局一旦形成，贸易利益怎样分配就取决于贸易商品的比价。如上例中商品比价如果不是 10 尺毛呢等于 1 桶葡萄酒，而是 15 尺毛呢等于 1 桶葡萄酒，英国肯定吃亏；反之，若比价为 10 尺毛呢等于 1.5 桶葡萄酒，则吃亏的就是葡萄牙。

应从"商品稀缺度"看

第 1 节中我们讲过穆勒的"相互需求原理"。穆勒说，商品交换比例是由贸易双方对进口商品的需求决定的，若一方对另一方商品的需求强度更大，对方的商品比例会相对高。穆勒这一解释有一定的说服力，不过我认为用"商品稀缺度"解释更准确。因为国际贸易并不只在两个国家进行，如果英国毛呢涨价，葡萄牙可转从别国进口。但要是全球毛呢都稀缺，价格就必涨无疑。

我的看法与穆勒的区别在于，穆勒是从贸易双方的相互需求看，而我是从全球市场需求看。但无论从哪个角度看，只要认同价格由需求决定，那么商品交换比率就与生产国的成本以及贸易双方的经济发展水平无关。因此，不能简单地讲落后国家与发达国家进行贸易，落后国家就一定吃亏或者占便宜。

仅举一例。沙特阿拉伯并非工业发达国家，出口的原油属初级产品，但由于原油稀缺，1973 年每桶不到 3 美元，到 2008 年涨到每桶 100 美元，35 年上涨近 40 倍，超过了同期大多数制成品的价格涨幅。而近几年欧美经济不济，原油需求量减少，价格大跌，这也就证明了价格是由"商品稀缺度"决定，而与沙特阿拉伯的贫富没有关系。

普雷维什得出外围国家贸易条件下降的结论，我认为有三个原因：第一，20 世纪 30 年代前初级产品与制成品的比价之所以下降，是因为当时初级品供应相对充足，制成品相对稀缺；第二，由于农机工具的应用与种植技术的改进，农产品产出率提高，单位商品价格下降；第三，落后国家为了出口创汇，控制了出口品价格。

思考题

落后国家在与发达国家进行贸易的过程中总是吃亏的一方吗？你认为当前西方贸易保护主义抬头的原因是什么？

"二战"前实行金本位制度，各国货币规定有黄金含量，两国之间的汇率取决于货币含金量之比。"二战"后建立起布雷顿森林体系，美元与黄金挂钩，而各国货币钩住美元。在20世纪70年代初，这种以美元为中心的货币体系解体。但问题是美元与黄金脱钩后，各国货币之间的比价（汇率）应该怎样确定呢？

第十九章
国际货币体系
风水轮流转

国内贸易与国际贸易的最大区别在于，前者是用本国货币进行计价结算，后者需要用国际货币计价结算。那么国际货币体系应该如何构建？两国之间的货币比价（汇率）又该如何确定？这些问题是国际金融理论研究的重要课题。本章将分析国际社会的实践探索与学界相关的理论研究成果。

第1节 | 货币体系因时而变

迄今为止，人类建立过三种国际货币体系：金本位体系、布雷顿森林体系、牙买加体系。"二战"前实行的是金本位制。各国货币都规定有黄金含量，两国之间的汇率取决于货币含金量之比，该比值称为"黄金平价"。比如1英镑含黄金113.0格令，1美元含黄金23.3格令，两国货币的黄金平价就是4.9，英镑兑美元的汇率就是

1∶4.9。鉴于当时英国称雄全球，英镑值得信赖，全球近90%的国际贸易都用英镑计价、支付，其他国家持有英镑，可以到英格兰银行兑换黄金。

在金本位制下，货币和黄金紧密相连，各国汇率波澜不惊。1880—1914年，该体系固若金汤，大大推动了国际贸易的发展。金本位制的实施，要求各国遵守如下规则：货币含金量稳定，黄金自由输出，货币发行要有对等的黄金储备。天下太平、国际贸易正常时，各国政府尚能遵守规则，自觉维系金本位制的稳定。可由于先后爆发两次世界大战，摧毁了金本位制的根基。各国为应付战事，印钞机连轴运转。通货膨胀如脱缰野马，不可收拾。金本位体系名实两亡，于是建立新的国际货币体系便成为"二战"后的当务之急。

凯恩斯与怀特之争

1944年7月，第二次世界大战的硝烟还没有散尽，来自45个国家的300多名代表就聚集在美国的布雷顿森林市，召开了一次钩心斗角的群英会。会议的中心议题是结束两次世界大战之间的混乱的国际经济秩序，寻求国际货币合作的新方式。围绕着这个议题，英国著名经济学家凯恩斯和美国财政部官员怀特发生了激烈争论，史称"凯恩斯与怀特之争"。

事实上，早在布雷顿森林会议召开之前，英、美两国就新的货币合作协定问题在华盛顿进行了数次磋商。英方以凯恩斯为首席谈判代表，美方则以怀特为首，他们二人虽然私交甚好，但在谈判桌上都为捍卫本国利益而互不让步。当时美国有250多亿美元的黄金储备，约占世界黄金储量的75%，已成为世界上实力最雄厚的经济大国。考虑到英国处于劣势，因此凯恩斯在保持低姿态的同时，力争主动。为了先声夺人，他通宵达旦地工作，并先于美国一步提出了他的货币合作计划——"凯恩斯计划"。

随即美国也抛出了"怀特计划"，即"币值稳定基金计划"。"凯恩斯计划"代表了英国的立场。由于当时英国负债累累，为了尽快使英国摆脱困境，凯恩斯主张由债务国和债权国共同对国际收支的不平衡承担责任，成立了一个专门的国际机构，发行300亿美元的货币，无偿提供给各成员国，用于成员国之间的贸易结算。"怀特计划"的核心精神是"黄金规则"，即"谁有黄金，谁来制定合作规则"，目的是由美国来重整国际货币体系，强调国际货币应以黄金为基础，以保持其币值的稳定。

由于这两个计划针锋相对，因而凯恩斯与怀特之间的讨价还价也异常激烈。怀特的谈吐热情洋溢，当他的论述势如破竹的时候，他总是无法抑制内心的激动，站起来双手紧紧抓住椅子，似乎唯有如此才能加强他思想的力量。而凯恩斯也不示弱，他措辞严谨、逻辑严密，语言掷地有声，每一个词语都好像经过了细心推敲，蕴含着无穷的智慧。最后，布雷顿森林会议以怀特计划为基础，以凯恩斯计划为参照，形成了一个折中的货币合作协定，即"布雷顿森林体系"。

美元成为国际货币

布雷顿森林体系是有史以来第一个国际货币合作的产物，主要包括两方面内容。

首先，由美元充当国际货币。美国政府承诺，保证"美元和黄金一样可靠"，各国政府可以按1盎司黄金相当于35美元的价格，随时用美元向美国兑换黄金。这就等于规定了美元的黄金含量，使美元的币值稳定有了保证。再加上美元存款可以获得利息，而黄金只能在银行的金库中积累灰尘，因而世界各国都愿意接受美元，并将美元用于贸易计价结算。这样，就确定了美元作为国际货币的地位。

其次，实行可调整的固定汇率制。布雷顿森林体系规定，美元与黄金挂钩，其他国家的货币通过一个固定的比价与美元挂钩。各国政府有义务维持这一固定比价，即便有所波动，波动范围也应该控制在 1% 以内，否则必须对外汇市场进行干预。只有在特殊情况下，经协商同意以后，这个比价才可变动。这样，就使美元成了整个汇率体系的基准。如果美国经济过热，出现了通胀，其他国家得跟着"发烧"。一旦美国经济紧缩，别国也得蒙受失业之苦。

在第二次世界大战后的 30 年里，布雷顿森林体系对整个世界的金融格局产生了深刻的影响。由于它结束了"二战"前那种混乱的国际经济秩序，造就了一个相对稳定的国际金融环境，因而带来了世界经济的迅速增长，促成了 20 世纪 50 年代和 60 年代世界经济的繁荣。然而，布雷顿森林体系毕竟是一个代表着美国利益的货币安排。20 世纪 70 年代以来，随着欧洲的复兴和日本的崛起，美国的经济地位逐步走向没落，布雷顿森林体系也就分崩离析了。

牙买加体系应运而生

1971 年 8 月 15 日，尼克松总统被迫宣布切断美元和黄金的联系。布雷顿森林体系寿终正寝。自此，国际金融活动一度陷入混乱之中。1976 年 4 月，国际货币基金组织经过长期磋商，终于达成《牙买加协定》，规定各成员可自由选择汇率安排，既可实行固定汇率制，又可实行浮动汇率制；废除早已名存实亡的黄金官价，金价交给市场决定；重视国际货币基金组织的作用，增加特别提款权在国际储备中的分量；改善发展中国家贷款条件，解决其资金融通困难。

与前两个体系相比，牙买加体系具有更大的灵活性。比如过去国际储备主要是美元和黄金，美元曾达到全球外汇储备的 90%。在这种旧体系下，美国打个喷嚏，全世界都得跟着感冒。新体系运行后，日元、欧洲国家的货币异军突起，外汇储备趋于多元化。国际货币基金组织的特别提款权由 5 种强势货币组成，根据 5 国的出口额、劳务占世界总额的比重，每 5 年调整一次货币权重。对于汇率制度安排，牙买加体系也没有硬性的规定。

根据国际货币基金组织 1996 年的统计，有 52 个经济较发达国家和地区实行汇率自由浮动，48 个国家和地区采取政府管理的浮动制，欧盟 12 国内部汇率相对固定，对外实行联合浮动。此外，有 49 个国家和地区的汇率，采取钉住单一货币制，比如与美元保持相对固定的比例关系。还有 20 个国家和地区的汇率，则钉住一篮子货币。

解决国际收支失衡，是国际货币体系的重要职责。在金本位体系和布雷顿森林体系下，英、美两国都曾试图一手托天，依靠经济霸主的地位摆平全球金融危机。牙买加体系摒弃了一家独大的思路，由占西方国家生产 80% 的 7 国组成 7 国首脑会议，共同商讨国际货币体系中的棘手问题。除此之外，一些区域性的金融组织，如欧洲货币联盟、中美洲经济一体化银行、西非货币联盟等在各大洲先后兴起，由于文化同源，经济依存度强，彼此间的货币政策协调也更为有效。

尽管如此，牙买加体系也存在明显不足。特里芬等经济学家认为，成功的国际货币体系应能同时满足清偿力和稳定性要求。牙买加体系虽然通过浮动汇率制较好地解决了国际清偿力问题，但与前两个体系相比，稳定性一直不尽如人意。墨西哥、俄罗斯、东南亚、阿根廷等国家和地区，金融危机此起彼伏，险象环生，国际社会在危机预警、应急救援、反危机对策等方面，屡屡显得力不从心。由此看来，建立理想的国际货币体系仍需世界各国共同努力。

思考题

国际货币体系演变的原因是什么？你认为未来的国际货币体系应该怎样构建？

第 2 节 | 特里芬难题

我在第四章说过，分析人类行为选择不可以望天打卦，搞所谓的预测，而可以用经济学逻辑做推测。美国耶鲁大学教授特里芬无疑是做经济推测的天才。就在布雷顿森林体系刚建立不久，他竟神奇地指出了该体系的先天不足，并准确推断了它的"死期"。

两难困境

特里芬对布雷顿森林体系前景的推测，实际上也是给国际金融理论研究提出了一个难题，而且至今悬而未决。这个难题到底难在哪里？请读者少安毋躁，先来听我讲一个在中国民间流传已久的故事。

从前有个媳妇，心灵手巧，贤淑能干，深得婆婆喜欢。后来婆婆让她主持家务，负责给全家人煮粥。由于土地贫瘠，每年打的粮食有限，然而这一家的香火却异常兴旺，年年添丁进口。为了让全家人都能吃饱，媳妇只好不断往锅里加水，结果是粥越来越稀，家人的怨气越来越大。最后，婆婆怀疑她把粮食偷着背回了娘家，一气之下，将她赶出了家门。

这个故事可以很好地说明特里芬难题。在布雷顿森林体系中，美国承担着两个基本职责：一是保证美元按固定官价兑换黄金，以维持各国对美元的信心；二是为国际贸易提供足够的国际清偿力。然而这两个问题——信心和清偿力却是有矛盾的，美元过少会导致清偿力不足，美元过多则会出现信心危机。原因在于，美国要持续不断地向其他国家提供美元，只能让自己的国际收支始终保持赤字，由此留下的"大窟窿"只能靠开动印钞机印刷美元填补。这无异于往锅里加水，结果是美元越来越多。

收支赤字意味着美国的黄金储备不仅不能增加，反而会由于别国的兑换而减少。这样，一边是美元越来越多，一边是黄金越来越少，势必造成"粥越来越稀"。美元兑换黄金失去保证，出现信心危机。时间一长，布雷顿森林体系自然也就无法维持。

提供清偿力和维持信心的这种两难困境最早是由特里芬提出的，因此学界称之为"特里芬难题"。对"特里芬难题"进一步引申，其意思是：不仅美元作为国际中心货币会存在这样的难题，而且由其他任何一种主权货币来充当唯一的国际货币，都不能避免这个难题。

从"美元荒"到"美元灾"

事实不幸被特里芬言中。在第二次世界大战结束后的最初几年里，欧亚各国百废待兴，需要从美国进口商品，由于缺乏美元，便形成了"美元荒"。从 20 世纪 50 年代开始，美国的货币赤字缓解了国际清偿力不足问题，到 50 年代中期之前，美元还是比较紧缺的，各国仍然愿意积累美元，没有出现对美元的信心问题。

1958 年以后，"美元荒"逐渐变成了"美元灾"。美国持续的收支赤字引起了许多国家的不满。法国总统戴高乐的言辞最为激烈，他抨击美元享有"过分的特权"，由于美元是国际货币，美国的国际收支赤字不需要纠正，用印制美钞的方式就可以弥补。而其他国家一旦发生赤字却无计可施，只能蒙受失业和经济增长下降的痛苦，甚至不得不省吃俭用节省外汇。

对于众多国家的不满情绪，美国始终置若罔闻，不愿意为此付出调整国内经济的代价来减少国际收支的赤字，依然对发行美钞乐此不疲。20 世纪 50 年代末期，美国黄金储备大量外流，对外短期债务激增。到 1968 年，美国的短期债务已经超过其黄金储备，美元的信用基础发生了动摇。当年 10 月，爆发了战后第一次大规模抛售美元、抢购黄金的美元危机。

危机当前，美国政府请求其他国家予以合作。各国虽与美国有利害冲突，但美元危机也会影响他们的利益，因此给予了一定的配合。除合作性措施之外，美国还施加政治压力劝说外国政府不要用美元兑换黄金，可法国政府对此非常反感，丝毫不买美国的账，反而更大规模地兑换黄金，带头冲击美元的霸主地位。

"越战"火上浇油

1965 年，越南战争爆发，美国国际收支进一步恶化。同年 3 月，美国黄金储备已降至 120 亿美元，只够偿付短期债务的 1/3。结果在伦敦、巴黎和苏黎世黄金市场上，爆发了规模空前的美元危机，在半个月内美国的黄金储备又流失了 14 亿美元，巴黎市场金价一度涨至 44 美元 1 盎司。于是美国政府被迫要求英国关闭伦敦黄金市场，宣布实行"黄金双价制"，即各国中央银行之间的官方市场，仍维持 35 美元 1 盎司的官价，私人黄金市场的价格完全由供求力量自行决定。

到 1971 年夏，美国黄金储备已不足 100 亿美元，美元贬值的形势越来越明显，由此引发了一场资金外逃的狂潮，并于当年夏天达到了顶点。面对各国要求兑换黄金的巨大压力，1971 年 8 月 15 日，尼克松总统被迫宣布实行"新经济政策"，切断美元和黄金的联系。其他国家所拥有的 700 多亿美元，到底还值多少黄金，美国政府自此再也没有做出回答。

美元不再和黄金挂钩，实际上等于废止了布雷顿森林协议，宣告了布雷顿森林体系的崩溃。从此以后，美元不再兑换黄金，美国政府也不再承诺"美元和黄金一样可靠"，对美元的信心要求不存在了。信心和清偿力之间的矛盾也最终消失了。历史终于以这样一种代价惨重的方式破解了"特里芬难题"。

思考题

简述"特里芬难题"的含义，你认为"特里芬难题"对我国推动人民币国际化有何启示？

第 3 节 | 美元化是双刃剑

布雷顿森林体系虽已解体，但当今流通最广、最为人们所接受的货币还是美元。21 世纪初，国际货币基金组织曾做过一次调查，结果显示：美国发行的现钞 2/3 在境外流通，新增发的美元中，大约 3/4 被外国人持有。美元存款占货币供应量的比例，超过 50% 的国家或地区有 7 个，占 30%~50% 的有 12 个，占 15%~20% 的更多，甚至在阿根廷、厄瓜多尔、萨尔瓦多、危地马拉和巴拿马，美元很大程度上取代了本币流通。

美国一本万利

在美元化的背后，是美国强大的经济实力：产值占全球的 1/4，对外直接投资占全世界的 1/3。而美元化对美国可谓一本万利。我们知道，在当今任何一个主权国家，私人造币都是绝对禁止的，因为谁有权发行货币，谁就可以得到丰厚的"造币收入"。美元作为最重要的载体货币，大量用于国际支付，美国也就顺理成章地成了"世界造币工厂"。只要开动一下印钞机，其他国家生产的产品，便可归到美国的名下。据说一张 100 美元的钞票，印制成本仅为 4 美分。美国每年获得的铸币收入，要占到 GDP 的 2.5%。别小看这 2.5%，美国经济总量巨大，增长 0.1 个百分点都是一个天文数字。

在世界各国的外汇储备中，美元占的比重近 60%，这笔钱当然不会存在各国的国库中，那样既没有利息收入，也不利于对外支付，故美元储备大部分要存入美国银行。这样美国人不费吹灰之力，又得到了巨额长期低息贷款。另外，国际贸易中货款结算、国际金融市场资金借贷和本息偿还、跨国公司利润汇出等，相当一部分都用美元结算。要获得美元，必须与美国发展贸易往来，进行多方面合作。所以从长期来看，美元化巩固了美国的贸易地位，维持了它在国际舞台上的影响力。

当然，美元化的好处也并非为美国一家独占。实行美元化的国家把自己的经济与美元绑在一起，可以稳定币值，提高公众信心。常言道，大树底下好乘凉。只要美国经济不滑坡，美元不出现大波动，美元化国家本币汇率就能保持稳定，在国际经济交往中就能找到更多的合作伙伴。有经济学家认为，货币的不同以及汇率波动会大大提高国际贸易的成本。欧盟之所以坚持发行欧元，目的就是减少汇率波动，降低各成员国的交易成本。实行美元化的国家，其目的也是如此。

美元化的冲击

实行美元化虽有一些好处，但它所带来的负面冲击也不可小觑。典型的例子是阿根廷，1991年，为遏制通货膨胀，阿根廷政府决定让本币比索与美元挂钩，实行1∶1的固定汇率，美元可在国内自由流通。该政策实施的头几年，阿根廷一度物价稳定。可好景不长，20世纪90年代后期美元持续走高，比索严重高估，阿根廷出口乏力，外汇储备日减。最后，阿根廷不得不放弃比索与美元的固定汇率。

阿根廷的教训，不啻为一帖清醒剂。一个国家是否推行美元化，的确需要权衡利弊。对中国来说，多年以来我国外汇市场交易大多是以美元/人民币为主。为防范美元再度发生危机，维护国家经济安全，鸡蛋不能全都放在一个篮子里，也可考虑逐步扩大欧元/人民币等非美元币种交易。小心驶得万年船，多几手准备肯定不是坏事。

2012年9月，我赴美参加一个国际论坛，其中有一个议题就是讨论美债。目前美国至少有一半的美元在境外流通，而国际储备货币中美元占到60%。这些数据意味着美国欠了很多国家的债。可问题在于，美国欠债后不设法保全债权人的利益，却不断用通胀稀释债务。仅 2011 年,中国持有的美国债券就缩水 220 亿美元。于是我向美方代表发问,为保证债权人利益,美国是否应该约束美元发行?

哈佛大学的理查德·古博教授认为,美元今天成为国际货币,是世界各国自由选择的结果,而中国是否用美元作为外储,或是要不要购买美国国债都是中国做的决定,中国债权缩水是为自己的决定所支付的代价,与美国无关。古博教授的逻辑其实就是今天美国政府的逻辑。俨然是说,中国愿意买美国国债,现在亏了钱怪不得美国。

思考题

为何说美元化是一把双刃剑?面对美元不断贬值我们应该如何应对?说说你的具体建议。

第 4 节 | 人民币国际化

2010 年中国成为全球第二大经济体后,人民币国际化提上了政府的议事日程。几年前,中央党校曾邀请中国人民银行陈雨露副行长就"人民币国际化战略"做讲座。原以为曲高和寡,听众不会多,可结果报告厅爆满。近年来,报刊上讨论人民币国际化的文章越来越多,说明此话题已受到社会各界的高度关注。

走向"三元制衡"格局

国内学界普遍认为:当今国际货币体系虽"以美元为主,一主多元",但未来将会走向美元、欧元、人民币"三元制衡"的格局。我同意这一判断。不过要指出的是,"美元为主"的格局被打破,原因并不只是欧元与人民币的崛起,同时也有美国自身存在的问题,而最主要的是美国的巨额贸易逆差。美国之所以出现巨额贸易逆差,归根结底是由美元霸权所致。自"二战"后,数十年美元"一主独大",天下通吃,怎能不出现贸易逆差呢?可以肯定,长此以往美元必盛极而衰。

再说欧元与人民币,由于欧债发生危机,很多人认为欧元未来会一蹶不振,甚至解体。可我并不这样看。毕竟瘦死的骆驼比马大,而且欧洲的问题欧洲人会处理,欧元再度崛起只是时间问题,我们不必杞人忧天。倒是人民币要不要国际化这一问题值得研究。我的观点是:人民币应该国际化。人民币国际化后中国不仅可减少外储,而且在国际事务中可拥有更大的话语权。就冲着这一点,我们没有理由不支持人民币国际化。

国际化进程

关于人民币怎样国际化,多数学者建议分三步走:第一步,周边化并同时成为计价结算货币;第二步,亚洲化并实行资本账户开放;第三步,全球化并最终成为储备货币。原则上,我也赞成上面三个步骤的划分,但对每个步骤需要多长时间却拿不准。有人说每个阶段是 10 年,其依据是国际上的经验。比如前两个阶段(从国际化起步到资本账户开放),日本用了 16 年,英国用了 18 年,德国用了 20 年。因此从 2010 年算起到资本账户开放,中国也需要约 20 年,平均每阶段为 10 年。

别国的经验数据可以参考,但国情不同,我认为不能照葫芦画瓢。以日本为例，20世纪80年代日本就宣布"日元国际化"，可30多年过去了，日本今天的出口仅40%用日元结算，进口更低至仅20%。另外，国际货币基金组织的数据显示，日元在国际储备中的份额不到4%。可见日元虽说是国际化了，但程度其实并不高。由此看来，中国人民币的国际化也不会一帆风顺，要成为国际储备货币会更难，所以我们要有做长期努力的准备。

倘若有一天人民币国际化了，中国从国外进口商品就无须再付外汇而可直接用人民币支付。可人民币是一张纸，其实就是买人家东西后给对方打了张借条，问题是对方是否接受我们的借条。比如李嘉诚在香港购物可以打借条，而我却不可以。因为李嘉诚富甲一方，而我没有李嘉诚的实力。同样的道理，人民币要国际化，首先中国得有足够的实力，要让人家相信我们有兑付能力，否则我们想国际化也不行。所以我的观点是，人民币国际化目标不能动摇，但不必列时间表，走一步看一步更明智。

国家控制力

最近有学者提醒说，人民币国际化是双刃剑，金融开放后国家应保持高度的控制力。此观点无疑是对的。人民币国际化在给我们带来利益的同时，也会带来负面影响。对此，我们在讲"特里芬难题"时已经分析过。但人民币国际化对我们究竟会有什么负面影响，学界的看法却不一致。大家说得较多的有两点：一是汇率难以稳定，二是政府宏观调控效果会弱化。

人民币国际化后，汇率稳定确实会面临挑战。"不可能三角"理论说，一个国家在货币发行权、资本自由流动、汇率稳定三个目标中，只能择其二，不能三者兼得。显然，中国不可能放弃货币发行权,而人民币国际化后资本要自由流动,这样汇率就有可能出现波动。于是有人担心,一旦即期汇率与远期汇率出现偏离,国际投机资本就会来中国套利。不能否认会有这种可能性,但我认为这正是市场机制稳定汇率的过程。这不是什么坏事,算不上是负面影响。

至于宏观调控效果,人民币国际化后政府宏观调控无疑会比现在复杂。比如国内出现通胀后,央行会收紧银根,但国内银根收紧,境外人民币会进来,这样调控效果会大打折扣。可即便如此,我也不认为是人民币国际化的负面影响。恰恰相反,只能说明我们现在的宏观调控方式需要改进。比如防通胀,央行只需将货币增长率盯住经济增长率,大可不必反复调整货币量。

思考题

"以美元为主、一主多元"的国际货币体系格局能否被打破?为什么?你认为应该怎样推进人民币国际化?

第 5 节 | 汇率决定基础

"二战"以来,国际货币体系几经更替,而金本位制与布雷顿森林体系崩溃,标志着各国货币已彻底与黄金脱钩。牙买加体系规定各成员自由选择汇率安排,可是汇率到底应该如何确定呢?决定汇率的基础又是什么呢?这些问题亟待经济学家回答。

卡塞尔的"一价定律"

通俗地说,汇率是指各国货币的价格比率。其实,"一战"前确定汇率并不像现在这么复杂。当时，各国货币都规定有黄金含量，两国货币的汇率，就是货币的含金量之比，叫作"铸币平价"。受市场行情的影响，那时汇率也会有波动，但由于有黄金作为保证，汇率波动幅度很小，故"一战"前的汇率被称为"固定汇率"。

"一战"期间，各国为应付军费开支，大量发行纸币，纸币含金量没法保证，也就不能兑换黄金，"铸币平价"随之土崩瓦解。待战争硝烟散尽，贸易重开，如何确定汇率便成为一个棘手的问题。1922年，瑞典经济学家卡塞尔出版了《1914年以后的货币与外汇》一书，首次提出"购买力平价说"，认为应根据各国货币的购买力确定汇率。此说一出，备受推崇，各国政府按图索骥，重打锣鼓另开戏，纷纷重定汇率。

我们知道，经济理论大多需要有假设。而"购买力平价说"的假设有两个。第一，两国之间贸易自由，商品、劳务交流不受关税、配额限制，即便有限制，双方外贸政策也对等，没有相互歧视。第二，假设两国商品的运输成本大致相同，即便有些微差异也可忽略不计。在此假设下，卡塞尔得出了下面的推论。同样的货物无论在哪里销售，其价格必然相等。或者换一种说法：如果世界上只有一种货币，那么在任何地方购买同质的商品，花销都应该一样。此推论简称为"一价定律"。

实际上，各国货币大不相同。但由"一价定律"可以推出：两种货币的汇率等于它们的购买力之比。比如同样的汉堡，在美国卖1美元，而在日本卖150日元，那么，就可以认为，1美元相当于150日元，美元对日元的汇率是1∶150。如果一国的货币购买力下降，商品的国内价格上升，该货币就会对外等比例贬值；反之，购买力上升，货币则会相应升值。

上面的例子中，如果由于某种原因，汉堡在日本售价上升为 200 日元，在美国仍卖 1 美元，那么日元贬值，美元对日元的汇率降为 1：200；反之，如果汉堡在美国的售价上涨到 1.5 美元，在日本仍为 150 日元，就说明日元升值，美元对日元的汇率变为 1：100。当然，该理论所说的货币购买力，不是只表现在汉堡一种商品上，而是就国内所有商品的平均水平而言的。

相对购买力平价

两国在某一时间点上，价格水平与汇率的关系，称为"绝对购买力平价"。与此对应，卡塞尔又提出"相对购买力平价"。他认为，在一段较长的时间里，两种货币汇率变化的百分比，等于两国国内价格水平变化的百分比之差。举例来说，如果法国的物价一年上涨 10%，而荷兰物价只上涨 5%，那么，根据相对购买力平价，法郎对荷兰盾将会贬值 5%。汇率变动将不多不少，刚好抵销法国通胀超过荷兰的 5 个百分点。照此看来，汇率的涨跌，与同一时期两国物价水平的相对变动，恰成反比关系。

为了给战后世界提供一个重整汇率的参照，卡塞尔认为汇率不能盲目调整，必须先确定一个基期汇率，而且他主张应以"一战"前的绝对购买力平价为基期汇率。并在此基础上，根据战后各国通货膨胀的变化，制定恰当的新汇率指标。卡塞尔的这一主张，对各国货币当局来说无异于醍醐灌顶，终于懂得了当两国经济冷热不均而物价水平涨跌不同时，货币之间的汇率可根据"相对购买力平价"进行调整。

应当说，购买力平价理论对指导"一战"后各国重整汇率发挥了重要作用。随着时间的推移，后来又有学者提出了"成本平价理论"。用成本平价取代购买力平价，原因有两个。第一个原因是价格平价中包含利润。这是一个易变的因素。比如中国生产华为手机，韩国要占领中国市场，就会将三星手机价格定得比韩国国内市场低，此类薄利多销的战术，有可能导致购买力平价失灵。

第二个原因是卡塞尔只看到价格影响汇率，却忽视了汇率对价格也有反作用。用成本代替价格，可最大限度地降低这种反作用造成的偏差。劳动力成本在决定成本的诸要素中是最关键的。于是有学者将其抽出，再以工资标准作为计算成本的依据得出这样的结论：一国工资率相对外国偏高，GDP 增长率却没有同比例提高。那么，为了保持长期的国际收支平衡，就必须使本币贬值，降低汇率；反之，则使本币升值，汇率提升。

两处硬伤

"购买力平价说"影响深远，但学界对此褒贬不一。反对者认为，此理论至少存在两处硬伤。第一点，"购买力平价说"所讲的商品价格，是指国家间可贸易的商品，不可贸易的商品不存在平价。以理发为例，一个德国人想让法国师傅理发，或者他飞到法国，或者把理发师请到德国，不论哪种方法，成本都远远超过理发成本。理发显然是不可贸易商品。问题是随着服务业的发展，不可贸易商品的比例会越来越高。此类商品价格完全由国内供求决定，与购买力平价扯不上关系。

第二点，不同国家的收入水平与消费习惯不同。即便是可贸易的物品，在不同国家生产时也并不总能完全替代。比如 20 世纪 90 年代中国消费者购买家电，都喜欢原装进口产品。在日本本土生产与在东南亚组装的同一品牌彩电，在中国受欢迎程度却大不相同。

原装彩电需求大于供给,价格偏高,组装彩电尽管价格便宜,却少有人问津。如此一来,也就难以真正反映购买力平价。

除了上述两个原因,随着全球经济一体化,国际资本流动量已大大超过商品贸易量,引起外汇市场跌宕起伏,瞬息万变,购买力平价对这种短期汇率变化也无法解释。尽管如此,我认为对长期的汇率变化,"购买力平价说"并没有过时。只要两国间能钉住相同的一篮子商品,正确估计价格水平变化,就仍可以判断出汇率的基本走向。近年来我国人民币汇率的调整,其实就是应用"购买力平价说"的成功范例。

思考题

决定不同货币之间的比价的基础是什么?你认为应该怎样比较两国货币的购买力?

建立国际金融制度,目的是稳定全球金融秩序,防范金融风险。"二战"后,国际金融机构虽然发挥了相应的作用,但也存在美中不足。目前,"巴塞尔协议"已成为全球商业银行共同遵守的规则,但各国汇率制度却自行其是。外储适度规模至今还说不清、道不明,那么如何进一步改革和完善国际金融制度呢?

第二十章
国际金融制度
有规矩才成方圆

稳定全球金融秩序，防范金融风险，需要建立一套相应的制度。此类制度包括国际金融机构、银行运营规则、国际储备制度、汇率制度以及外汇市场避险工具。本章将就这五个问题做出分析。需要说明的是，以上问题目前还在探索中，经济学并未提供标准答案。

第 1 节 | 国际金融机构

一个国家的企业或居民需要贷款，可求助于国内商业银行和非银行金融机构。而一国政府需要贷款，则往往需要求助于国际金融机构。国际金融机构作为超国家的金融组织，不仅从事资金融通，还负责处理国际金融事务，并从事国际金融活动的组织、协调、监管，在全球金融领域发挥了举足轻重的作用。

国际金融机构何以存在

我们在前文讨论过,政府的存在是因为市场失灵,企业的存在则是因为市场的交易成本过高。国际金融机构显然不是政府,虽然它们承担了国际金融活动的组织、协调、监管等公共职能,但运转经费却不是直接来自纳税人。由这一特点决定,国际金融机构虽然也从事资金融通业务,但却不是单纯的商业银行。问题是这种超国家的金融机构为何会存在呢?

从经济学角度看,国际金融机构类似于"行业协会"。事实上,各国政府(央行)也是"经济人",它们既有"逐利"的动机,又具有理性。一方面它们要追求利益最大化,另一方面,又担心他国发生金融危机殃及自己,所以希望建立对全球金融活动具有约束力的机构。而这样的机构,就是国际金融机构。

我在第二章曾说过,经济学讲利益最大化包含两层意思——"最大化收益"与"最大化避害"。关于人们追求最大化避害,中国历史上纤夫自雇监工是一个很好的例证。早年在长江上行船要靠纤夫拉,纤夫有自利心理,希望别人多出力而自己少出力。可纤夫同时也有理性,他知道若大家都像自己一样少出力,最后有可能会被船主集体辞退。要避免这种有害的结果,纤夫会怎样处理呢?

几年前,我看到一篇文章记述了一则关于纤夫的真实故事。民国初年,有一对传教士夫妇到重庆旅游,他们在三峡附近的一个码头,看到了一件难以接受的事情:10多名纤夫拼命地往前拉船,而旁边却有一个人拿着鞭子在抽他们。于是传教士夫妇前去制止,可那些纤夫却不让他们管,并告诉他们拿鞭子的人是他们自己出钱雇来的监工。

那对传教士夫妇甚是不解，纤夫为何要自己出钱雇监工。而经济学的解释是：纤夫自己出钱，表示大家有理性，愿意自律；雇用监工，则是希望借助"他律"争取"最大化避害"。有学者研究过，国内行业协会最初是起源于纤夫自雇监工。此事是真是假我没考证过，不能确定。但可以确定的是，今天行业协会的重要职能之一，确实是为了借助"他律"而强化"自律"。

由此分析，国际金融机构的存在，无非有两个原因。一是为成员提供全球性金融互助服务。二是通过对全球金融活动的组织、协调、监管，协助各国央行争取"最大化避害"。接下来我会对现有国际金融机构进行简要介绍，读者可以自己验证上面的推论。

全球性机构

1930年5月，英、法、德、意、比、日六国央行以及美国三家大银行，在瑞士的巴塞尔成立了第一个国际性金融机构——国际清算银行。建立该机构的初衷，是解决战后德国战争赔款以及协约国间的债务清算。任务结束后，该机构就演变成了各国央行的合作组织。国际清算银行的主要职责是为成员央行提供贷款、国际清算以及建立银行监管规则。

"二战"后美国成为全球霸主，不仅建立了以美元为中心的国际货币体系，而且牵头在联合国门下成立了两个国际性金融机构：国际货币基金组织与世界银行。国际货币基金组织成立于1945年12月，该机构的运作资金来自各成员的出资。若将国际货币基金组织比作一个股份公司，各成员就是股东，它们的地位和权利与出资额成正比。由于美国出资最多，故在该组织中享有否决权。

国际货币基金组织的主要职责是，监督贸易秩序，建立多边支付制度，执行有关货币合作安排，促进汇率稳定，向国际收支逆差国提供贷款等。不过这种贷款是有条件的，按照国际货币基金组织的规定，贷款申请国要先制订出解决国际收支逆差的计划，如降低国内通胀率、削减政府开支、放松贸易、金融管制等，这实际上是国际货币基金组织对其成员实施监督的一种方式，若不符合规定，贷款将遥遥无期。

世界银行与国际货币基金组织不同。世界银行虽然也是会员制机构，但职责有点像我们的国家开发银行，贷款主要投向生产性资源开发，如基础设施、能源工业等，而且主要是给政府提供贷款，当然私人企业有政府担保，也能从世界银行借钱。为了满足发展中国家的资金需求，世行下面还相继成立了国际开发协会、国际金融公司、多边投资担保机构和国际投资争端解决中心。

区域性机构

全球性金融组织虽然势力庞大，但不同程度地为西方国家所掌控，发展中国家申请贷款很难。像世界银行，贷款审批程序烦琐，从提出申请到签订协议，平均至少需要近 2 年的时间。国际货币基金组织更是店大欺客，经常对贸易逆差国横加干预，若不顺从则以终止贷款相要挟。在这种情况下，发展中国家别无选择，只好建立一些区域性的跨国金融互助组织。

20 世纪 50 年代后期至 70 年代，一批区域性国际金融机构陆续建立，如亚洲开发银行、非洲开发银行、阿拉伯货币基金组织、伊斯兰银行、西非发展银行等。2014 年，中国发起成立了亚洲基础设施投资银行（简称"亚投行"）。随着世界经济日趋一体化，区域性国际金融机构的影响已远远超过区域空间的限制，成为国际金融领域一支不可忽视的重要力量。

思考题

国际金融机构为何存在？你认为国际金融机构应承担哪些职责？并说明理由。

第 2 节 ｜ 巴塞尔协议

稳定国际金融秩序不仅要有机构，同时也要建立切实有效的监管规则。在国际金融界，巴塞尔委员会声名显赫，虽然它只是国际清算银行的一个工作机构，并无官方名分，却能号令三军，各国银行皆唯其马首是瞻。之所以如此，是因为它为国际银行业监管制定了一系列文件，具有公认的权威性。

逼出来的协议

20 世纪 70 年代以前，各国对银行监管标准各异，宽严不一。随着跨国银行的兴起，国际金融监管更是遇到一系列的难题。精明的银行家见空子就钻，和监管当局玩起了"捉迷藏"游戏，哪里监管有漏洞，他们就在哪里拓展业务，结果导致银行倒闭事件接连发生。1974 年，联邦德国的赫斯塔特银行、美国的富兰克林国民银行皆因疏于风险防范，多年基业毁于一旦。

国际上两家重量级银行倒闭，引起了金融界的深刻反思。1975 年 2 月，西方 12 个国家派出代表，齐聚瑞士的巴塞尔，成立了银行管理和监督行动委员会，该委员会就银行业合作、监督等问题，先后达成了一系列契约,简称"巴塞尔协议"。

1975年9月,第一个巴塞尔协议出台。该协议极为简单,主要针对国际银行监管主体缺位提出了两点主张:第一,任何银行的国外机构都不能逃避监管;第二,母国和东道国对跨国银行应共同承担监管职责。1975年的协议大而化之,只是提出了监管原则,没有具体的监管标准。为了弥补这一缺陷,增强国际监管的可操作性,1988年委员会通过了一份新文件——《关于统一国际银行资本衡量和资本标准的协议》,第一次对跨国银行提出了最低资本要求。翌年7月,在西方12国央行行长会议上,该协议正式通过。我们通常所说的巴塞尔协议,就是这个文件。

核心内容

巴塞尔协议的核心内容是:银行要保有充足的资本金,最低不能低于资产总额的8%。低于这一标准,银行则面临两个选择:或者追加投资,扩大自有资本量;或者减少贷款,控制"风险加权资产"总量。一般而言,银行会选择后一种。按照协议规定,银行资产并不是实际资产,而是"风险加权资产"。比如某银行有实际资产300元,其中库存现金100元,信用贷款100元,抵押贷款100元。库存现金没有风险,风险权重为0。信用贷款风险最大,权重为100%。抵押贷款的风险小一些,比如为20%。那么,这家银行的风险加权资产总额为120元(即100元×0+100元×100%+100元×20%)。

按照巴塞尔协议,该银行应该保有9.6元(即120元×8%)的资本金。如果资本金不足,比如只有8元,那么银行就得收回20元的信用贷款,转成库存现金,确保将风险加权资产总额控制在100元以内。

巴塞尔协议关于最低资本的要求，限制了银行的信贷规模，特别是限制了银行的高风险信贷规模。从此，国际银行业发生重大转向，由扩张经营转为审慎经营，越来越多的中央银行开始执行这个标准，大多数商业银行也不断向它靠拢。该协议出台后，国际银行监管格局为之一新，跨国银行经营风险明显降低。

然而道高一尺，魔高一丈。监管与反监管始终是一对矛盾体，它们之间的对抗从来没有停止过。巴塞尔协议面世后，因监管失效造成的银行业危机仍是时断时续，尤其是在亚洲金融危机中，巴塞尔协议的预警、监管作用并未得到应有的发挥，这就促使巴塞尔委员会痛下决心，对 1987 年的框架进行重大修改，于 1999 年 6 月提出了新协议的征求意见稿，并于 2006 年正式颁布实施。

新协议三大创新

与旧的协议相比，新协议有以下三项创新，即除了维持 8% 资本充足率的要求外，还强调金融当局的监管、市场机制的重要性，并以此构成新协议的三大支柱。

对银行最低资本金的要求，是原协议的核心，被列为新协议第一支柱，这一点早在人们的意料之中。而将金融当局监管纳入协议框架，是汲取亚洲金融危机教训的成果。新协议要求各国央行不仅要对监管提出要求，还要实地督查，避免出现问题再补窟窿。第三大支柱是引入市场机制，要求银行加强信息披露，让公众判明优劣，并以此强化对银行经营行为的约束。

新协议的另一个重点是改进风险衡量标准。以前的协议采用标准化办法确定风险权重。不同国家、不同资产的风险权重是事先定的，凡是经济合作组织的成员，都享受高信用级别待遇，其他国家和地区则规定较低的信用级别，这样做既不合理，也不科学。新协议摒弃了这种做法，除了少数资深银行可采用内部评级确定风险权重外，对其他银行则建议采用外部评级确定。

举个例子。韩国是经合组织成员，在旧的协议下，是享受零风险权重的国家。而改用外部评级方式后，韩国主权风险权重迅速上升了50%。再如中国香港，过去香港不是经合组织成员，主权风险权重是100%。而在新协议框架中，其主权风险权重下降到了20%，而且中国整体资产的风险权重也大幅度下降了。

20世纪90年代以来，全球银行业发展迅猛，各种新产品、新工具层出不穷，既创造了大量商机，也滋生了无数隐患。考虑到银行风险的复杂性，新协议扩大了防范风险的范围，将操作风险也纳入其中。1995年，有233年历史的英国巴林银行破产，原因竟是一名交易员的违规操作。有鉴于此，新协议明确规定，防范操作风险所需的资本不得低于总资本的12%。

思考题

为何巴塞尔协议在全球银行业具有公认的权威性？2006年正式颁布实施的新协议为何要提出三大创新？

第3节 | 国际储备制度

巴塞尔协议为商业银行防范风险规定了"最低资本金"要求，而对一个国家来说，防范国际收支风险则需要有适度的国际储备。国际储备制度是"二战"后国际货币制度改革的重要内容之一。一个国家的国际储备，不仅可以反映出该国调节国际收支和稳定汇率的能力，还会影响国内乃至全球的物价稳定。

国际储备资产

储备资产冠以"国际"二字，当然就不是普通的资产。首先，国际储备资产要有广泛的公认性。要是别的国家不认，关键时刻就不起作用。其次，国际储备资产还要有充分的流动性，能够自由兑换。比如，美元相对美国的中长期债券流动性更强，故前者列入一级储备，后者只能列为二级储备、三级储备。最后，国际储备要兼顾安全，内在价值要相对稳定，不会大起大落。按照上述要求，目前可作为国际储备资产的主要有黄金、外汇、国际货币基金组织的储备头寸和特别提款权。

对黄金和外汇作为国际储备资产不必解释，这里我想重点介绍国际货币基金组织的储备头寸和特别提款权。国际货币基金组织是一个会员制机构，各成员需按规定缴纳"会费"，其中25%用外汇缴纳，称为"储备头寸"；其余75%用本币缴纳，称为"债权头寸"。成员可无条件提取储备头寸，若超过自己缴纳的额度，基金组织还会用其他成员缴纳的本币，即前面所说占75%的"债权头寸"出借。

特别提款权并非货币资产，仅是一种记账单位。准确地说，是国际货币基金组织为弥补国际储备不足所创造的"虚拟"资产。基金组织根据成员的份额，分配这种资金使用权，它虽然不能直接用于国际贸易支付，但可以在分配的额度内，到国际清算银行冲抵国际收支逆差，或偿还所欠贷款。若要取得特别提款权，成员需承担两项义务：一是向基金组织支付利息；二是当基金组织需要时，必须按分配的提款权额度兑换相同数额的货币。

适度规模

国际储备并非"韩信用兵，多多益善"。对一个国家来说，国际储备过多就相当于把大量外汇资产存到国外，廉价供别人使用，自己只是赚点利息。而一旦外汇贬值还会跟着"折财"。问题是，国际储备规模究竟多大合适？经济学者见仁见智，至今尚未形成一致意见。

1960 年，特里芬在《黄金与美元危机》一书中指出，一国的国际储备与进口额存在着一定的比例关系，可以用储备与进口的比率来确定一国国际储备的适度规模。根据他的计算结果，一国的国际储备与进口额的合理比例关系为 40%，低于 30% 就需要调整，20% 为最低限。也就是说，一国的国际储备应至少能满足 3 个月的进口用汇需求，此说法后来成了许多国家确定外储适度规模的依据。

事实上，特里芬的研究有一个缺陷。他只是从外汇支出角度分析国际储备，忽略了外汇收入。而且他是通过经验数据归纳出来的结论。科学研究重视证伪，结论只要被一个事实推翻便不成立。而事实证明，特里芬的结论并不可靠。1997 年以前，泰国、马来西亚、菲律宾和印度尼西亚的国际储备分别相当于该国上年度 5.12 个月、4.07 个月、3.44 个月和 5.68 个月的进口额，均高于上述标准，可是 1997 年却发生了金融危机。

有学者提出，可将国际储备占外债总额的比例作为判断一国国际储备是否适度的标准，并且认为只要将此比值控制在 50% 以内就是适度的。显然，这种看法只是重视了外债总量，却忽视了外债结构（中短期外债与长期外债的比例）。一般来讲，短期外债比重越高，短期内所需外汇越多，国际储备就应多些；反之就可以少些。而可用于证伪的例子是，20世纪80年代以前，马来西亚、泰国、印度、巴基斯坦等国的这一比例均不足20%，可在此之前，这些国家均未发生偿债危机。

国际货币基金组织评估国际储备，通常看五个指标。存在下列情况则为国际储备不足：一是国内利率较高；二是经常项目与资本项目下支出存在管制；三是把加大储备作为经济政策的主要目标；四是汇率持续不稳定；五是新增国际储备不是源于经常项下收入与资本投资增加，而是来自对外借款。若一个国家出现以上几种情况，就表明外储偏低，需要增加国际储备。

机会成本分析

我在前文中讲确定适度经济规模时讲过，经济学提供的方法是"边际成本等于边际收益"。此方法是从机会成本角度研究规模，也称"机会成本分析法"。20世纪60年代，海勒、阿加沃尔等学者在这方面做过尝试性的研究，提出了一个新标准：当一个国家持有国际储备的边际成本等于边际收益时，其储备量就是适度的。

两位学者分析指出，一个国家的国际储备需求与机会成本成反比，与边际收益成正比。他们将机会成本定义为运用外汇进口资源要素所增加的边际产出（可用国内投资收益率表示）。边际收益是指运用储备弥补国际收支逆差所带来的收益。这样当一个国家持有储备的边际收益等于持有储备的机会成本时，表明社会福利达到最大化，因而是适度储备规模。

从理论上讲，上面这种分析思路是对的，而且定性分析与定量分析相结合，既克服了特里芬用经验数据归纳结论的局限，又可弥补国际货币基金组织分五个方面考察的不足。不过这种分析也存在技术上的困难。比如，持有外储的边际成本勉强可用"国内投资收益率"代替，但持有外储的边际收益却很难找到合适的观测指标，只能靠主观判断（比如专家评估），问题是这样做科学性就要大打折扣。

这里顺便多说一句。若有哪位读者能找到一个衡量外储"边际收益"的指标，这个指标不仅可以观察得到，而且可以量化、可以比较，那么你的大名日后一定会被载入经济学史册。

思考题

国际储备的适度规模由何决定？外汇储备的边际收益应该如何度量？你对从机会成本角度研究外储适度规模有何见解？

第 4 节 | 汇率制度

20 世纪 70 年代布雷顿森林体系崩溃后，美元号令天下的时代一去不返。国际货币基金组织几经磋商，最后达成了《牙买加协定》，规定各成员可自行选择汇率制度，自此，各具特色的汇率安排相继浮出水面，逐渐形成了全球汇率制度多样化的格局。

浮动汇率制

汇率制度可分为三大类：浮动汇率制、固定汇率制、有管理的浮动汇率制。在浮动汇率制下，汇率由市场外汇供求决定，货币当局基本不干预汇市。我们知道，影响外汇供求的决定性因素，是各国的国际收支状况。国际收支顺差国，出口大于进口，赚取大量外汇，外汇供给增加，价格下跌，本币汇率上浮。国际收支逆差国，对外汇的需求增加，外币价格上扬，本币汇率下跌。这种汇率安排最大的优点是，可以通过汇率杠杆，对国际收支进行自动调节，降低国际游资冲击的风险。

但是，汇率的频繁剧烈波动，也会对国内经济造成震荡，所以实行浮动汇率制的国家，多数是国力雄厚且金融市场完善的发达国家。不过，即便是实行浮动汇率的国家，当汇率出现大幅波动，对本国经济产生不利影响时，政府也不会袖手旁观。比如，政府会通过新闻媒体放风，间接影响汇市走向。20世纪80年代中期，美元持续走强，美国出口增长乏力，于是美国便邀请英、德、日、法四国财长，召开了广场会议，联合拉低美元汇率，以改善日益攀升的美国外贸赤字。

固定汇率制

与浮动汇率制相反，固定汇率制是指货币当局锁定本币对外币的比价，或使波动幅度限制在较小范围内。根据国际货币基金组织的分类，固定汇率制有三种。

第一种是无法定货币的汇率安排。比如巴拿马自1904年以来，使用的纸币是美钞，本币巴波亚仅以硬币形式流通，巴波亚与美元的汇率为1∶1。由于不发行纸币，也无须保护本国货币，巴拿马没有设立中央银行。欧元区的汇率安排也是如此，各成员国使用同一种法定货币——欧元，对外则实行联合的浮动汇率。

第二种是货币发行局制度。政府将本币与某种外币的汇率，用法律形式固定下来，本币发行有对应的外汇储备作为保证。实行这种制度的地区和国家，主要包括中国香港、阿根廷以及一些东欧国家。

第三种是钉住汇率制度。即本币按固定汇率钉住一种主要货币或是一篮子货币，汇率波动幅度不超过1%。实行这种汇率制度的国家，或者自己公开宣布，如马来西亚等东南亚国家；或者自己虽不明说，但实际上却依此操作。

实行固定汇率制的国家大多是新兴工业国。采取这种制度安排，目的是避免汇率频繁波动，吸引外资流入。但为了稳定汇率，政府常常要入市干预，承担市场变化的风险。前文中我们讲过"相对购买力平价"，两种货币汇率变化的百分比，等于两国通货膨胀率之差，如果不随通胀率调整汇率，就会出现一种币值被高估，而另一种币值被低估。在过去的几十年间，发展中国家通胀率普遍高于发达国家。但由于实行固定汇率，这些国家币值长期被高估，导致国际收支普遍逆差。

由于有政府兜底，国内企业和银行往往不顾汇率风险，过度举借外债，造成了潜在的债务风险。如果这类国家推行金融自由化，又会给国际游资可乘之机，它们在外汇市场上低买高卖，赚取价差。国际收支赤字，外债负担累积，再加上游资冲击，如果这些因素赶到了一起，外汇储备便是杯水车薪。这些国家最终不得不放弃固定汇率，迫使本币贬值，从而引发金融危机。

有管理的浮动汇率制

有管理的浮动汇率制，介于上述两种汇率制度之间。汇率主要由外汇供求决定。同时，当汇市严重偏离正常轨道时，政府可以予以纠正。这种汇率安排又可细分为四种。一是平行钉住，允许本币汇率波动范围大于1%，如冰岛。二是爬行钉住，即货币当局根据若干量化指标，定期小幅调整币值，如尼加拉瓜。三是爬行区间浮动，即货币汇率参考一篮子货币，根据中心汇率的变化，定期进行调整，如波兰。四是无区间有管理浮动汇率，指货币当局不特别明确汇率目标，却经常性地积极干预汇市，使其朝有利的方向变动，如新加坡。

有管理的浮动汇率制能否有效实施，取决于货币当局的调控水平。通常需要考虑三个指标：通胀率、负债率、外贸依存度。可汇率变幻莫测，管理者很难做到准确无误。而政府过多干预时还会加大汇率波动，结果事与愿违。从近年来的情况看，实行有管理浮动汇率制的国家数量在逐渐减少，而实行浮动汇率制与固定汇率制的国家数量相对增加。许多经济学家认为，这种"舍中间，取两极"现象将成为汇率制度选择的新趋势。

汇率制度事关重大，各国政府无不慎重对待。美国经济学家蒙代尔曾提出"最优货币区理论"。此理论说：如果在一个区域内部，生产要素具有高度流动性，但该区域与外部却存在生产要素流动性障碍，那么区域内成员之间使用共同货币或实行固定汇率，对外实行浮动汇率，这种汇率安排收益最高。这一理论为欧元区的建立提供了理论依据，蒙代尔也因此获得了1999年诺贝尔经济学奖，并被誉为"欧元之父"。

我之前也介绍过蒙代尔的"不可能三角"定理。该定理是：一个国家的资本自由流动、货币发行权与汇率稳定，三者不可兼得，最多只能取其二。这不仅道出了亚洲金融危机的实质，也为危机后各国重建汇率制度提供了理论指导。蒙代尔的这个定理同时也说明了一个道理：尺有所短，寸有所长，任何一种汇率安排都非完美无缺。一个国家只有根据世界经济发展态势，选择适合自己国情的汇率制度，才是明智的选择。

思考题

迄今为止，汇率制度有浮动汇率制、固定汇率制、有管理的浮动汇率制三类，请你分析这三类汇率制度各自的利弊。

第 5 节 | 外汇市场避险工具

前面已经讲过了银行风险、国际收支风险的规避，也讲过了汇率制度安排，最后讲有关外汇市场的风险规避问题。外汇市场规避风险，主要是借助相关的避险工具，这些工具都是在外汇交易实践中逐渐衍生出来的。

有形市场与无形市场

从组织形态上看，外汇市场可分为两类：一类是有形外汇市场，另一类是无形外汇市场。前者有固定交易场所，外汇交易者根据开市时间，到交易所按报价进行交易，如法国巴黎、德国法兰克福、比利时布鲁塞尔等外汇市场。不过，此类市场数量不多，真正举足轻重、吞吐万象的还是无形外汇市场。

无形外汇市场虽然无固定交易场所，但由于有便捷的通信工具，交易更为活跃，数额也更大。当今世界三大外汇市场——伦敦、纽约和东京的汇市都是无形外汇市场。虽然它们处于不同的时区，但遍及全球的电信网络将它们紧密联系在一起。伦敦市场每日营业开始，先和东京的尾市衔接，并参照东京汇市收盘价，确定自己的开盘价。伦敦开市不过几个小时,纽约市场跟着开盘,伦敦和纽约共同营业的这段时间,全球外汇交易达到高潮。在纽约闭市的前一个小时,东京汇市又开始了新一天的营业。三大汇市首尾相接,全天候地提供外汇交易服务。

外汇市场不论有形无形,参与者主要是外汇银行、外汇经纪人和中央银行,它们所从事的都是外汇批发业务。所谓"外汇银行",是央行授权经营外汇业务的本国银行,设在本国的外国银行以及其他从事外汇经营的金融机构。外汇银行扮演双重角色:既可直接参与交易,也可充当中介,先从卖方买进外汇,再将其卖给买方。

与外汇银行不同,外汇经纪人并不直接买卖外汇,而是提供中介服务,从中赚取手续费。中央银行进入汇市,主要目的是稳定本币汇率。若汇率出现异常波动(如国际游资蓄意冲击一国汇率),该国央行就会动用外汇储备,入市进行反向干预。本币过度升值,就抛出本币,买入外汇;反之则买入本币,卖出外汇。除此之外,比较大的进出口商、非贸易外汇供求者,以及其他外汇投机者,也都是外汇市场的常客。

避险衍生工具

布雷顿森林体系解体,浮动汇率大行其道,各国货币比价起落不定。也是在这一时期,西方金融机构为降低汇市风险,衍生出很多避险工具。我们知道,最初的外汇交易是即期交易,特点是隔日交割,随行就市。为了规避交易风险,出现了远期外汇交易,此类交易的期限可在2天以上,1年以内,买卖双方可先行签约,规定币种、金额、汇率、交割日,到期成交。

远期外汇交易对不同参与者的作用不同,但在一定程度上皆可降低风险。进出口商从事远期交易，可以锁定汇率，避免汇率波动导致成本上升造成损失。资金借贷者可以防止债务加码或债权缩水。不过对投机者来说，远期汇率变数甚多，难以预测，因此更便于他们投机牟利。

基于此，市场又衍生出了外汇期货交易。此类交易与远期交易有些类似，都是以合约形式定下汇率与交割期，在未来某时间进行交易。但期货交易却要在有形市场进行，交易双方需向中间人交纳手续费。期货交易要在公开市场竞价，而且买卖的是交易单，合约更具标准化、格式化，投机炒作色彩不浓。

接着，市场又创造出了外汇期权交易。交易双方互签合约，支付保险费，就可拥有到期是否履行合约的选择权。到期如果行情对自己有利，远期汇率比即期汇率高（称为升水），就按照约定进行交割。如果情况不妙，远期汇率比即期汇率低（称为贴水），则可以选择不履行交割义务。这种外汇交易方式的风险更小，只需要赔上预交的保险费即可。

汇率的变化只有两种可能，不升即降。这看似简单，却没有人能料事如神。为了最大限度地避免风险，市场还出现了外汇掉期业务，也就是在买进或卖出即期外汇的同时，进行一笔反向的远期外汇交易，以避免汇率波动风险。此外，今天外汇市场还有无本金交割的远期外汇交易，即到期交割时双方只交付升水或贴水的差价，不需要将数额巨大的本金划进划出。

汇市"零和游戏"

总体上讲，外汇市场参与者除了少数机构是为了投机牟利外，大多数机构都是为了规避汇率波动可能给自己造成的损失，或者说是在汇率预期不稳定条件下,争取"最大化避害"。若非如此,外汇市场不会创造出各种避险衍生工具。

有学者说,外汇交易是"零和游戏"。没错,汇市确实与股市不同。一只股票从 60 元跌到 30 元,股票市值随之减半,一大块泡沫财富被挤掉。而汇价波动带来的是一种货币的价值减少,另一种货币的价值增加。只是财富易手或财富的再分配,财富总量并无损失。"零和游戏"的说法也正是由此而来的。

问题在于,全球汇市每天交易额巨大,假定每天有 1.5 万亿美元的交易额,汇率涨跌 1 个百分点,就会有 1 500 亿美元更换主人。任何一种外汇交易方式,既可以作为规避风险的工具,又可以成为投机牟利的手段。需要特别指出的是,只要参与者严格遵守游戏规则,汇市就没有正邪之分。正是因为有形形色色的参与者,外汇市场才会宾客满座,长盛不衰。

思考题

外汇市场与股市有何不同?为什么说外汇市场是"零和游戏"?

中国改革开放以来，成功地完成从计划经济体制向市场经济体制的转轨。在公有制基础上建立市场经济体制，是人类历史的伟大创造。总结梳理中国改革的历程和基本经验，有助于加深对经济学原理的理解。

附　录
课外研讨
改革正在过大关

到现在为止，我已经讲完了经济学基本原理。也许读者已经注意到，这本书没有专门章节论述中国的体制改革，为弥补这一不足，我在这里再增加一个附录，作为课外研讨。

第 1 节 ｜ 中国改革历程

1978 年是中国改革元年，12 月，党的十一届三中全会提出把全党工作重点转移到经济建设上来。当时我还是中学生，不完全理解这一转移有何深意，更想不到日后会给国家带来怎样的变化。于今回首，改革开放沧海桑田，中国的经济成就举世瞩目。要不是身在其中，恐怕不容易明白炎黄子孙何以创造今天这样的奇迹。

农村改革拉开帷幕

说中国经济是奇迹绝非夸张。要知道,1976年"文革"结束时国民经济已滑到崩溃边缘。1978年改革开放,百废待兴。不承想仅用30多年的时间,我们的经济总量就超过了欧洲所有的先进之邦,直逼美国,成为全球第二大经济体。中国历史上远有文景之治与贞观之治,近有康乾盛世,但今天这种快速赶超的故事历史却不曾出现。

作为改革的见证人,我有亲身感受。1979年秋,我考入中南财经大学,入学后不久学校就发给我们布票、粮票、糖票等各类票证。今天的大学生不会明白为何发这些票证,那时物资供应非常短缺,买商品一律凭票。记得那年武汉的冬天特别冷,我想买件棉大衣过冬,可学校发的布票不够,三个人加起来才能买两件。当时我很不理解:中国地大物博,可为何买件棉大衣还要凭票呢?

所幸这种状况很快就有了转机。过了两年,由于纺织品与食品出现积压,商店不再收布票和粮票,虽然国家未取消票证,但大多票证已名存实亡。这中间到底发生了什么事?原来,安徽小岗村农民搞土地承包得到了邓小平的肯定,消息传开,全国8亿农民一呼百应,当年粮棉大丰产。1981年寒假我回湖南老家,家父告诉我,土地承包后家里打下的粮食除了交足国家和留足集体的,自家剩下的足以温饱无忧。

城市改革的神来之笔

这就是土地承包的威力,中国的改革也就由此拉开了帷幕。到1983年,改革开始向城市延伸,重点是改革"国营企业"。那时国企不仅归国家所有,而且由国家直接经营:生产照国家计划,产品由国家统购包销。受体制的束缚,国企普遍缺乏活力。为了搞活企业,起初也是引入承包制,之后又搞股份合作,再后来中央提出建立现代企业制度。

国企改革不同于农村改革,农村改革重点是所有权与经营权分离,而国企改革不单是两权分离,同时还需减员增效。1992年初《经济日报》刊发《砸三铁,看徐州》的文章,一度引起轩然大波。所谓"砸三铁",是指取消国企的铁饭碗、铁工资、铁交椅。那时人们对"三铁"看得重,反对的声音此起彼伏。于是国务院审时度势,用"下岗分流"代替"砸三铁",并设立"三道保障线"。这样下岗职工有了保障,改革终于有惊无险。

回头看,城市改革从国企下手可谓神来之笔。企业乃国民经济的细胞,改革国企其实就是改造经济的微观基础。经济基础决定上层建筑,基础变了,国家的经济体制当然要变。事实上,从20世纪80年代初政府就不断给国企松绑扩权。政府之所以这么做,说到底是国企改革倒逼的结果。从这个角度看,国企改革的意义不只是在搞活国企,同时也是启动整个经济体制改革的点火器。

国企改革一方面倒逼政府改革,另一方面也推动了劳动力市场开放。改革开放以前,政府对劳动力流动有非常严格的限制,不要说城乡之间流动,就是城市之间流动也不容易,那时对"流动人口"有一个带有贬义的称呼,叫"盲流"。然而国企改革启动后渐渐有了变化:搞活国企需要减员增效,减员增效需要分流职工,下岗职工再就业又必须允许劳动力流动。到1993年召开党的十四届三中全会,中央明确提出开放劳动力市场。

要素市场逐步开放

读者不要小看了劳动力市场。劳动力是最活跃的生产要素，一旦流动起来就会带动资本、技术、管理等要素流动。1993年以后非公有制经济异军突起，开放劳动力市场功莫大焉。我有一位学长，1988年办了停薪留职，先是自己倒腾买卖，劳动力市场开放后便招兵买马办企业，他从国企分流人员中招聘的员工，有人懂技术，有人懂管理，有人携资入股，不出几年企业就办得红红火火，20世纪末在香港地区成功上市。

1992年是中国改革的又一重要节点。在此之前，理论界虽然已就中国能否搞市场经济展开讨论，可大家的意见不一致，读者一定还记得当时"有计划"与"吴市场"之争。这年春天，邓小平视察南方谈话时指出"市场经济不等于资本主义，社会主义也有市场"。邓小平一锤定音，后来在党的十四大报告中，中央正式提出改革目标是建立社会主义市场经济体制。

要建立市场经济体制，绕不开价格改革。早在1988年，政府就试图通过"价格双轨制"进行价格闯关，可那次闯关并不成功。相反，由于同一商品存在计划内与计划外两种价格，结果导致寻租泛滥，民怨沸腾。党的十四大以后，政府调整策略，将商品价格逐一放开，到2010年95%的商品改由市场定价；而且要素市场也同步开放，形成了"劳动、资本、技术、管理等要素按贡献分配"的格局。至此，市场经济体制已基本建立。

改革全面提速

党的十八大以来，改革全面提速。随着中国经济进入新常态，习近平总书记提出了贯彻新发展理念与推进供给侧结构性改革的思路。改革效果已经开始显现，无须我细说。要特别指出的是，供给侧结构性改革不同于以往政府调结构，重点是通过改革让市场在资源配置中起决定性作用和更好发挥政府作用。近期任务是"三去一降一补"，长期目标则是建立供给不断适应需求变化的体制机制。

总结一下中国改革的经验，主要有三点：一是坚持党领导改革，走共同富裕道路；二是坚持生产力标准，尊重群众首创精神；三是坚持改革、发展、稳定并重，统筹协调三者关系。学界有一种观点，说中国是"渐进式改革"。若"渐进"指"稳健"我同意，不过从改革进展看，我们的步伐并不慢。近距离观察42年，我要站起来为中国改革叫好！

思考题

结合你的亲身经历，谈谈中国经济体制改革有哪些成功的经验。

第 2 节 | 制度成本与改革成本

中国改革经过 40 多年探索，今天已进入深水区和攻坚期，我们未来的改革应该怎样推进？习近平总书记多次讲"要削减制度性成本"，并强调"要做好为改革付出必要成本的准备"。我理解，改革须从制度成本与改革成本两个角度来谋划。

削减制度性成本

顾名思义，所谓"制度成本"不是生产成本，而是交易成本。

具体到改革层面，则是指体制运行的交易成本。事实上，任何一种体制运行都是有成本的。用计划配置资源会产生交易成本，用市场配置资源也会产生交易成本，而一种体制是否需要改革，直接判据就是体制运行成本的高低。中国从计划经济向市场经济转轨，说到底是计划配置资源比市场配置资源的成本高。

马克思早就指出：生产关系和生产力、上层建筑和经济基础要相适应。这是说，若一个国家出现了不可调和的阶级冲突，表明上层建筑已不适应经济基础，此时就应变革社会制度。从体制层面上讲，若一个国家体制运行成本过高，表明体制已不适应生产力发展，要降低体制成本，就得进行体制改革。

体制是否改革需要看体制成本，而体制怎么改，则要看改革成本。何为改革成本？简单讲就是由改革产生的交易成本。改革要变革体制，势必要对现存的利益关系做调整，在有人受益的同时，也难免会有人利益受损。受益者支持改革，受损者却可能反对改革。为了减少改革阻力，就需要去说服、协调、安抚那些利益受损者，而由此产生的交易费用，便形成了改革成本。

改革的三大特征

应该追问的是，体制怎样改为何要看改革成本呢？对此我们不妨从以往的改革实践中去寻找答案。举世公认，迄今为止中国的改革有三大特征：一是以分领域改革为主，率先从农村突破；二是以渐进式改革为主，分步推进；三是摸着石头过河，不断试错。想问读者，我们的前期改革为何会具有上面三大特征？我的看法是，这一切皆与改革成本有关。何出此言？让我分别做解释。

在我看来，中国改革率先从农村突破，是因为土地承包的改革成本低。读者想想，将土地承包给农户，农民可以受益而其他人未受损，他人也就没有理由反对。这种无"负外部性"的改革，经济学称为"帕累托改进"。既然是帕累托改进，改革成本当然会低。事实确实如此，从1979年到1982年，短短3年时间家庭联产承包责任制就推广到了全国。

再看渐进式改革。中国选择渐进式改革，其实也是因为改革成本。说得明确些，是改革成本太高无力一次性支付，只好分期支付。以国企改革为例，要将国企改造成"自主经营、自负盈亏"的市场主体，就得允许企业减员增效，可改革之初我们不仅未建立社保体系，劳动力市场也未开放，企业要是从减员下手，阻力可想而知，改革成本一定会很高。

如何分摊改革成本

正是高成本约束，国企改革不得不分步推进。现在回头看，当初政府从放权让利起步，先让企业搞承包经营，然后进行公司制改造（建立现代企业制度），再到今天实行混合所有制改革，这样一步步深化，不过是在分摊改革成本。由此进一步想，不单是国企改革，诸如价格体制改革、投融资体制改革、外贸体制改革等皆采取渐进方式，归根结底也是为了分摊改革成本。

是的，改革成本高，改革就应该渐进。可改革为何要"摸着石头过河"呢？其中一个重要原因是，某些领域改革成本不仅高，而且具有不确定性。由于事前无法对改革成本做预估，迫不得已，改革只能边改边试，方向改对了继续改，方向没改对就退回来再做新的尝试。

以政府机构改革为例，2018年机构改革大获成功，我认为是以往改革反复试错的结果。早在党的十八大以前，我们已经进行了7次机构改革，可令人遗憾的是，每次改革以后皆出现了机构越简越臃肿，冗员越减越多的怪象。究其原因，是行政审批权在背后作祟。有鉴于此，党的十八大以后，中央釜底抽薪，大力削减行政审批。审批权小了，改革成本也就低了，于是才有了本次机构改革的完胜。

说到这里，读者应该明白以往改革为何会有三大特征。其实，对习近平总书记全面深化改革的思想，也可从体制成本与改革成本的角度去领会。如果说以往改革主要是分领域、渐进式和"摸着石头过河"，而全面深化改革则主要是突出系统性和顶层设计。分领域改革八仙过海，改革往往不平衡，从而导致体制出现短板。而全面深化改革就是要补短板，进一步削减体制成本。

再从改革成本角度看，经过多年分领域改革，那些容易改、好改的都改了，现在剩下的是难啃的"硬骨头"。随着改革难度加大，改革成本升高，部门改革动力在递减，甚至有些部门已不愿再改。然而问题在于，若不打通改革"最后一公里"，整个改革就有可能前功尽弃。正因如此，我们得做好为改革付出必要成本的准备。

思考题

中国改革开放初期为什么要"摸着石头过河"？为什么要以渐进式改革为主？

第 3 节 | 顶层设计与地方试验

我曾应邀参加一个学术会议，研讨"改革顶层设计与地方试验",主题好,专家发言也有见地,只可惜听来听去却不见有人说清楚顶层设计与地方试验究竟是何关系。而且对"顶层设计"的理解,大家也说法不一:有人认为顶层设计就是"最高层设计",而有人则认为是泛指"上级设计"。对这些问题到底应该怎么看,见仁见智,在这里我也来说说自己的看法。

突破在地方,规范在中央

据我所知,人们对顶层设计的关注还是近几年的事。不是说以往改革无顶层设计,举世公认,邓小平是中国改革开放的总设计师。这就是说,我们的改革早有顶层设计,不仅从前有,而且一直有。既然如此,为何今天要突出强调顶层设计呢?用不着去猜背后的原因,我的解释是,今天改革已进入深水区,我们不可能也不应该再像以往那样"摸着石头过河",风险在加大,若无顶层设计,零敲碎打,改革将难以向纵深展开。

我说中国改革有顶层设计,不过客观地看,过去的诸多改革主要还是靠"地方试验"。所谓"突破在地方,规范在中央",是对以往40年改革路径的基本总结。典型的例子是农村改革,当年的家庭联产承包可不是先由顶层设计,而是地道的农民创造。国企改革也如此,政府最初的思路是复制联产承包,以为"包字进城,一包就灵",可实际做起来却事与愿违,出现了普遍的短视行为。国企改革真正取得突破的,是山东诸城的"股份合作制"试验。

是的,中国的改革能取得骄人的成绩,与地方试验密不可分。换句话说,若没有这些年地方改革的各显神通,就不会有今天的局面。于是人们要问:现在强调顶层设计是否意味着我们的改革已经到了"主要由地方试验"与"主要靠顶层设计"的转折点呢?如果是，那么这一转换的约束条件具体是什么？再者，如果说未来改革主要靠顶层设计，那么哪些方面的改革由顶层设计，哪些方面的改革仍应鼓励地方试验？

顶层设计与地方试验可并行不悖

顶层设计与地方试验两者其实并无冲突，可以并行不悖。改革需要顶层设计，但同时也需要地方试验。理由简单，顶层设计不是拍脑袋，要以地方试验为基础。若无地方试验，顶层设计则无异于空中建塔，没有根基，顶层设计就难以落地。同理，地方试验也不可包打天下，有些改革仅靠地方试验难以成事，如当初计划体制向市场体制转轨，要是没有中央的顶层设计，靠地方的局部试验怕是无能为力。

改革呼唤顶层设计，也离不开地方试验，可顶层设计与地方试验到底怎样分工？从理论上讲，其实就是如何处理"计划与市场"的关系。经济学说，计划与市场的边界取决于交易费用：若计划配置的交易费用比市场配置低就用计划，否则就用市场。同理，改革选择顶层设计还是选择地方试验，归根结底也是要看交易费用。然而困难在于，交易费用难以计量，我们无法直接用交易费用做比对。

从外部性角度权衡

不能直接拿交易费用比较，那是否可用其他间接的办法？我想到的是从改革的外部性角度去权衡。比如，若某项改革不仅能让内部人受益，而且也能让外部人受益，则此改革具有"正外部性"，这样内外受益，皆大欢喜，交易费用自然不会高，于是也就可放手让地方试验；若某项改革只是内部人受益而外部人受损，此改革则有

"负外部性",有"负外部性"的改革,就不宜由地方试验,而要通过顶层设计,否则一旦出现利益冲突,交易费用就会大增。

这是一个角度。另一个角度是从利益的分配状态看。改革本身就是利益的再调整,在经济学里,利益配置是否最优通常是以帕累托最优来衡量。而所谓"帕累托最优",是说利益分配达到这样一个状态,不减少一人的利益就无以增加另一人的利益。若非如此,不减少任何人的利益就能增加另一人的利益则属"帕累托改进"。我的推论是:凡属"帕累托改进"的改革,可由地方试验;而要打破原有帕累托最优状态的改革,则需顶层设计。

以上角度虽不同,但结论却一致。若说得再明确些,但凡让他人利益受损的改革,均得通过顶层设计,不然不协调好各方利益必然产生摩擦,改革就会举步维艰。回首以往的改革,农村改革之所以在地方试验成功,重要的原因是联产承包让农民受益而未让城里人受损,没有负外部性,是帕累托改进。而这些年政府机构改革之所以阻力重重,是因为有人受益但同时有人(那些被精减的人员)受损。正因如此,政府改革需要顶层设计。

不必多举例,有了上面的原则,其他改革便可类推。接下来的问题是怎样理解顶层设计。我的看法是,顶层设计是指"最高层设计"而非"上级设计"。相对乡党委(乡政府),县委(县政府)是上级;相对县委(县政府),市委(市政府)是上级。显然,一旦改革有负外部性,地方政府就很难自己平衡好。想想碳排放,大家都赞成限排,可若无中央顶层设计,一个县、一个市怎会主动限排?万一你限排而别人不限排怎么办?地方政府都追求利税最大化,请问限排的动力从哪里来?

思考题

如何理解顶层设计？你认为哪些改革需要顶层设计？

第 4 节 | 结构调整与产业政策

当前我国经济面临的突出问题是结构性矛盾，解决结构性矛盾，当然需要借助于产业政策。毫无疑问，产业政策对优化产业布局，推动结构升级有积极作用，但需要指出，产业政策是一把双刃剑，我们不可高估了产业政策的作用。

产业政策并非万能

产业政策在欧美国家已被广泛采用，日本曾被认为是世界上实施产业政策最为成功的国家。20 世纪 90 年代，我国也开始制定产业政策。平心而论，近 20 年我国的产业政策对经济发展有利也有弊。然而令人不解的是，学界对产业政策之"利"讨论非常多，对"弊"却很少提及。可不提不等于不存在，作为学者当知无不言，我来说说"弊"吧。

从现象观察，有一点可以肯定，时下产能过剩与之前的产业政策有关。请读者注意两个时间节点：一个节点是"九五"时期，国务院最早于 1989 年颁布《产业政策大纲》，1994 年国家又颁布《90 年代国家产业政策纲要》，而产业政策列入五年规划则是从"九五"开始。"九五"时期，产业规划提出要振兴煤炭、钢铁、汽车、建材等产业，可出人意料的是，到"十五"(2001—2005 年) 就出现过剩。

2005年商务部的数据显示，当年工业品库存同比增长19%，而其中以钢铁、汽车、电解铝等尤甚。

另一个节点是"十一五"。2009年，国家颁布《十大重点产业调整与振兴规划》，旨在支持钢铁、汽车、船舶、石化、纺织、轻工、有色金属、装备制造、电子信息以及物流业。到2012年钢铁产能过剩很快扩散为整个制造业过剩。据官方数据，目前能源、化工、橡塑、有色、钢铁、纺织、建材等500多个产品，有九成销售率低于80%，超过一半销售率低于70%。更值得人深思的是，2013年《国务院关于化解产能严重过剩矛盾的指导意见》中，所涉产业几乎都是在2009年欲振兴的范围之内。

有一种观点说产业政策虽会导致产能过剩，但对调结构却立竿见影。理论上讲应该是这样，可事实却不是。由于"九五"支持的产业"十五"出现过剩，为了调结构，从"十五"开始国家出台了一系列产业抑制政策。令行禁止，照理过剩产能应有所收缩，可实际情况是，不仅原有过剩没消化，而且越抑制越过剩。让我们再看三个节点。

第一个节点是"十五"。早在2001年国家就开始对钢铁进行"总量控制"，但2002年底，钢铁投资总额达710亿元，比上年增长45.9%；2004年投资增幅高达107%；到2005年底，我国炼钢生产能力已达4.7亿吨，另外在建和拟建产能约1.5亿吨，而市场需求只有3亿吨。

第二个节点是"十一五"。2005年底，针对"十五"产能过剩，国务院常务会议专题部署，并于2006年初发布了《关于加快推进产能过剩行业结构调整的通知》，要求通过提高准入门槛、严格审批等控制新上项目，然而这一时期新增投资重点依旧是有色金属、煤炭、化工、水泥等。2005—2008年，这些行业投资的平均增速在30%以上，其中煤炭与电气超过40%，相当于同期GDP增速的3倍。

第三个节点是"十二五"。到"十一五"期末，由于国内产能过剩愈加严重，国家发改委联合十部门制定了《关于抑制部分行业产能过剩和重复建设　引导产业健康发展的若干意见》，手段之严厉前所未有。可到了2012年，钢铁产能超过了10亿吨，水泥从18万吨增至29亿吨，平板玻璃从6.5亿重量箱增至9.9亿重量箱，多晶硅从2万吨增至15万吨，电解铝从1 800万吨增至2 600万吨。

产业政策失灵的原因

产业政策失灵是奇怪的现象，但细想其实也不奇怪。产业政策之所以难达目标，一是全球化后市场需求瞬息万变，产业政策跟不上市场变化；二是受利益驱动，地方政府对国家产业政策鼓励的行业纷纷给予优惠，而对要抑制的产业却消极应付甚至暗地里予以保护。有地方政府庇护，产业政策当然会失灵。

由此看来，要提升产业政策效果，我们得对症下药，我想到的建议有三条。

第一，严格限定产业政策的调控范围。经验说，市场离不开政府调控，而政府要发挥作用，产业政策不可或缺。但要注意的是，产业政策不能太泛。具体来讲，今后政府应重点针对国家安全、自然垄断、公共品（服务）以及高新技术四大领域制定产业政策，对一般竞争性行业，应放手让市场调节，国家无须再搞产业政策。

第二，产业政策既要体现政府的导向，同时也要限制政策优惠。产业政策体现的是中央政府的意图，但中央政府的意图应主要通过财政投资去实现，而不是让企业"吃偏饭"。优惠政策不仅会妨碍公平竞争，而且地方政府为争取中央政府的优惠往往会鼓动当地企业一哄而起。

第三，产业政策的实施要充分尊重市场规律，尽可能少用或不用行政手段。比如对高能耗、高污染企业关停并转虽然见效快，但行政调控"一刀切"，无论投资者蚀本还是职工下岗皆会对政府产生对抗情绪，处置不当还会引发社会动荡。若改用市场机制，如通过碳排权交易也一样减排。效果异曲同工，成本却大不相同。

再多说几句题外话。为抑制地方政府投资冲动，有个釜底抽薪的办法，就是将消费税作为地方主体税。消费税在消费地征收，今后地方要增加税收重点在培育消费力而不是上项目。另外，为理顺产业结构，中央政府应对价格管制进行清理。要知道，价格是市场供求信号，能放开的价格不放开，信号失真调结构难免南辕北辙。

思考题

为何说产业政策不是万能的？你认为应该怎样有效实施产业政策？

第 5 节 | 税负转嫁与结构性减税

我们知道，扩大投资有两种选择：一是增发国债，二是减税。增发国债可扩大政府投资，减税可以扩大企业投资。而"巴罗 – 李嘉图等价定理"说："政府今天发行的国债就是企业明天的税。"其言下之意是，政府发行国债对企业投资会有挤出效应。基于此，政府扩大投资应重点减税而不是发债。

减税的两种选择

事实上，减税也有两种选择：全面减税与结构性减税。我们知道，前者是供给学派提出的主张，美国从里根时代起就推行全面减税。然而事实表明，全面减税虽能扩大企业投资，但同时也会加剧结构性过剩。而中国与美国不同，全球金融危机后中国也启动了减税，但所采取的主要是结构性减税。

中国实施结构性减税，旨在扩投资与调结构并举。一石二鸟，显然是棋高一着。而我并不是要比较两种减税方案，而是讨论怎样让结构性减税更合理。理论上讲，减税是财政让利给企业，也可看作政府对企业的"补贴"。现在要研究的是，结构性减税要通过怎样的安排，才能让企业和消费者同时受益。

减税要让企业与消费者同时受益，绝非天方夜谭。读者可先了解一下2009年实施结构性减税的背景。原来，2007年底国家颁布了《劳动合同法》，法定最低工资标准平均升高了20%。如此一来，工资势必要挤占企业利润。不巧的是，又遇上了全球金融危机。内外交困，当时不少企业喊救命，为了救企业，政府才启动结构性减税。

表面上看，那次减税是在补贴企业，但其实也是在补贴员工（消费者）。设想一下，假若政府不减税而任由工资挤占利润，长此以往，有些企业是否会关门？企业一旦关门，不仅最低工资无法兑现，而且会有大量员工失业。由此看来，那次政府减税是为了避免工资挤占利润，通过减税既减轻企业压力，也惠及消费者。

当然以上只是特例。事实上，消费者并不总是减税的受益者，比如出口退税就与国内消费者无关。问题是，我们能否找到一组判据，可以明确判定谁是减税的受益者？我思考的是，政府加税，企业有可能会转嫁税负，那么政府减税，其"补贴"是否也可以转移？思来想去，我的答案是肯定的。让我从税负转嫁说起吧。

需求弹性与税负转嫁

所谓"税负转嫁"，是指政府对企业加税，而企业却将税负转嫁给了消费者。企业是怎样将税负转嫁出去的呢？要明白这一点，需借助"需求弹性"解释。一种商品价格变动带动需求变动，两者变动率的比值为需求弹性。如某商品价格上涨10%，需求减少了20%，其弹性系数是2。经济学说，弹性系数大于1，需求富有弹性；反之则缺乏弹性。

需求弹性与税负转嫁有何关系呢？让我再举一个例子。若政府对生产酱油的企业增加征税3%，由于消费者对酱油的需求缺乏弹性，酱油降价不会多买，涨价也不会少买。这样企业将酱油价格提高，销售却不会减少，于是增加的税负就转嫁给了消费者；相反，若某商品需求弹性大，价格上涨令需求大幅下降，此时税负就不能转嫁。

由此可见，企业税负能否转嫁，关键在于商品能否提价，而商品能否提价，又决定于需求弹性的大小。若把角度倒过来研究减税，道理也一样。前面说过，减税可看作政府对企业的补贴，这种补贴能否转移，则取决于商品是否会降价。若降价，企业与消费者皆为受益者；否则受益者只是企业。而商品是否会降价，也决定于需求弹性。

结构性减税的重点

假如某商品缺乏需求弹性，降价后需求不增加，企业自然不可能降价。但若某商品需求弹性大，比如降价 5%，销售可增加 10%，企业就有可能降价。不过也仅仅是一种可能，企业最终是否降价还要看商品供求状况。这就是说，减税（补贴）会否转移，要从供求状况与需求弹性两个维度看，对此我们可将不同行业分为四种类型。

类型一：供给短缺，需求弹性大。一般来说，供给短缺的商品不会降价，从短期来看，减税（补贴）的受益者是企业。但从长远来看，却是让消费者受益。由于商品供不应求，而且需求弹性大，政府减税必推动企业扩产。随着供给增加，商品迟早会降价。商品一旦降价，补贴就会向消费者转移。

类型二：供给短缺，需求弹性小。政府对此类行业减税，受益者当然是企业，补贴不会转移。一方面，由于商品供不应求，企业不会降价；另一方面，由于需求弹性小，即便降价，商品销量也不会增加。但需要指出的是，为此类行业减税可以推进供给，更好地满足消费者需求。

类型三：供给过剩，需求弹性大。这说明此类行业的商品市场有需求，只是价格高造成了积压。只要企业肯降价，供求便可自动平衡。此时政府若能减税为企业降成本，让企业有降价空间，则一定会对消费者有利。

类型四：商品过剩，需求弹性小。毫无疑问，政府对此类行业减税，补贴的只是企业。而且与类型二不同，不仅消费者不能受益，而且对经济会有百害而无一利。读者想想，既然商品已经过剩，需求弹性又小，此时减税怎可能减少过剩？相反，只会加剧生产过剩。

推行结构性减税是中央确定的大政方针，问题是应该怎样操作。据上文分析，若要兼顾企业与消费者利益，并考虑到国家现有财力，我认为政府应优先加大对第一类行业的减税力度，对第二类、第三类行业也可适当减,对第四类行业则完全不必减。

思考题

请你对全面减税和结构性减税的效果进行分析,你认为实施结构性减税应把握的基本原则是什么?为什么?

后　记
提高驾驭市场经济的能力

在前言中我说过，写这本书是供领导干部和企业管理者阅读的，目的是要帮助大家提高驾驭市场经济的能力。作为全书总结，我最后想表达三层意思。

驾驭市场经济：需要掌握经济学基本原理

阿基米德曾说：给我一个支点，我就能撬动地球。如果把经济活动比作地球，经济政策比作杠杆，那么经济理论就是那个撬动"地球"的支点。领导干部和企业管理者天天与政策打交道，如果没有掌握基本的经济理论，难免会打乱仗，不仅事倍功半，很多时候还会弄巧成拙。

经济学有一个资本收益递减规律。其实，经济政策的效应也是递减的。经济活动不像物理实验，它的变数太多，几乎无法控制。2008年以前，物价居高不下，治理通胀是主要任务。哪承想我们这边"着陆"未稳，美国就爆发了次贷危机，接着是一场大地震。原来的经济过热，一下子变成了需求不足。问题变了，政策当然得跟着变。

任何一项政策都有生命周期。比如股市，政府放出一条利好的消息，当时也许会立竿见影，大盘猛涨，可假以时日便又会风平浪静，说不定还会止涨反跌。政策还是原来的政策，可这一前一后，效果截然不同。

20世纪80年代初，家庭联产承包责任制刚出台，社会反响强烈。只要上缴国家的，留足集体的，剩下就是自己的。这对农民来说无疑是天大的好事，农民生产热情空前高涨，粮食产量连上台阶。可没几年，这项政策就走到了拐点。现如今，我们要搞规模经营，如果不配上土地流转政策，原来的家庭联产承包反而就成了负面因素。

国家制定政策，算的是大账，考虑的是整体利益。但政策到了基层，具体到一个地区或一个企业，都有自己的一本小账。两笔账能算到一起固然好，但很多时候，可能会算不拢，这就难免出现"上有政策，下有对策"。面对这种情况，政府就得适时调整政策。问题是政策要怎样调整才能趋利除弊呢？学习基本经济理论，肯定能助你一臂之力。

经济政策要适时调整，那么怎么评价政策呢？一项政策好不好，有没有效，当然要让实践说话。但单纯由实践判断，难免会成"马后炮"。好比一个人置身于沙漠中，沿哪个方向可以找到绿洲，哪个方向是死路一条，必须事先定夺，绝不能不管三七二十一，随便走下去，走对了是万幸，可一旦搞错了，等到实践出了结果，自己也要埋尸黄沙了。若如此，代价岂不是太大了！

评价政策也是这样。如果一项政策刚刚出台，效果还没出来，或者需要在不同的决策之间做选择，那么怎样才能多一点理性，少一些盲目呢？这就需要我们事先用经济学理论逻辑进行分析评估。

掌握经济学基本原理：应该去粗取精、去伪存真

经济工作需要理论指导。可有人会说，如今经济学学派林立，各种理论多如牛毛，对同一个问题，三个经济学家可能给出四种答案，你让我听谁的？的确，今天的经济学千头万绪，着实令人生畏。一不小心，你就可能迷失在这片丛林里。别说用它分析问题，就是弄清原委都很难，大有"老虎吃天，无处下口"的感觉。

不过，经济学并不是"屠龙术"，如果我们善于去粗取精，去伪存真，能把最本原的东西梳理出来，就会发现基本的、管用的理论其实并不多。我所讲的基本的、管用的理论，是基于这样两个原则：第一，道理简单，容易理解和掌握；第二，经得住实践检验，能得到普遍认同与接受。

经济学今天已变得非常庞杂，但无论有多庞杂，若用上面两个原则过滤一番，剩下的东西其实不过是两掌之数。你可以随意打开一本国外教科书，其中很多理论不仅未经实践检验，而且理论之间也相互矛盾。就连美国经济学家艾克纳也承认，"经济学的某些重要命题，还不能用事实证实"。1995年卢卡斯获诺贝尔经济学奖时，诺贝尔奖委员会主席魏林说："卢卡斯已经使直到20世纪70年代为止所发表的大部分经济理论站不住脚。"

在我看来，经济学最基本的理论，就是"三个假设""三个原理"。这"三个假设"是：经济人假设、资源稀缺假设和保护产权假设；与此对应，便是"三个原理"：利益最大化原理、供求原理和按要素贡献分配原理。这六条理论简单得令人吃惊，但却是经济学智慧的结晶。只要把握了它，也就具备了驾驭经济工作的底气。

运用上述假设和原理分析经济问题，还需要借助"三个方法"：成本收益分析法、均衡分析法以及帕累托标准。现代经济学体系，就是根据"三个假设""三个原理""三个方法"构造起来的。从经济人假设出发，根据利益最大化原理，运用成本收益分析法，就形成了厂商理论；从资源稀缺假设出发，根据供求原理，运用均衡分析法，就形成了价格理论；从保护产权假设出发，根据等价交换原理，运用帕累托标准，就形成了分配理论。

我要特别指出的是，这些假设、原理、方法，不仅适用于微观经济分析，也适用于宏观经济分析。宏观经济不过是微观经济的放大，也得服从于基本的经济规律。现在经济学流派纷呈，学说五花八门，其实只是经济学家在运用这些假设、原理、方法时，加进了不同的约束条件；或者是进行逻辑推理时，各人的功力不一样，而基本的经济理论则是万变不离其宗。

运用经济学原理：必须坚持人民立场

时下学界流行一种观点，认为经济学研究的是经济规律，经济学家不应该有立场。另一种更直白的说法是：经济学应该像物理学、化学等自然科学一样，只揭示客观规律，不能加进学者个人的价值判断。

价值判断是人们价值观的表达，说研究自然规律无须有价值判断，我同意，可经济学并非如此。要知道，经济学毕竟不是自然科学，自然科学研究的是自然规律，经济学研究的是人类经济活动中的生产关系，研究生产关系怎么可能没有立场呢？

学界公认，经济学的开山之作是威廉·配第 1672 年出版的《政治算术》。算术者，统计计算也。由此看来，配第所说的"算术"，其实就是指经济学。问题是配第为何要在"算术"之前加上"政治"二字呢？配第无非想表明他的经济学有立场。正因为此，马克思称威廉·配第为"政治经济学之父"。

配第之后100多年，英国古典政治经济学发展得风生水起，其间产生了两位伟大的经济学家：一位是亚当·斯密，另一位是大卫·李嘉图。斯密1776年出版了《国富论》，李嘉图1817年出版了《政治经济学及赋税原理》。他们两位大师皆是站在产业资本家的立场上抨击地主阶级，为工业革命与自由贸易鸣锣开道。

马克思的劳动价值论来自斯密和李嘉图，可立场却不同于他们。马克思显然是站在劳动者一边，运用劳动价值论分析剩余价值的来源和劳动者受压迫、受剥削的根源，并揭示了剥夺者必被剥夺的历史规律。列宁说过：只有马克思阐明了无产阶级在整个资本主义制度中的真正地位。

到19世纪下半叶，经济学进入了新古典时代。早期代表性著作主要有两本：一本是法国学者瓦尔拉斯1874年出版的《纯粹政治经济学要义》，另一本是英国学者马歇尔1890年出版的《经济学原理》。瓦尔拉斯在"政治经济学"前加上"纯粹"二字，而马歇尔则将"政治经济学"的"政治"二字省去，他们这样做是有用意的。瓦尔拉斯曾说，目的是要抽象掉立场，建立起"一门如同力学和水力学一样的科学"。

新古典经济学真的没有立场吗？非也。无论是瓦尔拉斯还是马歇尔，他们都有立场，而且都是要掩盖阶级对立。20世纪30年代经济大危机后，西方经济学走向分化。有人问：西方经济学家若代表资本家阶级利益，怎么会有流派之争？我的看法是，流派之争只是主张之争：凯恩斯主张国家干预，货币学派主张经济自由。主张不同而立场却相同，皆是为了资本主义长治久安。

事实上，并不是所有经济学者都否认经济学有立场。经济学通常采用实证分析与规范分析。实证分析要回答"是什么、为什么"，而规范分析则以一定的价值判断为标准，对经济行为或政策的好坏进行评判。立场决定价值观，一个经济学者若没有立场，就等于没有价值标准；没有价值标准，何以评判经济行为或政策的好坏呢？

所以我们在运用经济学理论解决现实问题时，一定要坚持以人民为中心的立场。西方经济理论是人类共同的文明成果，我们可以借鉴那些反映市场运行一般规律的原理。但对涉及价值判断的理论，必须对其立场进行甄别，如果不符合人民大众的利益，不管那位经济学家有多大的名气，也不能照搬。

致　谢

　　我从事经济学教学工作 30 余年，却从未写过教科书，这本书算是自己的拓荒之作。

　　首先要感谢 30 余年来中央党校历届学员，在与他们的共同研讨中，我体会到了何为教学相长，也懂得了怎样给非专业人士讲授经济学。

　　同时，要感谢在我求学期间曾经有教于我的师长，他们不仅传授给我知识，也促成我将经济学研究作为自己的终身职业。

　　本书初稿曾请同事、朋友、博士生阅读过，他们提出了许多中肯而富有建设性的修改意见，我对他们由衷地致以谢意。

　　最后我要感谢本书编辑李亚婷老师，她的学术素养和职业操守令人尊重。没有她的帮助，本书不会以现在这种面貌面世。

关于作者

王东京

经济学教授、博士，长期担任中央党校省部级、地厅级干部班、中青年干部班主讲教员，讲课风格独树一帜，深受学员欢迎。

历任中央党校经济学部主任、教务部主任、教育长、副校长，现任全国人大财经委员会委员。

在《经济研究》《管理世界》《财贸经济》等学术期刊发表论文数十篇，在《经济日报》《21世纪经济报道》《学习时报》等报刊发表专栏文章近千篇，出版过《经济学笔谭》《经济学反思》《经济学分析》等20多部专著。

2000年前后撰写的"与官员谈"系列丛书在国内领导干部和企业管理者中引起强烈反响。